本书系国家社会科学基金青年项目
"基于社会融合条件下我国残疾人体育事业发展研究"（13CTY029）
以及浙江省哲学社会科学规划项目
"浙江省残疾学生早期'融合体育教育'服务模式的实验研究"
（12JCWH21YB）资助研究成果

融合视角下
我国残疾人体育事业发展研究

刘 洋◎著

RESEARCH ON DEVELOPMENT OF SPORTS

FOR PEOPLE WITH DISABILITIES IN CHINA FROM THE

PERSPECTIVE OF INCLUSION

ZHEJIANG UNIVERSITY PRESS
浙江大学出版社
·杭州·

图书在版编目(CIP)数据

融合视角下我国残疾人体育事业发展研究 / 刘洋著
. — 杭州：浙江大学出版社，2022.12
　ISBN 978-7-308-23465-8

Ⅰ.①融…　Ⅱ.①刘…　Ⅲ.①残疾人体育－体育事业
－概况－中国　Ⅳ.①G812.49

中国版本图书馆 CIP 数据核字(2022)第 255392 号

融合视角下我国残疾人体育事业发展研究

刘　洋　著

策划编辑	吴伟伟
责任编辑	陈思佳(chensijia_rua@163.com)
文字编辑	谢艳琴
责任校对	陈逸行
封面设计	雷建军
出版发行	浙江大学出版社
	(杭州市天目山路 148 号　邮政编码 310007)
	(网址：http://www.zjupress.com)
排　　版	杭州星云光电图文制作有限公司
印　　刷	杭州高腾印务有限公司
开　　本	710mm×1000mm　1/16
印　　张	17.5
字　　数	320 千
版 印 次	2022 年 12 月第 1 版　2022 年 12 月第 1 次印刷
书　　号	ISBN 978-7-308-23465-8
定　　价	88.00 元

序

　　《融合视角下我国残疾人体育事业发展研究》一书从研究启动到著书印刷历时十余年，伴随着研究的深入推进，十余篇学术论文相继在体育类权威以及核心期刊上发表，其研究成果在体育学术界引起了广泛的热议。

　　该专著既包括宏观层面的质性研究，又包括中观层面的行业研究，还有微观层面的案例、实验研究。研究方法丰富多样，研究内容涉及面广，既有残疾人竞技体育、残疾人体育人才培养等方面的论述，又有对社区体育、家庭体育、学校体育融合的探索。在以社会融合为主题的指导下，其研究对象既包括残疾人也包括健全人，研究重点关注了在同样的体育环境中，如何使残疾人与健全人和谐共存，如何通过体育改善社会对于残疾人的态度和行为，如何更好地提供公共体育服务，优化政策导向，创新残疾人体育事业的融合发展，保障和支持残疾人体育事业的高质量发展。

　　对弱势群体的关心和关爱体现了一个社会的文明程度，在体育事业的发展中，残疾人体育事业发展是中国特色社会主义现代化的重要内容。该研究突破了以往研究残疾人体育的相对独立的视角，创新性地从社会融合的视角出发，对残疾人体育事业进行了全方位的分析与研究，所得出的结论对于完善我国体育理论体系以及促进残疾人事业发展有着重要的理论意义和社会实践指导价值。

苏州大学东吴智库首席专家、教授、博士生导师
国务院学位委员会第五、六、七届学科评议组成员
中国法学会体育法学研究会副会长
2022 年 12 月

前　言

　　残疾人的社会融合已不再仅仅是趋势,随着去机构化的理念和实践的不断深入,越来越多的残疾人与健全人一起参与到社会文化生活中。2011年6月10日,世界卫生组织发布的《世界残疾报告》在第九章中提出了未来残疾人事业发展方向的建议,其中第一条就明确提出,残疾人不应该被孤立,而应该与健全人一起共享社会文化发展的成果,以及教育、健康、工作、社会公共服务。

　　我国正处于社会转型期,残疾人体育的发展也经历着从单纯追求竞技成绩到关注残疾人体育诉求和需要的转变。随着我国政府职能和角色的转变,“计划”的色彩逐渐淡化,以人为本、强调社会公平的理念不断深入,残疾人体育事业的发展也面临新的决策和方向。

　　本书以世界卫生组织倡导的“社会融合”理念为主导,以西方发达国家在残疾人体育事业方面的发展为借鉴,采用多学科交叉的方法,对我国未来残疾人体育事业改革发展路径进行研究。本研究对于未来我国残疾人体育发展的方向、理念和改革而言有着较为重要的理论与实践意义,不仅能促进我国残疾人体育、群众体育、体育竞技事业的发展,而且能促进残健交流,提高社会对残疾人的认知和接受程度,为残疾人创造更好的生存环境。

　　在研究过程中,笔者也深刻地感受到了残疾人对于回归社会的渴望,以及体育运动对残疾人的特殊意义。在合理设计的前提下,体育的功能多样性可以对残疾人回归社会和社会的全方位发展产生积极的影响。而当整个人类社会以更加融合、包容的态度去考量和发展残疾人体育事业时,残疾人的生活状况将变得更加和谐。体育能够反映出残疾人在社会环境中不得不面对的部分问题,因此,体育是促进残健融合的重要方式。

希望残疾人的生存环境向更加融合、更有尊严、更能够实现自我赋权的未来发展!

刘　洋

2020 年 10 月 28 日于杭州

目　录

第一章 绪 论

第一节 选题背景与意义

一、研究背景

一个社会的文明程度不仅仅体现在这个社会中的成员所创造的经济价值上,而且还体现在这个社会对于弱势群体的关爱以及弱势群体在这个社会中的融合状况上。残疾人、弱势群体问题是整个人类社会必须正视的问题。现在,残疾的概念经过不断的发展,有其更广泛的意义。用英文来解释,"dis"是否定词根,"able"是能力,"disable"可以理解为丧失能力,因此可被翻译为"残疾"。根据字面意义的理解,残疾就是指功能的丧失,而每个人在一生当中或多或少都有过功能丧失或者功能不全的经历。换一个角度理解功能丧失,其可以被理解为是由社会环境造成的功能丧失。当前,社会对于残疾的解释既有生物层面的也有社会层面的,残疾可以被认为是一个"生物—心理—社会"模型。以往的生物模型解释仅仅强调残疾人的个体问题,把残疾当作残疾者的个体问题。该模型背后隐含的假设是,残疾是残疾人个人的事情,与社会无关。在大多数有史可查的历史阶段,该生物模型为人们提供了一个思考和行动的框架。这种生物模型是建立在对个体消极的医学诊断上的。身心上的缺陷导致了个体社会功能的丧失,以至于个体不能完全参与社会活动,在这样的理解下,人道思想是缺失的。现在对于残疾的认知已经越来越多地考虑了社会因素。在很多时候,残疾或者说功能丧失是由社会责任缺失、社会供给不足造成的。一个人所处的环境对于其个体经历有着非常显著的影响。残疾的社会模型强调了残障和残疾的区别。残障被认为是长期的身体机能、组织的缺陷,而这种缺陷往往是由先天疾病或者受伤造成的。残疾则被认为是由环境或者社会结构造成的个体社会功能的缺失。例如:一个聋哑人如果没有手语翻译,那么他就无法与别人进行正常交流;一个轮椅使用者如果没有具备无障碍设施的厕所或电梯,那么他就无法正常如厕或上下楼;一个盲人如果他的电脑中没有发声软件,那么他就无法正常使用电脑。在社会制度方面,政策制定和社会服务提供体系的不完善也会造成残疾人无法正常参与社会活动。在健康服务方面,预约系统的缺失导致残疾人就诊困难,复杂的诊疗体系使残疾人很难实现有效操作等。在机构、组织方面,有时单独的机构或组织会把残疾人隔绝于社会之外,进而导致残疾人社会功能的缺失。在社会公民对残疾的态度和认知方面,由于缺乏对于残疾的正确认识,固有的观念和偏见会对残疾人心理造成消极的影响,加速残疾人社会功能的丧失。理解残疾的"生物—心理—社会"模型正在成为欧美发达国家解决残疾人问题的主流理论。这些国家会综合评估造成残疾的原因,重视由国家制度、社会文化、生产生活等方面的因素造成的公民的社会功能的"残疾",从立法、执法层面,从社会文化、舆论层面等多方面来减少由社会造成的残疾公民的功能障碍,提高社会融合的软硬件,改善残疾公民的生存状态。

近年来,随着人口老龄化的发展,残疾人的问题越来越明显。我国残疾人联合会网站上公布的数据显示,2010年底我国残疾人总人数约为8502万人[1],直接影响了至少2.6亿人的生产生活。从世界范围来看,虽然我国不是残疾人占总人口比例最高的国家,但是是残疾人人口总数最高的国家。我国从20世纪90年代开始,相继颁布实施了《残疾人保障法》《残疾人教育条例》《残疾人就业条例》等一系列法律法规,成立了中央和地方各级政府残疾人工作委员会,建立了遍布城乡的残疾人组织,连续实施了五个国家残疾人事业发展规划,残疾人社会保障和康复、教育、就业、扶贫、维权、文化体育、无障碍环境建设等公共服务取得长足的发展,残疾人状况得到显著改善。[2]《关于加快推进残疾人社会保障体系和服务体系建设指导意见的通知》中指出:"改革开放以来,残疾人社会保障与服务状况得到了明显改善,但还存在着体系不完备、覆盖面较窄、城乡区域差别较大、投入不足、服务设施和专业人才队伍匮乏等问题,难以有效解决残疾人最关心、最直接、最现实的特殊困难和基本需求。残疾人是一个数量众

---

①2010年末全国残疾人总数及各类、不同残疾等级人数. (2021-02-20)[2021-03-25]. https://www. cdpf. org. cn/zwgk/zccx/cjrgk/15e9ac67d7124f3fb4a23b7e2ac739aa. htm.

②王新宪出席2010年社会福利和社会工作联合大会. (2010-07-19)[2013-09-05]. http://www. gov. cn/govweb/fwxx/cjr/content_1658091. htm.

多、特性突出、特别困难的社会群体,是社会保障和公共服务的重点人群。"①大多数人口学研究表明,我国的残疾人与健全人相比,在受教育水平、就业水平方面明显低于健全人,并且家庭成员中有残疾人的家庭承受着更高的医疗花费,这也影响了整个家庭的生活质量。因此,对于残疾人而言,他们需要更多的社会服务和支持。

残疾人体育事业对于残疾人而言意义特殊。体育的康复功能在很长一段时间内被认为是残疾人参与体育的唯一目的。随着社会文明的进步,人们意识到残疾人参与体育运动的功能性需求其实和健全人一样,也具有多层面、复杂性的特征。

残疾人体育可以简单地分为残疾人学校体育、残疾人群众体育和残疾人竞技体育三个部分。我国的残疾人体育事业从无到有、从重视竞技体育到关注民生需求、从强调以功能性康复为主到强调公民的权利需求,经历了一个逐渐走向成熟的过程。《中共中央 国务院关于促进残疾人事业发展的意见》指出:"繁荣残疾人文化体育事业。组织残疾人开展形式多样、健康有益的群众性文化、艺术、娱乐活动,丰富残疾人精神文化生活,激发残疾人参与社会主义先进文化建设的热情和潜能。扶持残疾人文化艺术产品生产和盲人读物出版等公益性文化事业。发展残疾人特殊艺术,培养优秀特殊艺术人才。落实全民健身计划,开展残疾人群众性体育健身活动,增强体质、康复身心。开展残疾人体育科研和体育教育。实行公共文化、体育设施对残疾人优惠开放。"②2008年北京残奥会和2010年广州亚残运会的成功举办让更多的人开始关注残疾人事业,社会对于残疾人的态度也趋向包容和积极。2011年,国务院印发的《全民健身计划(2011—2015年)》中提到了"大力推进残疾人体育"③。残疾人体育事业发展也向着构建更适合残疾人的公共体育服务体系以满足残疾人不同的体育诉求转变。

张燕中(2009)在其论文中提到,残疾人体育组织逐步完善,形成了以中国残疾人体育协会、中国聋人体育协会、中国特奥会(前称中国弱智人体育协会)三大群众组织为核心的组织体系和一支热爱、熟悉残疾人体育工作,包括一批

---

① 国务院办公厅转发中国残联等部门和单位关于加快推进残疾人社会保障体系和服务体系建设指导意见的通知.(2010-03-12)[2013-09-12]. http://www.gov.cn/zwgk/2010-03/12/content_1554425.htm.

② 中共中央 国务院关于促进残疾人事业发展的意见.(2008-03-28)[2014-01-06]. http://www.gov.cn/gongbao/content/2008/content_987906.htm.

③ 国务院关于印发全民健身计划(2011—2015年)的通知.(2011-02-24)[2014-01-06]. http://www.gov.cn/zwgk/2011-02/24/content_1809557.htm.

专业体育工作者、社会工作者和医务工作者在内的残疾人体育管理队伍。福利企事业单位、社区、特教学校的群众性体育活动广泛普及。同时，残疾人竞技体育水平也在不断提高。但是，当整个世界对于残疾的认知发生重大变化，残疾人体育发展方式、方向出现重要变革时，陈旧的观念和滞后的实践会让我们的残疾人体育事业面临极大的挑战。第一，残疾人学校体育方面。在当前以特殊教育学校为骨干，随班就读和特教班为主体的残疾儿童少年义务教育体系中，体育教育处于边缘化的地位，特殊体育教育师资缺乏，专门的体育器材设备资源紧张，普通学校体育教师对于随班就读残疾学生的放任和忽略，体育教育在学校教育科目中存在劣势等问题严重制约了残疾人学校体育的发展。第二，残疾人群众体育方面。我国长期存在的城乡社会经济发展不协调，城乡区域经济社会发展失衡等问题，导致经济落后地区地方财政不到位，不能有效供给、支持残疾人体育发展。乡村地区体育设施建设滞后、体育信息闭塞、体育服务人员缺乏，残疾人的基本权益难以得到保障，他们日益增长的对于体育的需求与现有的体育资源、体育活动供给严重不足之间的矛盾不断加大。第三，残疾人竞技体育方面。虽然我国在世界性的比赛中屡获佳绩，在残奥会上更是连续在金牌榜上独占鳌头，然而金牌战略的背后是项目发展不平衡、训练条件差、训练后勤保障不到位、退役运动员或非集训运动员生活质量低等问题。而这仅仅是现象层面的问题，在处理残疾人体育事业发展中的这些问题的时候，指导思想和理念的滞后将直接影响我们解决这些问题的效率。我们的理念依然过多地停留在特别化的区别对待上，过多地强调残疾人在生理、心理方面的缺陷或者说是特殊性，而没有考虑到这种大规模的特别化、区别性对待所产生的社会隔离。同其他社会事业发展一样，游离于主流之外的发展体系必然无法被主流接受，人为造成的隔离将使残疾人无法同健全人一样享受社会文化资源。以下三个案例虽不能全面反映我国残疾人体育事业发展的现状，但也在一定程度上暴露出了当前我国残疾人体育理念的明显缺失。

案例一：翼飞生活在杭州市上城区，就读于秋涛路小学。每天他和其他同学一样，在同样的时间上、下课。他很活跃，喜欢蹦蹦跳跳。不同的是，他的妈妈辞去了工作每天陪他一起到学校读书。经评估，他的智力被认定为处于轻度智力障碍。虽然他很喜欢体育活动，但是他无法集中精力去学习体育技术。在上体育课时，老师面对40个人的班级，无暇、也没有能力顾及翼飞的需要，因此只能让他的妈妈在体育课上监护他，让他单独进行体育锻炼，或者在教室学习其他文化课。其他同学看到他的妈妈一直在旁边陪着，也不愿意和他一起进行体育活动。

案例二：小洋生活在杭州市，他在杭州市杨绫子学校上学。他特别喜欢篮球,也有基本的篮球技术。刚开始他在社区的篮球场和别的同龄小朋友打篮球的时候,大家都会和他一起进行比赛。有一次,小洋和其他小朋友说他在杨绫子学校上学后,社区里的同伴就开始排斥他,不愿意和他一起打篮球了。杨绫子学校是一所特殊学校,在这里学习的学生都是具有中度、重度智力障碍的学生。

案例三:1976 年,18 岁的玉坤因工伤、医疗事故失去小腿。玉坤在北京换假肢时,被当时国家残疾人田径队的教练发现,招了黑龙江残疾人田径队,成为我国第一代残疾人田径运动员。她曾经包揽全国第一届至第五届残疾人运动会女子 A3 级别铁饼、标枪、铅球的 15 枚金牌,并在 1992 年巴塞罗那残奥会上获得该级别铁饼冠军,同时打破当时的世界纪录。也曾一度被媒体称为"三铁公主"。然而,在 2013 年,残奥会冠军玉坤为凑齐腰椎间盘突出的手术费,不得不拿出自己的部分金牌,希望有好心人能够将其收藏,帮助自己凑齐医疗费用。

以上三个案例暴露了长期以来错误的残疾人体育发展指导理念带来的影响,严格来说,其实是对残疾概念的发展把握不够,以及忽视了社会融合的重要性所造成的现象层面的问题。同其他残疾人事业一样,发展残疾人体育事业的目的是让残疾人最终回归社会,被社会接纳。虽然残疾人在公共服务、社会医疗、学习教育等方面有一些特殊的需求,但是这些需求在主流的项目和服务中是应当得到满足的。回归主流的理念不仅强调对残疾人权利的保护,而且强调要使有限的资源得到充分的开发和利用。回归主流要求在社会的各个层面,无论是在制订计划、决策实施、监管执行层面,还是在标准制定等层面,都要考虑实际需要,以求尽可能达到共享、融合的目标。这种理念其实与构建社会主义和谐社会有着紧密的联系。

党的十六届六中全会通过的《中共中央关于构建社会主义和谐社会若干重大问题的决定》(简称《决定》)中首次提出"构建社会主义和谐社会"的概念。《决定》指出,到 2020 年,要实现"人民的权益得到切实尊重和保障""基本公共服务体系更加完备,政府管理和服务水平有较大提高""全民族的思想道德素质、科学文化素质和健康素质明显提高""良好道德风尚、和谐人际关系进一步形成""资源利用效率显著提高,生态环境明显好转;实现全面建设惠及十几亿人口的更高水平的小康社会的目标,努力形成全体人民各尽其能、各得其所而又和谐相处的局面"。① 胡锦涛在省部级主要领导干部提高构建社会主义和谐

①中共中央关于构建社会主义和谐社会若干重大问题的决定.(2006-10-11)[2014-11-23]. http://www.gov.cn/govweb/gongbao/content/2006/content_453176.htm.

社会能力专题研讨班上的讲话中再一次指出,"全面把握构建社会主义和谐社会是建设中国特色社会主义的一项基本任务""我们所要建设的社会主义和谐社会,应该是民主法治、公平正义、诚信友爱、充满活力、安定有序、人与自然和谐相处的社会"。① 此外,《决定》还指出:"注重促进人的心理和谐,加强人文关怀和心理疏导,引导人们正确对待自己、他人和社会,正确对待困难、挫折和荣誉。加强心理健康教育和保健,健全心理咨询网络,塑造自尊自信、理性平和、积极向上的社会心态。"对于残疾人体育事业而言,只有在融合的社会环境下,才能保证实现更多的有效沟通和接触,也才能确保残疾人更好地利用现代化科技,享受体育锻炼、体育竞技、学校体育带来的益处。世界上没有任何一个国家能够独自建立一套完全给残疾人独享的社会服务体系并保证其能长期高效运行,通常而言,只有在融合的条件下,才能实现残疾人回归主流的目标。2012 年11 月,习近平总书记提出了实现中华民族伟大复兴的中国梦。② 在第十二届全国人大第一次会议上,习近平总书记对"中国梦"作了全面阐述,"实现中华民族伟大复兴的中国梦,就是要实现国家富强、民族振兴、人民幸福"③。对于残疾人而言,要想平等地实现梦想离不开社会公平、社会资源共享、社会融合与接纳等方面的支持。

《"十四五"体育发展规划》指出,国内体育发展不平衡不充分问题依然突出,重点领域和关键环节改革任务仍然艰巨,体育创新能力还不能适应高质量发展要求,全民健身公共服务还无法有效满足人民群众的美好生活需要。残疾人事业发展的理念是回归主流、社会融合,对该理念进行全面的理论和实践探索有助于我国发展残疾人体育事业发展。

二、研究意义

残疾人体育发展的历史进程反映了人类对于残疾人态度的转变与残疾人对于自身权利和个人发展的追求过程。人类最开始进行身体锻炼更多的是为了生存,通过身体锻炼来获得狩猎所必需的跑跳能力。

在公元前 2700 多年,我们的先人就已学会运用肢体伸展的方式对残疾人

---

① 胡锦涛在省部级主要领导干部提高构建社会主义和谐社会能力专题研讨班上的讲话.(2012-07-27)[2015-06-02]. https://news.12371.cn/2012/07/27/ARTI1343379135709922.shtml.

② "中国梦"提出五周年 伟大梦想迎来新时代.(2017-11-29)[2017-12-16]. http://cpc.people.com.cn/n1/2017/1129/c64387-29673688.html.

③ 习近平:在第十二届全国人民代表大会第一次会议上的讲话.(2013-03-18)[2016-01-09]. http://www.npc.gov.cn/zgrdw/npc/dbdhhy/12_1/2013-03/18/content_1789130.htm.

进行康复治疗。古希腊、古埃及也有类似记载,人们通过按摩、身体活动等方式来改善身体功能。对于那些存在身体缺陷的人们,则利用骑马运动来改变他们的精神状态。虽然还有更早的关于残疾人身体活动的记录,但是严格意义上的残疾人身体锻炼活动还是起源于康复性质的身体活动。因此,可以认为残疾人体育活动从其起源开始就具有深刻的医学性质。德波将残疾人体育的发展及代表性的功能特征按照特定的历史阶段进行了划分,具体如表 1-1 所示。

表 1-1 残疾人体育发展代表性的历史阶段与身体活动的目的

代表性的历史阶段	身体活动的目的
远古时期	具备生存所必需的力量和耐力
公元前 2700 年	预防和缓解生理紊乱的治疗手段
公元前 15 世纪	塑造完美身体,促进社会和谐
公元 16 世纪至公元 17 世纪	通过体操活动打造良好的身体
18 世纪 50 年代	通过医生设计的身体活动,改善身体表现
19 世纪早期	尝试开展体育教育活动,提高年轻残疾人的身体状况
第二次世界大战后	通过身体活动、矫正体育教育来促进战后损伤病人的康复
20 世纪 60 年代至 70 年代	残疾人在不同的教育环境中接受体育教育,从而保障残疾人接受教育的权利
20 世纪 80 年代至今	开展多功能的体育教育、运动休闲、运动康复、竞技体育活动,满足残疾人多样的体育需求

残疾人体育活动发展至今,其功能意义已经超越了医学康复的目的。残疾人的体育诉求更多地体现在对于社会公平、社会融合的追求上,他们期望在一个融合的环境下参与各种体育活动。

个体如果在行为和外表上不符合一个社会或时代所认为的"常态"标准,那么这个人就会被差别对待。从历史来看,被认为是"非常态"的个体一般会经历精神和身体上的折磨。残疾人由于在身体或者精神上与健全人不同,长期以来一直受到社会的歧视与不公对待。

在公元前 3000 年至公元前 500 年间的原始社会,如果一个人丧失了获得食物的基本运动能力,或者身体上有明显的畸形,那么他的生存概率基本为零。适者生存的社会法则普遍存在于人类社会的各个时期。

在古希腊和古罗马,战争爆发非常频繁,因此,这两个时期的统治者非常重视他们国民的身体素质。从某种角度来说,战争促使人们重视身体锻炼。在这样的环境下,有先天缺陷的人常常被认为是对社会无价值的人。而那些存在精神方面问题的人则被认为是受到了上帝的惩罚,被剥夺了大脑和思想,社会对待他们也是非常苛刻、残忍的。到了古希腊和古罗马后期,在思想家希波克拉底、柏拉图的影响下,精神疾病被认为是自然疾病而不是上帝或鬼神的惩罚,人类社会对于残疾人的态度也开始逐渐发生变化。

随着人类社会的发展,人们对待残疾人的态度由残忍逐渐发展到接受、怜悯和包容。特别是20世纪以后,由于战争带来的伤病增加了政府对于残疾人的关注,在医学、教育以及心理学领域出现了大量对于残疾人问题的研究。在教育领域,教育家蒙特玛丽、依塔德等人在这一时期提出了针对残疾人的发展性、个体化的特殊教育思想,即先对残疾人进行心理学测试,根据测试结果来归类,然后再进行特殊的教育。在医学领域,20世纪20年代至30年代间,越来越多的研究和治疗开始关注大脑损伤和脊髓神经功能方面。在20世纪末发起的残疾人运动再一次引起了社会对于残疾人态度和行为的变化,该运动的核心主张有:第一,认为残疾不仅仅是个体的问题;第二,残疾人应该完全参与并融入社会中,而不是被隔离于主流之外;第三,社会和国家应该减少由社会结构造成的障碍,从而提高残疾人的社会参与度。

张军献和虞重干(2007)认为,在儒家文化的影响下,中国社会出现了朴素的人道主义思想,"大同社会"的理想、"仁者爱人"的伦理观、"强不执弱,富不辱贫"的道德观,这些思想与观念影响着社会大众对残疾人的态度。新中国成立以后,整个社会对于残疾人的态度出现了积极的变化。人们对包括残疾人在内的弱势群体的关怀程度逐步提高,残疾人的主体意识也在不断加强,整个社会对于残疾人的态度朝着接受和理解的方向发展。

改革开放以来,我国的残疾人体育事业得到了快速的发展。中国残疾人协会对开展残疾人体育运动的目的和意义有这样的描述:开展残疾人体育运动不仅能够增强残疾人体质,改善身体的机能,而且能够通过体育活动增添生活情趣,陶冶情操,促进身心健康,扩大生活领域;同时,还可以通过意志和体能的较量,挖掘生命的潜能,展示人的创造力和价值。

然而我们必须清楚地看到,我国依然处于社会主义发展的初期,伴随着我国经济发展增速放缓、社会体制机制改革深化、政府职能转变,残疾人体育事业的发展方式也面临着新的转变。随着北京冬奥会、冬残奥会的举办,整个社会对于残疾人的接纳程度变得更高,残疾人的无障碍设施匹配程度较以往有了大幅度的提升。但是残疾人体育事业发展领域在基础理论研究以及改革方向选择上还有所欠缺,对于以何种方式推动我国残疾人体育事业改革这一问题,学界依然充满了争议。

我们虽然已经在残疾人竞技体育方面取得了傲人的成绩,但是在残疾人群众体育、残疾人体育教育方面发展滞后。在加快推进残疾人社会保障体系和服务体系建设的大背景下,保障和实现残疾人权利必然是今后残疾人事业发展的重点。残疾人体育事业也正在经历着从以竞技体育为主、金牌战略为核心的发展方向向以保障残疾人体育权利,促进残疾人公共体育服务供给均等化,大力改善残疾学生在义务教育阶段体育教育质量为导向的发展方向转变。

当代残疾人事业的核心发展思想是社会融合,虽然特别化的理念和实践在特定历史时期内极大地推进了残疾人事业的发展,但是也产生了残健沟通交流欠缺,社会歧视、误解加深,残疾人难以回归主流,社会经济、文化资源分配不公等社会现象。融合的理念在西方社会出现以后,受到了很多学者的追捧。

《联合国残疾人权利公约》对世界范围内大约 70 个国家的残疾人体育权利情况进行了陈述,并在《联合国残疾人权利公约》的相关条款中明确了国家应该如何保障残疾人在体育休闲、体育活动中的权利,该条款对于残疾人体育的发展而言有着重要的意义,其具体内容如表 1-2 所示。

表 1-2 《联合国残疾人权利公约》条款 30(5)

相关情况	权利保护措施
· 世界范围内大约有 70 个国家采取措施确保残疾人能参与体育运动 · 大多数国家不能完全实现所有体育设施和场地对于残疾人的无障碍、可进入 · 对于大多数身体残疾的人来说,参与体育活动是身体康复的关键 · 对于残疾人而言,他们也许常常与其他同伴隔离,因而缺少发展社会能力的机会。而在体育活动中,人们可以发展团队能力、交流能力、领导能力 · 体育运动也是一个心理康复手段,对于那些有心理创伤的残疾人而言,平等、友善的体育环境能够帮助他们重新获得心理的平衡 · 体育运动中的社会交流能够提高生活质量 · 残疾儿童与健全儿童在同一环境下接受体育教育能够帮助他们提高对自己能力的自信程度,同时也能让下一代理解融合的意义 · 体育是消除对于残疾人没有活力并且不具有参与体育竞技及其他社会生活能力的偏见的手段 · 体育作为一个平台,不但可以增进运动员之间的友谊,而且能够促进社会稳定和良性互动	为了保障残疾人能够与健全人一样平等地参与到休闲、娱乐、体育活动中,成员国应当采取以下合理的措施: · 鼓励和促进残疾人参与主流体育运动 · 确保残疾人有机会组织、发展、参与针对残疾人特点设置的体育竞技和休闲活动,并且能够与健全人体育运动一样在训练、指导、资源供给等方面获得支持 · 确保残疾人能够进入体育休闲和旅游场所 · 确保残疾儿童与健全儿童一样能够平等地参与游戏、休闲娱乐及体育活动 · 确保残疾人能够享受休闲、旅游、娱乐和体育组织提供的服务

《联合国残疾人权利公约》条款 30(5)对成员国提出了残疾人体育权利保障的具体措施,贯彻了平等和社会融合的思想。其中的第一条强调了残疾人体育参与应该是在所有主流体育范围内的,既包括高水平竞技体育,也包括全民体育健身活动。也就是说,所有的残疾人都能够在同样的环境下与健全人一起参与体育运动。开放的体育环境能够促进残疾人和健全人的社会融合,促进残健交流、理解。

我国残疾人体育事业的发展必须坚持从我国的基本国情出发,走有中国特色的发展道路;同时,也要学习他国先进的理念和经验,并对其进行调适,从而为我所用,进而深化对残疾人体育事业的探索与改革。

本书以社会融合的哲学思想为基础,探索融合理念下的我国残疾人体育事业发展运行机制,从而丰富残疾人体育事业发展方面的理论。以西方发达国家在残疾人体育事业发展方面的实践和理论创新为借鉴,采用多学科交叉的方法,对我国未来残疾人体育事业改革发展的方向进行研究。

对我国残疾人体育事业发展的方向进行研究不仅能够促进我国残疾人体育教育、群众体育、体育竞技事业的发展,而且能够促进残健交流,提高社会体育资源的利用效率,让残疾人享受现代化的体育文化成果,提高社会对残疾人的认知和接受程度,为残疾人创造更好的生存环境,激发残疾人的创造性,提高残疾人社会生活的参与程度。

第二节　相关概念辨析及衍变

一、残疾

残疾的定义对于一个社会、国家健康政策的制定以及公民健康促进的实践有着重要的影响。即使是今天,关于残疾的定义在不同文化中也有显著的不同,因此与其相关联的人类态度和行为也表现出明显的差异。

在人类社会中,对能力的定义既来自能力、功能本身,也来自对能力丧失或者残疾的定义。"残疾"一词所蕴含的意义因受到不同时期、不同价值观的影响而不同。其内涵的差异可以归结于对残疾的认知角度不同和对残疾人在社会中所能够发挥的功能的预期不同。不同的定义不仅会影响对"残疾"一词的理解,而且会深刻影响残疾人事业的发展方式。

对残疾概念的认识由个体的、医学的观念向社会的、体系的观念转变,这反映出的是对残疾定义从医学模式向社会模式的变化。因此,残疾的概念是复杂的、动态的、多方面的、发展性的。当前,残疾的定义模式主要可以归结为以下四种:医学模式,社会少数群体模式,社会结构模式,功能、残疾和健康分级(International Classification of Functioning,Disability and Health,简称 ICF)模式。

在残疾的定义模式中,医学模式的使用时间最长,目前该模式依然深刻地影响着社会的许多领域。该模式认为个体的缺陷是由疾病、创伤等造成的,而这些缺陷则被定义为残疾。在这样的模式下,个体按照他们功能丧失的状况被归类,或者仅仅根据个体的病症表现进行归类,残疾被认为是个人问题,而对于因所处环境造成的个体功能丧失则完全忽略。这样的定义模式实际上传达出来的意思是:第一,个体应该对其功能丧失负责;第二,应该改变与修正的是个体差异而不是环境,相关服务应该是围绕个体进行诊断、治疗,而不是改变环境。

社会少数群体模式也被认为是"屏障模式"。与医学模式不同的是,社会少数群体模式并不关注造成残疾的原因,而是关注由于具有少数群体身份而造成的社会结果。较医学模式而言,该模式有明显的社会属性,承认了社会角色在残疾形成过程中的作用。但是,它依然是以残疾人的残疾经历和特征为基准进行归类的,忽略了残疾个体和健全个体共同的社会身份。这样的结果是强调了"失去能力"而不是"能力",促进了分隔而不是融合。

社会结构模式对于"残疾"的定义是来源于对"标准"或"常态"的反思。19世纪以前,社会并没有产生关于人的正常或者不正常的分类,也没有任何概念性的标准用来区分残疾人。

社会结构模式下关于残疾的概念是将其置于一个特定的社会环境中的解释和定义,它对以往的观点和认知进行了颠覆,强调全部社会个体都应该得到全面发展并获得自我赋权。这是人类史上对于个体差异认知的一大进步,推动了融合实践的进一步发展。

功能、残疾和健康分级模式认为,残疾不能仅仅看作是个体身体情况的限制或者单纯的社会问题,而是个体与其生存环境之间互动的结果。

基于这样的理念,世界卫生组织在 2001 年提出的功能、残疾、健康分级中首次采用了"生物—心理—社会"模型对残疾进行了概念的构架和解释,并对其模式作了详细的解释。

ICF 发展了对残疾概念的理解和测量,在这一漫长的过程中,有学术界、医学界和残疾人群体的大量参与。ICF 强调了环境因素,这是与以往的残疾分级之间最大的区别。在 ICF 中,人类的功能被归类为三个相互关联的领域:一是损伤,指肢体功能存在问题或者身体结构改变,例如偏瘫或盲;二是行动限制,指执行身体活动的困难,例如走路、吃饭;三是参与限制,指在生活的任何领域存在着融入的问题,例如在就业、交通中的歧视。

残疾是指在以上三个功能性领域遇到的任何困难。这一分级体系也可以用来理解肢体功能、行动、参与以及环境设施的积极因素。ICF 采用了中性的语言词汇,不希望强调残疾的类型和原因。通常可以认为残疾是健康状况与环境因素相互作用的结果。ICF 中的残疾概念解释如图 1-1 所示。

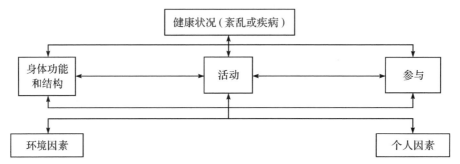

图 1-1   2001 年世界卫生组织的功能、残疾、健康分级中的残疾概念解释

ICF 中的环境因素是指具有不同等级功能的人们生存所在的环境。这些因素可以方便或者阻碍人们的活动。环境因素包括科技和产品、自然和社会环境、支持帮助和相互关系、态度、服务、体系和政治。

残疾是一个涵盖多方面内容的概念,它包括损伤、活动限制,以及个体(具有健康问题)与个体所在环境因素(环境和个人因素)的消极关系。在这样的模式下,《世界卫生组织残疾和康复行动计划(2006—2011 年)》将残疾定义为:"残疾是个体健康状况、个体因素和残疾人生活的外部环境因素相互影响的结果。社会在某种程度上造成了残疾人的'残疾'。社会国家组织政治政策的顽固性以及文化中的非人性化因素可能成为残疾人实现正常功能的障碍。"

二、残疾人与残疾人运动员

我国在 1987 年开展了第一次残疾人抽样调查,首次确定了残疾人的定义,并写入了 1990 年 12 月颁布的《残疾人保障法》中。《残疾人保障法》第二条指出:"残疾人是指在心理、生理、人体结构上,某种组织、功能丧失或者不正常,全部或者部分丧失以正常方式从事某种活动能力的人。""残疾人包括视力残疾、听力残疾、言语残疾、肢体残疾、智力残疾、精神残疾、多重残疾和其他残疾的人。"这种残疾人的定义是以医学模式对残疾的定义为基础,为方便当时的残疾人普查而作出的。近30年来,尽管世界对于残疾的认知和定义发生了巨大的变化,然而,同很多国家一样,我国对于残疾人的定义并没有发生变化。

尽管长期以来,对于残疾人参与体育的功能性认知仅仅局限于其康复作用,并且忽视了残疾人通过不断训练取得的优异的运动成绩,但是有研究发现,从事某项运动的残疾人对自己运动员身份的认同度甚至要高于健全人对于其运动员身份的认同度。

三、残疾人体育、适应体育、融合体育

狭义的残疾人体育是指残疾人竞技体育,专指为残疾人设计的、符合残疾人特征的竞技体育运动。狭义的残疾人体育既包括专门为残疾群体设计的竞技体育项目,例如,适合盲人的盲人门球,适合肢体有缺陷的残疾人的轮椅篮球、坐式排球;也包括那些来源于健全人运动员项目,经过调适就能适用于残疾人的竞技体育项目,例如轮椅网球;还包括那些可直接适用于残疾人的竞技体育项目,例如田径、摔跤、游泳。

广义的残疾人体育则是指一切残疾人能够参与的、有目的的身体活动,通过身体活动促进残疾人的生长发育,提高身体素质,改善生活质量,包括竞技体育、学校体育和社会体育三个部分,具有健身、娱乐休闲、康复医疗、教育等功能,是残疾人社会文化生活的重要组成部分。

一直以来,关于残疾人体育的命名在西方国家引起了很多争议。用"sport"一词来覆盖包括体育教育、休闲体育活动,以及身体锻炼等其他形式的体育活动被认为是不全面的。因此,在西方社会逐渐出现了以"适应体育"取代"残疾人体育"的专属词的用法。

适应体育,即"adapted physical activity",可以简单地理解为是广义的残疾人体育。采用"适应"一词来形容体育活动,明确表达了体育活动应该适应个体需要的观点。这样就摆脱了固有的以人的个体差异来命名体育的方式,突出了体育活动应该适应个体发展的需要以促进人的自我实现的基本要求。

第一次对"适应体育"一词作出正式定义是在1989年第七届国际适应性体育联合会科学研讨会上。该词最初的定义为:"适应体育是指针对身体受限的个体开展的身体活动和体育运动,例如残疾人、健康受损者和老年人。"1993年,谢里尔修改了该概念的含义:适应体育活动是能够应用于认识并解决神经运动问题的跨学科的知识体系。2004年,国际适应体育联合会将适应体育定义为一个跨学科的知识体系,旨在认识和解决不同个体在体育活动中的问题与需要。适应体育涵盖了体育教育、竞技体育、娱乐、舞蹈、营养、医学及康复等方面。目

前,国际适应体育联合会对于适应体育的简化定义为:适应体育活动是一个运动科学、体育教育和竞技与人类运动科学的专业分支,它主要适用于那些在参加身体活动时需要调适的人群。从体育科学的角度来看,适应体育活动科学是针对那些被一般体育科学忽略,资源享受处于弱势,不能享有平等体育权利人群的理论研究与实践。

"适应体育"一词的用法和意义因受到不同国家文化的影响,会出现不同的情况。在国内外学者的频繁交流、共同研究下,"适应体育"一词逐渐被接纳。并且随着一系列适应体育教科书的出版、专业国际期刊影响力的提升,适应体育被赋予更多的意义,也因此被广泛使用。

长期以来,融合体育被认为是等同于融合体育教育的,其最初的核心思想是每个儿童少年,不论其个体差异,都应该一起参与体育教育活动,并且要最大限度地尊重个体差异。

到20世纪90年代末期,有学者提出,融合体育不应该仅仅局限于体育教育。德波和多尔-泰珀认为,融合体育应该是一种在学校和社会中实现社会公正的哲学手段。这一理念更多的是强调接受差异的大同思想,而没有仅仅局限于开展体育活动或教育,它主张所有的残疾人都有平等接受体育教育和进行体育活动的权利,残疾人应该融入社区、学校等的体育服务体系计划中,与社会进行良好的互动。

融合体育要确保所有的个体都可以在融合的、适合的项目中平等受益。融合体育的具体内容包括:第一,儿童的运动体验;第二,学校的体育教育项目;第三,社区的休闲娱乐活动;第四,锻炼和体能项目;第五,参与不同水平的竞技体育的机会;第六,文化性质的活动或项目。

适应体育活动一般被认为是那些为了满足残疾个体需要而做出调适的体育活动。而融合体育活动则更多地强调要确保所有人不论其年龄和能力水平的差别,都有机会在融合的环境中通过体育活动受益。这一概念强调的主体不仅包括了被认为是残疾人的个体,也包括了那些没有被贴上残疾标签但是由于年龄、经历、技能和体能水平不同而造成能力差异的个体。体育项目、活动中的各种调适是为了确保技术水平不同的参与者都能从精心调适过的项目活动中获得益处。

四、特殊教育、融合教育、回归主流

(一)特殊教育

目前,全球对于特殊教育的概念并没有达成共识,而事实上,特殊教育等概念所涉及的内容不仅仅是残疾儿童教育,还包括其他有需要的儿童教育,例如由性别、种族、贫穷、战争创伤造成的特殊问题和处于劣势的少年儿童。

据经济合作与发展组织的分析,有15%~20%的学习者会在他们学业生涯中的某个阶段有特殊的教育需要,但是,并不是每个残疾人都有特殊的教育需要。朴永馨(1995)在《特殊教育学》中指出,特殊教育是使用一般或特别设计的课程、教材、教法、组织形式和设备对儿童(青少年)所进行的为达到一般的或特殊的培养目标的教育。1996年,在《特殊教育辞典》中,他进一步指出,特殊教育是教育的一个组成部分,是使用一般的或经过特别设计的课程、教材、教法和教学组织形式及教学设备对有特殊需要的儿童进行的旨在达到一般或特殊培养目标的教育。特殊儿童有广义与狭义之分,因而特殊教育也有广义与狭义之分。

(二)融合教育

融合教育起源于20世纪80年代,所表达的是一种将特殊教育和一般教育融于一体的教育哲学思想(Taylor,1988)。融合教育的核心思想是所有的儿童不论其能力情况,都应在同样的环境中接受教育,并且该环境能够满足每个儿童的需要。尽管有些少年儿童,特别是患有严重残疾的少年儿童的学习过程和学习方式与其他同龄人不同,但是没有必要将他们隔离开来,隔离的结果很可能是阻碍了他们的全面发展。一所融合的学校所应当具备的应该是其所有学生都能被接受,都能获得同伴的认同与支持,在学习中能够获得其所想要的(Stainback & Stainback,1990)。联合国教科文组织的《萨拉曼卡宣言》中指出,具有融合导向的一般学校是抵制歧视,创造和谐的社区,构建融合、包容的社会,实现全民教育的最有效的方式,并且可以向绝大多数儿童提供有效的教育,优化教育系统资源。

(三)回归主流

回归主流的概念最早起源于种族融合领域,到了20世纪60年代才逐渐用于残疾儿童的教育领域。在教育领域,回归主流的主要观点就是残疾学生和同龄的人在同一教室接受教育。回归主流意味着有特殊需要的学生需将大部分时间用于在一般学校接受教育,但是也要确保在特定时间内能够接受高质量的特殊教育,这也说明需将一般教育班级与特殊教育相结合。回归主流的理念也广泛存在于其他社会领域。

第三节 研究综述

一、国内的相关研究

随着残疾人体育事业的发展，近年来，有大量研究针对残疾人体育中存在着的社会问题和复杂现象展开分析。从前期查阅的文献资料来看，国内学者的相关研究总体上可分为以下几个方面。

(一)关于残疾人体育属性和意义的研究

对于残疾人体育的本质和意义的把握与认知一直以来是国内学者研究的热点。对于残疾人体育本质属性的认识是动态发展的，同时学界围绕这一问题的争论也是长期存在的。有学者认为，残疾人体育不能是竞技体育，而应该是群众体育，无论是残奥会、特奥会还是其他性质的残疾人体育竞赛，都不应该过分推崇残疾人体育的竞赛成绩，而应该更多地关注残疾人通过参与体育所获得的社会价值和自身社会能力的提高。熊斗寅(2004)在研究中指出，残疾人体育绝不是高水平竞技体育，它属于社会体育(即群众体育或大众体育)范畴，这一点是不能混淆的，因为这涉及残疾人体育的发展方向和舆论导向问题。王若光(2007)认为，在残疾人体育实践中，要避免过分强调竞技性、政治性、经济性、功利性等方面，同时要多强调人的发展、自由，努力按残疾人体育的真正价值——"强化自然""超越自卑"等——去发展残疾人体育。唐银春等(2009)引用日本著名体育家、康复医学家中村裕的观点展开论述，即残疾人体育运动开展的目的不仅是比赛，而是想要通过体育运动把残疾人从病房和家庭中解放出来，使其走向社会，享受与健全人同等的待遇。也有学者认为，不能简单地将残疾人体育一概而论，归类为群众体育或康复体育。例如，刘洋(2013)在研究中指出，对残疾人体育竞技认识的模糊不是来自体育竞技，而是来自残疾。在理解残疾人竞技时，必须以人本思想对残疾人竞技给予足够认同，而不是过多地从医学视角讨论残疾人的身体差异。

关于残疾人体育意义的研究相对比较丰富，无论是残疾人竞技体育、残疾人学校体育，还是残疾人群众体育，国内学者在它们的社会意义、个体发展意义、教育意义方面达成了较为一致的认知。张燕中(2009)、金梅(2006)、戴昕等(2010)、刘洋(2010)从我国残疾人竞技体育的角度进行分析，认为残疾人竞技体育是一个国家综合实力的表现之一,残疾人通过体育竞技能够更好地参与并融入社会,向公众展示残疾人拼搏向上、积极进取的精神,进而产生社会教化的作用,改变社会对待残疾人的态度和行为。程卫波等(2011)的研究从残疾人体育教育的角度出发进行分析和讨论,指出残疾人体育教育是残疾人教育的重要组成部分,对于促进残疾人全面发展有着重要的意义,特别是在残疾人主体意识的培养,社会沟通能力的提高等方面有着重要的作用。宋玉芳(2003)、朱建伟(2003)从残疾人参与性体育活动的角度出发,分析了体育运动对于残疾人的意义,残疾人通过参与体育活动,将进一步认识、实现自己的权利,提高平等参与的意识,也能使社会充分认识残疾人权益的内涵,以更好地弘扬人道主义精神,推动社会向更加文明、公正、和谐的目标发展。

(二)关于残疾人竞技体育的研究

我国残疾人竞技体育在竞技水平和竞技成绩上位于世界前列,学术界对于残疾人竞技体育的研究也较为丰富,概括起来主要有以下几个方面:第一,关于我国残疾人竞技体育发展历史的研究,主要包括张燕中(2009)、李璟寒等(2011)、谭丽清(2005)等人的研究,这些研究主要针对新中国成立后的残疾人竞技体育发展历程进行了梳理和阶段划分,指出我国残疾人竞技体育在改革开放以后发展迅速,在训练水平、训练质量、国内外赛事成绩上都有显著的提高。第二,关于我国残疾人竞技体育现状和问题的研究。金梅和陈适晖(2006)、孔凡铭(2008)、吉朝霞(2007)、刘建和等(2011)等学者分别从项目整体、单个项目、全国整体、地域局部上对残疾人竞技体育的现状和问题进行了分析与讨论。研究发现,我国残疾人竞技体育虽然整体竞技成绩较好,但是还存在着选才被动、体系缺失、项目发展失衡、训练设施发展滞后、基础项目薄弱、集体竞技项目水平不高、后备力量匮乏、训练不科学等问题。第三,关于残疾人运动员个体的社会学研究。陆贝(2010)将残疾人运动员的参训过程分为参训前、参训中、参训后三个阶段,并对每个阶段残疾人的个体状态、特征及问题进行了分析。研究发现,残疾人社会保障问题贯穿于残疾人运动员个体发展的始终,且就业问题是重中之重。类似的研究结论也出现在李大新(2006)、李超(2007)、张陵和刘苏(2009)等学者的研究中,这些研究也指出,我国残疾人运动员的社会保障问题与发达国家之间还有一定的差距,对于大多数退役残疾人运动员而言,他们的生活状况并没有太多改善,并且他们的社会教育功能价值并没有被挖掘和实现。第四,关于残疾人竞技体育的科学保障支撑研究。例如,解缤等(2010)、景俊青等(2009)的研究在残疾人的竞技体育科技应用的重要作用等方面达成了共识,并指出我国残疾人竞技体育存在科技服务、科研水平相对滞后,成果转化速度缓慢,缺少深入、系统的服务策略和机制等问题。

(三)关于残疾人学校体育的研究

近年来,关于我国残疾人学校体育的研究越来越多,研究层面和研究内容也在不断深入。学者们越来越关注青少年儿童在校期间接受体育教育和参与体育活动的情况,以及未来我国残疾人体育教育、学校体育的走向。研究主要集中在以下几个方面:第一,关于残疾人学校体育现状和问题的研究。主要有张海灵(2011)、周坤(2005)、张梦娣(2007)、邓卫权(2008)等学者的研究。这些研究对残疾人在校接受体育教育的现状和问题进行了分析,并对残疾学生体育活动的情况进行了调研。大部分研究发现,与健全学生相比,残疾学生的体育教育权利不能得到有效保障,他们处于体育教育的边缘地带。由于体育教育科目本身在学校的地位较低,再加上学校对于残疾学生的培养目标与健全学生之间存在差异,致使有组织的残疾人体育教育和体育活动长期被忽视。第二,关于残疾人体育教育的国际理念和实践的研究。主要包括陈曙等(2012)、刘洋(2012a、2012b)等学者的研究。这些研究总结了欧美发达国家在运行、实施残疾人学校体育教育过程中的经验,探讨了融合性质的学校体育对于残疾人和健全人的意义与价值,并提炼出了我们应该借鉴的思想和实践。第三,关于残疾人体育专业师资建设的研究。吴雪萍等(2005)、周李莉等(2006)、刘洋等(2012c)的研究主要对我国残疾人体育专业建设中遇到的问题进行了分析,发现特殊体育教育专业存在课程设置滞后,操作性内容欠缺,教师对于指导残疾人进行体育活动的能力和认知水平较低,专业就业面狭窄等问题。也有很多研究提出了要在体育教育专业基础上增加短学期的残疾人体育教育实践和理论方面的内容,以满足今后残疾人学校体育发展的需要。

(四)关于残疾人群众体育的研究

在我国公共体育服务理论、实践迅速发展的背景下,关于残疾人社区体育、群众体育服务、体育权利实现的研究逐渐增加。相关研究可归类为以下几个方面:第一,关于残疾人群众体育现状的研究。在周坤和李天珍(2006)、李之俊等(2003)、孟林盛(2005)、段晓霞(2002)等学者的研究中,通过调研,对不同类型的残疾人参与体育健身活动的相关情况和残疾人体育锻炼的影响因素进行了分析,并提出改善残疾人体育活动参与情况的策略和建议。第二,关于残疾人体育公共服务的研究。肖丽琴(2012a、2012b)、吴燕丹(2011)等学者对我国残疾人体育公共服务情况进行了分析,发现残疾人体育公共服务还处于初始状态,服务内容不丰富,存在着明显的区域差异和地域不平衡、城乡发展不均衡、信息不顺畅、服务人员专业能力不够等问题。相关研究也提出了要建设以社区为单位，以残健融合共享为理念的残疾人公共服务体系。第三，关于残疾人体育康复的研究。戴培新（2012）、王文平（2007）、孔凡铭等（2007）、金宁（1998）等学者对残疾人体育康复、运动康复的情况进行分析，从理论层面强调了运动康复对于残疾人功能恢复的重要性，并提出了我国残疾人运动康复服务体系建设的一些思路和设想。

（五）国内研究的评述

在理论探索方面，很多国外的先进理念受到越来越多国内学者的关注，特别是关于融合、全纳的思想，已经有很多研究在理论层面探索适合我国国情的残健融合体育体系。但由于这类研究多停留在理论探索层面，缺乏相应的实证研究，导致无法证明这种理论的可行性及其效果和影响。

在研究内容方面，近年来，我国关于残疾人体育的研究日渐丰富，研究的关注点也从以往的以竞技为主过渡到现在的更多地关注与残疾人民生相关的群众体育、学校体育上。目前，相关研究过多地停留在现状、对策研究层面，虽涉及的范围较广，但缺乏针对某一领域的系统研究。

在研究方法方面，大量的研究采用了社会学的研究方法，例如访谈法、问卷调查法等，并与理论思辨和文献研究相结合，但也存在缺少针对特定理论设计的准实验或实验研究，相关案例、实证研究较少等问题。

在研究结论方面，国内的研究普遍能够较为清晰地指明当前我国残疾人体育在学校体育、竞技体育、群众体育方面存在的问题，但是对原因的剖析还不够准确、翔实，不能反映真正造成残疾人体育发展障碍的原因，提出的解决方法空洞，缺少实际可操作的执行建议。

二、国外的相关研究

西方社会对于残疾人问题的研究开始得比较早，关于残疾人体育的研究也开始得比较早。特别是在二战之后，大批在战争中受伤的士兵进入医院接受康复治疗，从那时起便有大量的研究开始关注残疾人的康复体育。而后，伴随着残疾人体育组织的发展，残疾人体育被赋予的社会意义、功能也愈来愈多，研究的角度也不限于医学，更多地转向社会学、教育学、心理学、人类学等多学科研究。

（一）关于残疾人竞技体育的研究

具有现代残疾人竞技性质的大型比赛中的竞赛方式、竞赛规则等大部分起源于西方社会,因此,欧美国家在残疾人竞技体育方面的研究比较丰富。相关研究主要集中在以下几个方面:第一,关于残疾人竞技体育历史及发展的研究。主要有 Bailey(2008)、Scruton(1998)等学者的研究,这些研究分别对残疾人竞技体育的发展脉络进行了梳理,对不同残疾人竞技体育组织的发展状况进行了详细的阐述,以及对当代不同残疾类别的竞技体育发展情况进行了分析。第二,关于残疾人竞技体育中的哲学思想的研究。主要包括 Howe(2012)、Goodman(1986)等学者的研究,这类研究主要通过对残疾人体育由康复性质向竞技性质的发展历程进行梳理,分析其发展的规律以及内在的哲学思想、教育价值,对一些固有的残疾人行为和理论进行批判,挖掘残疾人体育的社会教化功能以及残疾人奥林匹克运动(简称残奥运动)的哲学价值。第三,残疾人竞技能力分析。主要包括 Wu(1999)、Howe(2012)等学者的研究,这些研究从多角度分析了影响残疾人竞技表现的因素,有从残疾人自身竞技能力角度出发的,也有从假肢、轮椅等器材科技进步发展的角度出发的。值得注意的是,有很多研究探讨了残疾人比赛分级与残疾人竞技比赛成绩的关系及其对于残疾人比赛竞技公平性的影响。第四,关于融合理念下的残疾人竞技体育的研究。这类研究数量较多,主要包括 Vanlandewijck 和 Chappel(1996)、Steadword(1996)、Sorensen 和 Kahes(2006)、Smith 和 Thomas(2005)等学者的研究,这些研究是基于融合思想对残疾人竞技体育的发展进行探讨、思辨,以及对融合实践操作进行分析。残疾人竞技体育中的融合既包括与健全人体育的融合共享,也包括不同残疾类别的竞技体育赛事、组织的融合发展。第五,残疾人竞技体育的社会学、心理学研究。欧美国家有大量关于残疾人运动员、残疾人竞技体育的社会学、心理学方面的研究。主要包括 Williams(1994)、Henschen 等(1984)、Trevor(1994)、Skordilis 等(2001)、Goodwin 等(2009)等学者的研究。残疾人本身的生理特征及残疾人和社会互动的特别状态在竞技体育领域中是无法忽视的,因此很多欧美学者对残疾人竞技体育中的社会化问题、社会心理问题、心理发展及个体心理特征问题进行了深入的研究。

(二)关于残疾人群众体育的研究

国外学者对残疾人群众体育的研究更多地关注体育对于个体健康的作用及体育对于残疾人生存质量的影响。主要可以分为以下两个方面:第一,关于残疾人群众体育活动与健康促进的研究。欧美国家的学者关于残疾人群众体育的研究大多集中于此,主要包括 Shapiro 和 Ulrich(2002)等学者的研究,这些研究对特定残疾类型的残疾人体育活动情况进行了调研与分析,然后通过和健全人或其他低体育锻炼的同类残疾人进行比较,从生理、心理、社会能力等多方面对体育活动在促进他们身心健康、提高生活质量上的作用进行了调查与分析。研究多采用医学领域的方法和手段,分析参与体育锻炼的不同类型残疾人的身体健康水平,采用心理学领域的相关量表对他们的相关心理状态,例如自我概念、自信水平、幸福感等进行测量和比较。第二,关于具有融合性质的残疾人群众体育活动的研究。主要有 Devine 和 O'Brien(2007)、Goodwin 和 Staples(2005)等学者的研究。除了研究论文,还有许多基于理论研究且具有实践指导意义的专著。例如,世界卫生组织在 2010 年发行的社区康复指南 *Community_Based Rehabilitation:CBR Guidelines* 等。这些研究对具有残健融合性质的体育活动进行了评价与分析,并测量和比较了具有融合性质的体育活动对于残疾人、健全人的影响。这些研究推动了以体育为依托促进残疾人社会融合的理论的发展,具有很强的实践意义。

(三)关于残疾人学校体育的研究

近 20 年来,国外关于残疾人学校体育的研究基本上集中在对融合体育教育理论和实践的研究上,研究的范围广、层次深,而对于分隔环境下的特殊体育教育却鲜有研究。关于残疾人学校体育的研究可以归类为以下几个方面:第一,融合体育教育中帮助和支持的作用。主要有 Block 等(1995)、Goodwin(2010)等学者的研究。融合的环境下既要保证教学质量,也要保证残疾学生的需要能够得到满足,因此,体育教师需要来自不同方面的支持和帮助。在这些研究中,有的以残疾学生同伴的协助为研究对象,有的以特殊体育教师的协助为研究对象,论证和分析了不同类型的帮助对于残疾学生的积极或消极作用。第二,融合体育教育对残疾学生的影响。主要包括 Smith(2004)、Goodwin 和 Watkinson(2000)等学者的研究,这些研究对在融合环境下接受体育教育的残疾学生进行了深入分析。融合程度、融合设计组织、残疾类型、教师水平等都会对残疾学生接受体育教育的质量产生影响,残疾学生的体验成为影响他们对待融合体育态度的关键。第三,融合体育教育过程对健全学生的影响。主要包括 Hutzler 和 Levi(2008)等学者的研究,这些研究对融合环境下接受体育教育的健全学生在体育技能掌握、理论知识学习,以及对待残疾人、残疾学生、融合体育教育的态度方面的变化进行了分析。由于融合体育教育的组织、设计、实施存在差别,故不同的研究得出了不同的结论。第四,融合体育教育中的残健交流情况。Seymour 等(2009)等学者的研究结合了社会心理学的理论,对融合体育教育中残疾学生和健全学生的交流、互动情况进行记录,然后归类分析,阐释残疾学生或健全学生在态度、行为上出现变化的原因,总结在开展融合体育教育过程中实现有效互动的规律,更好地控制教学过程,引导态度的积极变化。

第五,体育教师对融合体育教育的态度。Morley 等(2005)、Hodge 等(2002)、Hodge 等(2004)等学者的研究表明,教师对于融合体育教育的有效实施而言有着至关重要的作用。因此,国外有大量的研究围绕体育教师、体育教育专业学生对于开展融合体育教育的态度、意愿、认知、自信程度进行了分析和调研。大量的研究结果证明,在融合环境下,体育教师或体育专业学生虽然支持融合体育教育的理念,但各方面因素的评价都相对较低。

(四)国外研究的评述

在理论创新上,国外的研究多是理论先于实践。在理论架构相关基本原则的基础上,结合小范围、小样本的实践操作,深入、细致地分析实践中的积极因素和消极因素,然后回到理论中,丰富理论体系。国外学者已经将社会融合的理念植入了残疾人体育发展的理论中。

在研究内容上,国外学者的研究表现出跨学科的特点,特别是社会学、心理学和自然科学的交叉研究在残疾人体育领域得到了广泛应用。从宏观层面到微观层面,研究视角多样,也形成了较为丰富的研究成果。

在研究方法上,国外的研究多采用实证分析、实验研究、问卷调查等方法,并根据研究目的的不同,选择不同的研究方法来论证残疾人体育中不同的社会问题、心理问题。

在研究结论上,国外对于残疾人体育的研究基本上围绕融合的理念展开,探讨如何让残疾人最大限度地摆脱孤立的环境,以体育为平台,增加残健交流,保障残疾人的权利。

三、研究缺失与启示

较国外的研究而言,我国对于残疾人体育发展宏观策略的研究有较大的优势,特别是对于残疾人体育发展整体性的把握比较准确,大范围的调查研究相对来说比较丰富。近年来,对于外来的融合理论的接受程度越来越高;同时,对于该理论的研究也逐渐深入。

对于舶来理论而言,其本土适应性是必须考虑的重要因素。国外的义务教育大多强调成功体验,在这样的理念下有利于创造和谐、非竞争性的体育教育环境,从而确保融合理念实践能带来积极的效果。

让残疾人回归主流的社会融合不仅是残疾人事业未来的发展方向,还是我们努力的目标。因此必须基于我国教育、社会文化、文明水平的实际情况进行深入的实证分析,并在此基础上,深化理论体系构建。

第四节 研究的主要理论

一、社会融合理论

(一)社会排斥

社会融合是与社会排斥或社会边缘化相对应的概念。对于社会融合的理解应该从理解社会排斥开始,实际上,有相当一部分学者对社会融合的研究始于对社会排斥的研究,社会排斥或者社会边缘化是用来描述现存的发生在社会边缘群体身上的隔绝和不公。

社会排斥所指向的层面包括社会领域的各个部分。"社会排斥"一词最早出现在社会科学领域。大约在 18 世纪 70 年代,社会心理学家提出了"社会排斥"一词,用来描述在社会转型发展时期特定社会群体受到的消极影响。社会排斥可以定义为在一定的历史时期内,社会拒绝个体或者特定社会群体享受特定的资源,而这些资源是具有社会价值并且有利于促进个体发展的。因此,社会排斥将导致他们不能实现全面发展。受社会排斥的群体、个体不能完全参与其所在社会的经济、社会、政治生活,其中最常见的社会排斥就是物质资源剥夺。

有很多学者、科学研究组织对社会排斥的类型进行了不同角度的分析。根据苏比拉特的研究报告,社会排斥的类型及主要社会排斥因素总结如图 1-2 所示。

(二)社会融合

社会融合是社会排斥的反义词,其理论的提出是起源于欧洲学者对于社会排斥的研究,其核心内容可归纳为通过积极的行为、行动去改变导致社会排斥、社会分隔形成的环境或习惯。世界银行在一项研究报告中将社会融合定义为提高人们参与社会的能力、机会、个体尊严的过程。《国际社会科学和行为科学百科全书》则将社会融合普适化为:社会融合处理的是某一个社会单元中个体或集体行动者的社会联系和互动的范围(广度)、频率(强度)与效果(质量,如认同感等)的问题,该概念可以依据研究对象和研究角度的不同应用于不同层次的社会单元、群体或组织。虽然目前学界对于社会融合的定义还存在着争论,

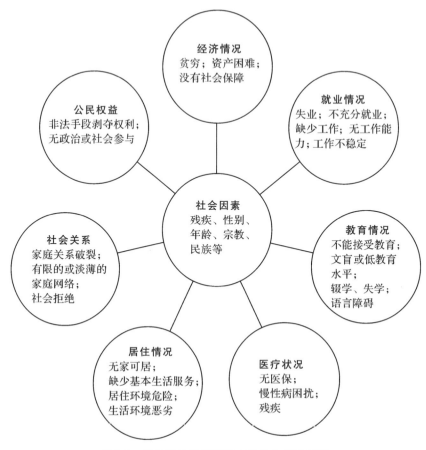

图 1-2　社会排斥的类型及主要社会排斥因素

但是"社会融合"已成为当今世界政治发展中最流行的词语之一,也是当今国外研究的热点之一。在专制、独裁、社会参与极大受限的时代过去后,社会融合和参与民主成了构建具有时代性的新型理想社会的重要基石。

一个融合程度较高的社会的所有行动者会很好地结合在一起,所有的行动者都享有平等的机会、权利及共同的价值,社会行动者会对集体项目和社会福利做出贡献,使各个社会组织和各种社会目标之间的冲突最小化。

国外的社会融合理论多从微观角度出发进行归纳、演绎、实证,根据现有的研究,可将微观层面的融合划分为就业领域的融合、保障领域的融合、人类认知领域的融合、教育领域的融合、人类交往关系领域的融合、参与领域的融合。

第一,就业领域。在当前的人类社会,拥有有收入的工作是人们作为社会成员能够享受社会资源的基本条件之一。收入稳定的工作能够为公民提供社会保障、特定的社会地位,确保他们能够负担得起生活的开销,维持其社会交往,保证个体尊严。社会成员因此能够对自己负责并且通过纳税为这个社会做出贡献。失业会给个体和整个社会带来非常沉重的负担。因此,保障就业领域的无排斥对于实现弱势群体的融合乃至整个社会的发展和稳定有着重要的意义。

第二,保障领域。社会保障是社会成员幸福感的基础,如果身体和精神能够得到保护,处于群体中的个体成员会对群体产生归属感和信任感。完善的社会保障体系是当代发达国家共有的特点,它能够覆盖绝大多数社会成员,并且能够减少收入、财富的差距,从而维持低收入群体、弱势群体的社会保障,确保他们能够享受社会资源。在缺少社会保障或者存在明显的社会保障排斥的国家,低收入群体、家庭常常因受一些重大事件的影响导致家庭破裂或者出现严重的群体性事件。

第三,人类认知领域。现代社会中,群体的多样性、差异性越来越明显。虽然现代社会能够自我调适,引导人类接受多样性、差异性,但是歧视依然广泛存在,并会导致社会隔离和社会排斥。

第四,教育领域。社会化的过程主要是传授和接收社会生活所必需的一切知识、技能、信息等。这一过程通常始于家庭但是更多的是在教育机构完成的。随着社会开放程度、动态程度、复杂程度以及科技指向性程度的提高,为了保持社会生产力水平的不断提高,对其社会成员的教育要求也要相应提高。

第五,人类交往关系领域。人类个体社会交往的数量和质量与个体的收入、教育以及幸福感有着紧密的联系。人类社会交往关系不仅能够让人类共享保证生命质量的资源,而且能够提供给个体大量的社会信息。

第六,参与领域。社会参与能够给个体建立有意义的社会联系,并且能够通过参与社会活动来反对歧视、要求主张个体享有社会服务的权利。一个社会的民主程度与这个社会的公民参与社会活动的平等和非排斥有着紧密的联系。

近年来,在我国政治、经济、文化改革发展的同时,城乡区域发展失衡、贫富差距拉大、社会失范等问题逐渐暴露。残疾人、农民、农民工等社会弱势群体所经受的社会排斥与社会不公会带来一系列复杂的社会问题。国外的社会融合理论逐渐受到我国社会学学者的重视,一系列以社会融合理论为基础的,处理与解决弱势群体的边缘化、排斥化问题的研究大量出现。而与此同时,关于社会融合的理论研究也逐渐兴起。

我国学者黄匡时和嘎日达(2010)通过综述性的文献研究指出,社会融合理论可以划分为一个基础和三个层次。一个基础,即社会融合的基础理论,包括脆弱群体理论、社会分化理论、社会距离理论和社会排斥理论。三个层次,即社会融合理论的宏观、中观和微观理论:一是社会融合的宏大叙事,这部分起源于迪尔凯姆的社会团结理论和马克思的共产主义思想,后被帕森斯、洛克伍德、哈贝马斯和吉登斯等演化为社会整合理论;二是社会融合的族群模式,包括克雷夫科尔的熔炉论、帕克的族群关系循环论和戈登的同化过程理论以及多元化模式;三是社会融合的心理建构,主要从微观个体的心理层面研究社会融入和社会接纳,包括社会认同理论、自我认同理论和社会接纳理论。悦中山等(2009)在研究中指出,西方针对社会融合的研究可以分为三个层次:一是个体层次,以实证研究为主,关注个体与其他个体、组织或社会关系的属性特征;二是群体层次,关注由个体组成的某个群体或多个群体之间关系的总体特征;三是整体层次,这一层次的社会融合往往出现在政策研究中,将社会融合作为社会健康发展的政策手段或目标。本书以社会融合作为研究基线贯穿始终。在当前的社会环境下,以发展的眼光分析我国残疾人体育的种种问题,以当今世界残疾人事业发展回归主流的思路为指引,通过多种社会学研究方法,探索我国残疾人体育事业与健全人体育融合发展的方向、路径、可行性及壁垒,从而为今后我国残疾人体育事业的发展和改革提供理论基础及可资借鉴的实践经验。

残疾人作为社会的弱势群体,其在经济、文化、政治生活方面面临着种种的社会排斥,造成这些社会排斥的原因有体制因素、人为因素、认知因素等。残疾人体育事业的发展、运行也面临着种种边缘化问题。当前,我国的残疾人体育处在一个被隔离的封闭环境中,在学校体育、群众体育、竞技体育等方面都游离于主流之外。这种隔离式的发展不利于残疾人享受与健全人平等的体育资源,增加了资源浪费,并且造成了残健交流的阻碍,影响了社会对残疾人的接纳程度。

二、生态学运动系统论

(一)生态学运动体系

生态学运动体系所反映的是个体、所在环境,以及特定任务之间的动态关系,这样的体系也被称为动态运动体系理论。

该体系的核心内容是个体利用所具备的个人属性,例如身高、体重、协调能力、力量、速度,以及态度等心理特征来应对所在环境的挑战。从生态学的角度来看,人类个体运动模式是由其运动的最大能力及限制决定的。个体所能达到的最大能力是个体对于环境和客体最有效利用的结果(Gibson,1977)。个体运动的最大能力会激发个体完成对特定运动的尝试,而运动任务相关的个体能力、环境限制则决定了个体会采用何种运动模式完成运动。Newell(1986)认为,运动限制是指个体、任务以及环境中运动范围的限制,它会使人类采取一种特定的模式来完成一定的任务。例如,田径运动中的标枪的运动模式与投掷飞镖的运动模式不同,因为飞镖要求投掷的准确性,而标枪则要求投掷的距离。在生态学运动体系理论下,对于运动技能的要求实际上是个体与其环境相互影响的结果。Davis(1991)等学者为了使该理论应用于实际的操作,在经过一系列的研究后提出了生态学任务分析模型,旨在应用于指导和评价运动的过程。在此之后,塞伦等人提出了一系列理解环境和个体情况与运动模式改变之间关系的原则。根据这些原则,个体会因受其个人因素及相关环境因素的影响而表现出特定的运动模式。

对于残疾人体育而言,生态学运动体系理论对于运动行为模式的解释有着重要的意义。残疾人在进行体育运动时必须考虑个体性。生态学运动体系理论则恰恰强调了个体差异对于人类运动模式形成的影响,因此能够应用于残疾人体育教育中。

适应体育奠基人谢里尔早在 1995 年就认识到了生态运动体系理论对于残疾人体育或者适应体育的重要意义:对于残疾的定义仅从残疾人个体在生物和社会上的差异来评价、界定是不全面的,我们必须测量和评价他所在的环境,即他所在的生态体系,识别他所面对的在态度、精神等方面的阻碍及支持。随后,赫茨勒在 2007 年提出了适应体育活动的生态学互动模式,如图 1-3 所示。

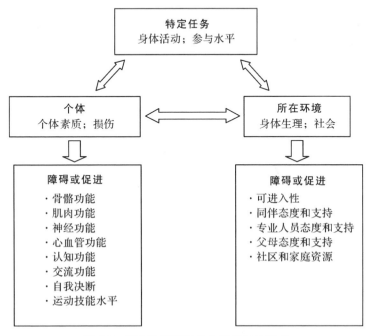

图 1-3　适应体育活动的生态学互动模式

残疾人完成某个特定的身体活动或参与某个运动项目的情况与其个体因素和环境因素是相互影响的。生态学运动体系理论已经成为残疾人参与体育运动、学习体育运动、进行身体锻炼或者竞技的主要理论支撑。

(二)调适思想

调适是主动促进残疾人完成特定体育运动的实践,是改变个体与环境互动、互相影响的过程,通过调整生态体系中的各元素来完成特定的体育运动。根据达尔文的进化论思想,适应、调适是生物处理竞争和自然环境的方式。生物在生长、繁衍过程中会不断根据环境调整自身,从而形成有利于发展的特征。人类的适应能力比多数生物强,人类能够在特定事件出现前或在特定事件发生过程中,于很短的时间内作出有利的判断。

适应和支持的思想后被用于立法中,以确保公民的社会参与度。同样,在健康领域、运动康复领域、职业康复领域,生态学运动体系理论中的适应、调适思想也是构成这些领域理论的重要内容。因此,在生态学运动体系理论中,当个体在有限制的环境和个体条件下被要求完成特定身体活动时,适应或调适是激发人类运动潜能的重要实践方式。

1991 年,戴维斯和伯顿在生态学运动体系理论应用实践方面取得了重大突破,他们在教育干预领域提出了生态学任务分析模型。该研究团队在 1993 年发现,如果能够认识到如何促进个体运动模式外界控制因素的积极变化,则可以系统地、有目的地对这些因素进行调整以促进个体运动模式的积极变化。

瑞特等人基于该模型,在残疾人体育教育领域进行了一系列实验研究,最后提出了系统生态学调适方法体系。该体系具有以下特点:一是与残疾功能分级紧密联系的任务设定;二是包括了对于限制因素与支持因素的评价;三是提出了依据功能分级对促进身体运动和参与因素的系统处理;四是鼓励提供多种运动模式的主体选择。生态学调适方法体系的核心是调适决定个体运动模式。

该模式包括:第一,任务目标是个体与环境关系的功能性结果,以身体活动和参与为特征;第二,任务定性或定量的标准,一般描述为技术和行为;第三,与国际功能分级对应的个人与环境限制或支持的影响因素;第四,运动行为表现错误,因此需要调适;第五,一系列调适的内容,用于消除运动表现中的错误,从而形成新的运动模式。系统生态学调适方法体系如图 1-4 所示。

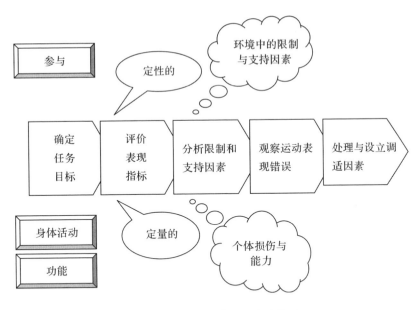

图 1-4　系统生态学调适方法体系

三、社会心理学理论

(一)态度改变理论

历史上,对于态度的定义有很多不同的版本,而目前学界将态度定义为主体对客体的偏好程度,或者是根据喜好程度对客体、概念或行为的评价。根据社会心理学理论,人们之所以会形成态度是因为它可以有效帮助人们掌控环境和表达与其他人的重要联系。态度是由三方面信息汇集而成的:第一,对事物特点积极或消极的看法;第二,对客体的感觉和情绪;第三,客体过去和现在行为的信息。态度一旦形成,就会产生与客体的紧密联系。

"残疾"一词被赋予了过多消极的属性,以医学模式定义"残疾"的方式强调了个体身心的差异,导致残疾人被主流社会排斥,甚至以机构化的方式孤立在特定的环境和范围内。

著名心理学家奥尔波特提出了改变态度的接触理论,该理论广泛应用于改变对待特定群体的态度的研究中,并指导人们的实践活动。然而,并不是接触就会实现态度的积极转变,无序、无目的的接触很可能带来的是态度的消极变化。因为人类在选择态度信息时,常常会对信息进行筛选或加权,对于符合自己态度认知的信息会提取,而与自己态度认知相矛盾的信息有时会被有意或无意地剔除。这样很容易造成偏见、歧视的增加。奥尔波特认为,精心设计的活动应该在平等的基础上,以及有目的的活动下,尽量避免人为的刻意影响。适应体育研究奠基人、著名教育学家谢里尔根据接触理论提出了融合体育环境改变健全人对残疾人态度的条件:平等地位关系,促进频繁接触的体育活动,合作性体育项目,有效奖励性接触,教师等人员的积极态度,科学安排的讲授和劝导。

体育为残健的相互接纳、相互了解、相互融合提供了一个平台。但是长期以来我国残疾人体育的隔离发展影响了体育对于残健交流的积极作用。无论是在学校体育、群众体育还是在竞技体育的发展上,残疾人体育一直处于游离在健全体育之外的独立发展中。尽管残疾人体育的发展离不开健全人的参与,但是仍然无法做到完全有效的融合、接洽。因此,本书在实证部分依托态度改变的相关理论,对残疾人体育与健全人体育的融合发展进行分析,探讨影响融合的态度因素以及通过体育改变健全人对残疾人态度的效果。

(二)自我效能理论

根据班杜拉的自我效能理论,个体完成特定任务的方式以及面对挑战的行为会受到其自我效能程度的影响,它是个体自信在完成某一特定任务或者对特定环境掌控的表现形式,也是对于自己能够执行特定行为从而达到期望的结果的信念。

具有高自我效能水平的个体要比具有低自我效能水平的个体更有可能去尝试完成特定的任务。根据自我效能理论,具有相同能力的两个个体会因为他们不同水平的自我效能程度而有着完全不同的表现。自我效能理论是班杜拉的社会认知理论的核心,它强调了观察学习和社会经验对于个性发展的重要性。社会认知理论关注的是个体的行为和对外界事物的反映,包括社会行为和认知过程,都受到个体观察到的他人行为的影响。而自我效能是由外部经验和自我概念共同形成的,它决定了人类尝试很多事情的结果。具有高自我效能的人是那些相信自己可以表现得很好的人,他们更有可能认为有难度的任务是可控的,并且愿意尝试而不是逃避。

自我效能对于个体思维方式和行为具有以下影响:一是低自我效能使个体对任务困难程度的估计要高于实际困难程度,这常常会造成对任务完成计划的影响,同时增加个体的紧张程度;二是在对待某件具体任务时,自我效能低的个体在完成任务的过程中容易出错,并且结果将变得不可预测;三是为了更好地制订完成特定任务的计划,具有高自我效能的个体对任务本身的认识更趋于理性;四是对于具有高自我效能的个体而言,困难会让他们更努力,而对于自我效能低的人而言,困难会让他们丧失勇气并且放弃尝试;五是自我效能高的个体更倾向于把失败归因于外部因素,而自我效能低的个体则更倾向于把失败归因于自己的能力。

在社会融合思想中,残疾人体育事业的发展,特别是群众体育和学校体育,残健融合环境的问题必然会成为体育活动指导者需要面对的挑战。而在这种情况下,具有高自我效能水平的个体要比自我效能水平低的个体更有可能去尝试完成特定的任务,他们会对融合残疾人于体育活动中有更加积极的态度,会更愿意花费时间去了解每一个残疾人,并通过对环境设施的调整,以更好地提高对残疾人的接纳程度。残疾人体育事业的发展离不开专业人员,因此,本研究将通过对体育从业者在融合环境下进行体育指导、体育教育、运动训练的自我效能情况的调研,分析影响他们自我效能的原因,为培养能够在残健融合环境下进行体育指导、体育教育、体育训练的专业人员提供建议和发展策略。

第五节　研究方法

残疾人体育领域的研究表现出了多学科相互交融、相互渗透、相互交叉影响的特点,既包括自然科学方面,如生态学、医学、心理学等,也包括社会科学方面,如人类学、管理学、教育学等。随着残疾人事业的发展,国际社会对于残疾人问题的理解向着社会模型转变,因此,对于我国残疾人体育发展的研究必须秉持社会融合的理念,应用多学科研究方法,大量结合社会学、心理学、教育学等方面的理论。

一、文献资料法

利用会员身份检索《适应性体育活动季刊》等高水平相关外文文献资料,购买残疾人体育相关的外文图书,利用 Kindle、Amazon 购买电子或纸质专著,最大限度地获取理论和实践方面的相关外文资料,利用中国知网、杭州师范大学图书馆等渠道检索 2001 年至今的国外残疾人体育发展相关的理论和实践方面的科研论文,全面梳理当代残疾人体育事业改革发展的趋势,对以社会融合思想为指导的残疾人体育事业改革发展进行理论基础研究。

二、问卷调查法

针对各个章节的内容与研究需要，设计不同的、有针对性的问卷进行问卷调查，主要采用的问卷包括《Siperstein 形容词量》、《儿童对融合残疾学生于体育教育态度量表（修改）》(Block，1995)、《残疾人竞技体育教练员对融合训练可行性认知自编问卷》、《体育教育专业学生对于融合残疾学生于体育课自我效能量表》(Block et al.，2013)等。

英译的量表采用标准回译法，经过信度和效度检验后再进行使用，自变量表通过结构效度、重测信度检验后进行使用，量表以及问卷的具体信息详见具体章节。

三、实验法

在第二部分，采用对比实验设计，分实验组和对照组进行融合体育教育的介入组间比较，主要分析融合体育教育的实施是否会影响健全学生对融合体育教育的态度、意愿，以及他们对于残疾人态度的变化。

四、数理统计法

采用 SPSS 13.0 对问卷、实证采集的数据进行统计学处理。采用描述性检验、单因素方差分析、回归分析等统计方法，根据研究需要对数据进行比较分析。采用定性分析的方法对融合性质的残疾人体育实践的效果、质量、特征及影响因素进行讨论。

第二章　全球视野下残疾人体育发展历史回顾及走向

第一节　残疾人体育起源及发展

20世纪后期,随着残疾人运动的发展,残疾人能够越来越多地参与到社会活动中,整个社会对于残疾人的接纳程度在不断提高,同样的情况也明显地表现在体育领域。残疾人的体育权利逐渐被重视,然而对于残疾人体育价值的认知却经历了漫长的发展过程。

一、早期残疾人体育的起源与发展

在历史长河中,体育是人类社会生活中的一个非常重要的部分。体育的起源可以追溯到远古时期。原始人为了生存,需要通过捕猎来获取食物,而在捕猎过程中需要肌肉力量和耐力。原始人的狩猎能力,包括奔跑、投掷、跳跃、耐力等能力的培养和技能的传承就是体育教育的原始状态。因此可以认为,人类原始的教育活动就是围绕体育教育展开的。

残疾人体育的发展和整个社会对于残疾的认知、态度和行为有着紧密的联系。在原始社会,人类生存环境恶劣,残疾无疑会加速他们的死亡。根据卡特等人的研究,在史前和远古时代,人类认为身体运动可以减少邪恶思想,因此,这一时期的残疾人进行体育运动更多的是受到原始的宗教思想萌芽的影响。

在远古时期的中国,残疾人的身体活动也表现出了明显的宗教萌芽思想。残疾人的身体缺陷导致他们无法从事繁重的体力劳动,因此,有些残疾人会被安排做一些祭祀之类的工作,而这些工作很多是由肢体活动和舞蹈组成的。史前的巫术孕育着"潜体育",而巫舞可以说是最古老的原始体育形态之一。张应斌(1999)的研究发现,早期的巫师大多是残疾人,他们担任乐师、巫师,多从事与鬼神有关的工作。强壮的劳动力都集中于生产的第一线,不强壮的残疾人只能脱离生产这一要务,从事在当时不是很重要的文化活动。巫是神职人员中的主角,巫师可由残疾人充当,史、卜、祝更是如此。商代乐师大师挚、商大史向挚均是跛脚残疾人。在《庄子·人间世》中,高度残疾的支离疏以巫卜为业。史前时代的残疾人进行身体活动多是为了消除所谓的妖魔精神,是有浓厚的宗教信念的表现,尚未形成专门的体育活动。

最早的关于残疾人有目的地进行身体活动的记载来源于中国。在公元前2700多年的中国出现了对于残疾人而言具有康复性质的体育活动雏形。通过导引、推拿、按摩来达到恢复生理机能、康复、健身的目的,早在成书于秦汉之间的《黄帝内经》中就有类似记载。中国古代名医运用吐纳、五禽戏、八段锦等方式治疗瘫痪、肢残带来的肌肉萎缩等疾病,从而达到恢复患者身心功能的目的。具有康复性质的残疾人身体活动的出现,标志着现代意义上的残疾人体育的形成。

古希腊和古罗马也曾使用专门的身体活动配合医疗与宗教的方法来促进病人康复,而这些病人大多是斗兽场的角斗士或是战争中受伤的战士。残疾人体育从其出现之初就被赋予了深刻的医学康复意义。进行体育活动、身体活动都是为了改善残疾人的状况。然而,并不是所有的残疾人都能够被社会理解,以及有机会进行一些简单的、具有康复性质的身体活动的。无论是西方社会,还是东方社会,在很长的历史时期内,所有社会对于残疾人的态度都是苛刻、残忍的。

到了中世纪,无论是患有心理还是生理残疾的个体,基本上能够在受保护的环境中存活。尽管他们的社会地位不高,但是他们的生活质量相比过去的几个世纪而言已经有了非常明显的提高。中世纪欧洲的宗教影响促进了社会对于残疾个体的接受,也推动了有关残疾人的人道主义思想和行为的出现与发展。这一时期的残疾人会被集中在一个特定的区域内,接受最基础的治疗,但是进行不了任何康复训练。肢体运动的康复手段在这一时期作为辅助康复手段被应用。

原始的残疾人身体活动形式最早出现于宗教活动,而真正符合现代体育认知的残疾人体育则是来源于具有康复性质的体育锻炼。受到人类社会早期生产力水平低下、生活环境恶劣、科学发展水平低下、朴素人道主义多交织于宗教思想中的限制,残疾人的身体活动、体育运动虽然表现出了功能康复的指向,但是作用、效果非常有限且组织性不高。

二、近现代残疾人体育发展

（一）康复体育运动先行

进入 18 世纪,人类社会终于从被邪恶精神和鬼神影响过渡到追求人类权利与生命尊严的大范围的权利运动上。在这一时期,人们对于残疾人的态度从恐惧、迷信、敌对过渡到同情,并认为他们也同样需要接受教育。

社会对于残疾的青少年儿童表现出人道主义色彩,会救助一些患有先天性残疾、预期寿命短的婴儿或少年儿童,并在达到适当的年龄时协助他们进入工作场所工作。在这一时期,带有康复医学性质的骑马运动开始出现,用于改善残疾人姿态、平衡、肌肉控制,并且有医生关注到马背上的人跟随马匹运动而进行的被动的身体运动对于脊髓损伤有一定的治疗作用。

同样在这一时期,对于精神类疾病个体的人道主义救治逐渐出现。他们被聚集在专门的机构中,接受有限的介入治疗和职业培训。这类机构一般在远离城市的乡村,因此很多患有严重精神类残疾的人无法进入机构接受专门治疗和培训。在启蒙时代晚期,虽然出现了探索残疾人权利的社会运动,但是他们的生活质量依然低下,且处于社会边缘。

进入工业化时代,人类的医学和科学都有了极大的发展,特别是以解剖学为基础的西方医学发展迅速,医院中具有康复性质的医疗体育活动也逐渐形成。医院的护士将音乐运动、骑马以及保龄球等运动项目作为康复手段。残疾人被聚集在专门的机构,接受一定程度的医疗康复指导。20 世纪可以被认为是社会变革的时期,战争增加了政府在教育领域、心理领域以及医学领域对于残疾人问题的关注。

20 世纪 20—30 年代,医学领域终于开始了对大脑损伤和神经脊髓功能的研究和治疗。两次世界大战对于社会对残疾人的态度以及残疾人医学体育的发展都有非常重要的意义。战后许多老兵回到自己原来的社区,他们在战争前生活的地方对他们来说很熟悉,但不同的是他们战前是健全人,战后却成了残疾人。战争中受伤的老兵的康复问题也受到了空前的重视,除了关注在医院中接受的医疗介入,也关注他们离开医院后的功能康复,此时开始有研究关注专门的体育康复、运动康复。从这一时期开始,有了专门的世界性的残疾人康复体育运动的机构或者组织,这些机构或组织经过一个世纪的发展,有的已经消亡,有的则发展成为当今世界重要的残疾人竞技体育国际组织,其中最著名的是斯托克·曼德维尔脊髓损伤联盟(后发展成国际残疾人奥林匹克委员会)。

二战后,大量的康复医院在欧洲、北美建立,其目的在于帮助战后受伤的人们尽快恢复,促进他们重新回归社会。英国有一所著名的脊髓医院坐落于斯托克·曼德维尔,该医院创始人——著名的神经外科医生古特曼医生不但推动了脊髓损伤治疗的发展,并且极大地促进了残疾人体育的发展。在当时的医疗条件和医学研究水平下,古特曼医生的工作被认为是完全没有意义的。脊髓损伤病人的生存平均期望时间仅仅为六周,他们最终会因为压疮或尿路感染而死。但是古特曼坚持认为摈弃传统的治疗方式(主要是被动手段,例如按摩)而采用有目的的、运动性的身体活动,可以延长脊髓损伤病人的寿命。古特曼医生的伟大之处在于他始终坚信脊髓损伤康复的最终目的不仅仅是延续病人生命,而且要让他们能够回到社区,自食其力地生活。因此,在他的康复医院里,设置了很多职业培训的内容和实践活动。

(二)残疾人体育教育变革

德国和瑞典的体育教育体系都是通过采用体操、身体活动技术、运动技能的培养来锻炼和塑造年轻人的身体、心理以及个性特征,因此被认为是最好的手段。这些体育教育系统在19世纪传入美国。到了19世纪50年代,美国的医生已经开始系统地应用医用体操,也有专门的体育项目、锻炼器材用来矫正不良身体姿势、改善器官功能、增加身体力量和耐力。

世界大战对于体育教育的发展也起到了非常重要的推动作用。大批年轻人参与到战争中,体育教育的项目也走向了军事化发展的道路,越来越强调身体素质、运动机能的提高。医生在战后开始大规模地采用医疗身体活动,特别是康复体育活动来帮助患者恢复。运动康复治疗(娱乐、身体休闲)依然属于医学领域范畴。在此之后,发展性质的体育教育活动项目逐渐出现。重视感官运动功能的训练项目逐渐在体育教育中普及。

马克依塔德的研究推动了社会化教育的发展。马克依塔德在对生长于野外自然环境中并且和人类社会没有交流接触的儿童进行研究后认为,即使是有严重智力障碍的个体也可以被教化,也有机会改善其社会功能,通过训练、教育使其能做到健全人的一般行为是终极目标。

尽管对于患有严重智力障碍的儿童和青少年而言,得到正常的发展和恢复正常的社会功能是不可能的,但是马克依塔德的观点无疑是对隔离在家的教育观念的颠覆。19世纪末期,在有监管的机构里进行特殊的教育成为残疾人训练的主要形式。马克依塔德发展出了个体化医疗的方法,并且提出了最初的对于师生关系价值的理解。马克依塔德的学生谢根在此基础上提出了强调学生身体、智力和道德发展的独特的教育理念。19世纪末,玛利亚蒙特索丽系统地构建了谢根和马克依塔德的思想理论体系,并把这样的教育理念和训练方式扩展到健全儿童的教育与训练上。从 19 世纪开始,居住机构式的场所观念开始从欧洲发展。

1818—1894 年,智力残疾人、聋人和盲人的专门居住机构在美国得到了快速发展。机构化的分隔被认为是对于残疾人而言最适合和最有效的教育、救助、医疗方式。具有严重智力障碍的个体被认为一生都需要生活在监护体系下,而对于其他残疾程度相对较轻的人而言,还有机会参与一定程度的工作活动。德国在 19 世纪后期也出现了名为"特殊班级"的教育运动,这一运动推动了残疾人教育在隔离场所下的个体化发展。马克依塔德等人的教育理论为个体化的特殊教育的发展奠定了基础。

到了 20 世纪,尽管对于个体残疾人的治疗和照顾依然是在封闭的机构中,然而特殊教育班级已经遍布欧洲和北美地区。虽然一战后针对残疾人的特殊项目或教育有所下降,但是这些在二战后又很快复苏,并得到了飞速发展。20 世纪 50—70 年代,残疾儿童的教育是在特殊学校进行的。这些学校开始时大多数是以教堂为场所,以残疾儿童的家长为教师创办的,后来逐渐有了专门的特殊学校。与特殊学校以及特殊班级相关的教育思想认为,残疾儿童需要在严格的组织规划下、在特殊的专业教师指导下接受独特的教育。

不同类型残疾儿童的教育逐渐变得专项化、特别化,例如有专门的学习障碍学校、听力障碍学校、盲校、智力障碍学校、身体残疾学校。即使在有残疾班级的普通学校中,残疾学生也不被看作学校的成员。而对于严重残疾的少年儿童而言,他们基本被排斥于教育之外。在这一时期的残疾人学校体育更多的还是以具有康复性质的身体活动为主要内容,并且是在特殊学校的环境中进行的。许多国家早期对残疾人的教育致力于通过分隔的学校进行,针对不同的残疾设计不同的学校,例如盲人学校。但是这些机构仅仅能够满足很少一部分人的需要。

随着公民权利运动和社会革命,以及贯穿 20 世纪末至 21 世纪的融合运动的发展,残疾人身体活动项目从最初的通过排他来促进平等,发展到在社会融合的条件下进行。在公民权利时代中的残疾人权利运动促进了残疾人体育与竞技的权利平等化的立法发展,并且推进了融合体育教育的实践和理论的出现。到了 20 世纪末,教育领域学者在研究和实践中发现了特殊教育和一般教育双重教育体系带来的问题,强调特殊、个体差异的特殊教育会导致同龄人对于残疾人特征的过度关注,并把他们排除于一般教育之外。这样的隔离会导致残疾人被贴标签,出现健全学生对于残疾人的消极态度和行为,以及残疾人自身的低自我效能等情况。

教育融合的理论和实践起源于 20 世纪末的教育思想,其主要是指把特殊教育和一般教育融合在一起的哲学思想。该思想主张无论个体能力是否存在差异,所有少年儿童都应该在同样的环境下接受教育,并且这种教育能够满足个体的需要。随后,基于融合思想下的残疾人体育教育实践与研究在欧美国家广泛地进行。许多针对融合环境下的体育教育思想、实践、理论体系得到发展,例如最低限制环境、融合模式、生态学融合模式等。

大量的实证研究发现,融合体育教育会对教学质量、健全学生的态度产生影响,而融合环境下的体育教育效果在不同的研究中表现不同,尽管有各种争论,但是残疾人融合教育已经成为越来越多国家保障残疾人受教育权利的实践模式。根据美国教育部 2005 年的统计,接近 96% 的残疾学生在普通学校接受教育,他们当中的一半人大多数时间都和健全学生在同一个教学环境中。残疾学生融合于一般学校教育的比例在近几十年间持续增长。融合教育尝试的成功使融合体育教育实践得到快速发展。特殊教育模式的主要特点及对应的体育教育理念与实践如表 2-1 所示。

表 2-1　特殊教育模式的主要特点及对应的体育教育理念与实践

特殊教育模式	主要特点	体育教育对应的理念与实践
器材设备核心模式	・分隔 ・忽视 ・医学模式 ・残疾个体被视为病人,认为其需要治疗	矫正与康复体育 ・强调体育康复 ・矫正姿势,改善体能 ・轻度智力障碍的学生被排除于体育教育之外
服务核心模式	・特定的项目和服务 ・教育模型 ・技术发展提升 ・残疾人被过多地强调他们的身体缺陷,而忽略了人的属性	适应体育教育 发展体育教育 特殊体育教育 ・根据缺陷情况设定体育教育项目
支持核心模式	・残疾被认为是人类的个体差异 ・强调环境和个体共同造成残疾人生活困难 ・提供支持,让个体能够在融合的环境下正常发挥功能	适应体育活动 ・体育竞技水平高 ・体育项目个体化 ・终身体育活动理念 ・体育教育更多的是以调适为基础,而不是强调缺陷
自我赋权与自我决定核心模式	・残疾人个体对自己生活重大决定负责,而不是专家帮助其作出决定 ・强调独立选择、自我决定、自我意识	适应体育活动 ・独立选择体育活动

随着特殊教育理论思想的发展,残疾人体育教育由器材设备核心模式向自我赋权与自我决定核心模式转变。

(三)残疾人体育竞技化发展

1.残疾人奥林匹克运动

残疾人竞技体育领域中影响力最大、规模最大、参与运动员最多的就是残疾人奥林匹克运动。该运动始于 20 世纪 40 年代,其最初的理念是将运动作为康复手段,促进病人生理机能、社会功能的恢复。经过长期的发展,残疾人奥林匹克运动在残疾人世界中已经是等同于奥林匹克运动的体育盛会。1960—2012 年残疾人奥林匹克运动夏季、冬季运动会相关情况概述如表 2-2 所示。

表 2-2　1960—2012 年残疾人奥林匹克运动会相关情况概述

年份	夏季/冬季	奥林匹克运动会举办地	残疾人奥林匹克运动会举办地	参赛运动员残疾类型	参赛国家/个	参赛人数/人	比赛项目/个
1960	冬季	美国斯阔谷	无				
	夏季	意大利罗马	意大利罗马	脊髓损伤	23	400	8 (6 女子)
1964	冬季	奥地利因斯布鲁克	无				
	夏季	日本东京	日本东京	脊髓损伤	21	375	9 (6 女子)
1968	冬季	法国格勒诺布尔	无				
	夏季	墨西哥墨西哥城	以色列特拉维夫	脊髓损伤	29	750	10 (8 女子)
1972	冬季	日本札幌	无				
	夏季	联邦德国慕尼黑	联邦德国海德堡	脊髓损伤、视觉残疾	41	1004	10 (8 女子)
1976	冬季	奥地利因斯布鲁克	瑞典恩舍尔兹维克		17	250	
	夏季	加拿大蒙特利尔	加拿大多伦多	脊髓损伤、视觉残疾、其他	42	1657	13 (8 女子)
1980	冬季	美国普莱西德湖	挪威耶卢		18	350	
	夏季	苏联莫斯科	荷兰阿纳姆	脊髓损伤、视觉残疾、截肢、脑瘫	42	1973	12 (8 女子)

续表

年份	夏季/冬季	奥林匹克运动会举办地	残疾人奥林匹克运动会举办地	参赛运动员残疾类型	参赛国家/个	参赛人数/人	比赛项目/个
1984	冬季	南斯拉夫萨拉热窝	奥地利因斯布鲁克		21	457	
	夏季	美国洛杉矶	英国斯托克·曼德维尔和美国纽约	脊髓损伤、视觉残疾、截肢、脑瘫	45	2900	14
1988	冬季	加拿大卡尔加里	奥地利因斯布鲁克		22	397	
	夏季	韩国汉城(现名首尔)	韩国汉城(现名首尔)	脊髓损伤、视觉残疾、截肢、脑瘫、其他	61	3053	17 (11女子)
1992	冬季	法国阿尔贝维尔	法国阿尔贝维尔		24	475	
	夏季	西班牙巴塞罗那	西班牙巴塞罗那	脊髓损伤、视觉残疾、截肢、脑瘫、其他	82	3020	15 (11女子)
1994	冬季	挪威利勒哈默尔	挪威利勒哈默尔		31	492	
1996	夏季	美国亚特兰大	美国亚特兰大	脊髓损伤、视觉残疾、截肢、脑瘫、其他、智力障碍	103	3195	17 (11女子)
1998	冬季	日本长野	日本长野		32	571	
2000	夏季	澳大利亚悉尼	澳大利亚悉尼	脊髓损伤、视觉残疾、截肢、脑瘫、其他、智力障碍	123	3843	18 (13女子)
2002	冬季	美国盐湖城	美国盐湖城		36	416	
2004	夏季	希腊雅典	希腊雅典	脊髓损伤、视觉残疾、截肢、脑瘫、其他、智力障碍	130	4000	21 (18女子)
2006	冬季	意大利都灵	意大利都灵		39	640	
2008	夏季	中国北京	中国北京	脊髓损伤、视觉残疾、截肢、脑瘫、其他、智力障碍	147	4000	20 (18女子)
2010	冬季	加拿大温哥华	加拿大温哥华		44	600	
2012	夏季	英国伦敦	英国伦敦	脊髓损伤、视觉残疾、截肢、脑瘫、其他、智力障碍	164	4302	20 (18女子)

残疾人奥林匹克之父古特曼医生在他的康复医院斯托克·曼德维尔医院进行了大量的身体康复活动,并且他意识到了体育运动对于脊髓损伤病人的意义远不止身体康复。经过长期的实践,他发现参与体育运动能够改善脊髓损伤病人的精神和身体状态。为了能够让脊髓损伤病人回归有意义的生活,古特曼借助大量的体育运动来帮助他的病人,从刚开始的一些简单的球类运动发展到射箭等多样化的运动。结合传统的医学治疗手段,在神经外科康复医师的不断研究实践下,斯托克·曼德维尔脊髓损伤联盟因其特有的体育运动实践而闻名于世。

古特曼医生将体育对于脊髓损伤病人的价值与意义归纳如下:"体育运动相较传统的康复运动而言最大的优势在于它的娱乐功能。体育能够让这些病人重新获得快乐的体验和情绪,而对于愉悦感的追求是存在于每个人内心深处的。无论对于残疾人还是健全人而言,体育的目标都是要提高人民的精神状态,提高自信、自控、竞争精神和同志友谊。"古特曼医生在 1948 年发表的文章《重新调整到一个新的心理思路》中表明了他对病人的观点:当外部灾害损伤了人的脊髓时,人的身体机能会出现问题,同样出现问题的事实上也包括人的心理,人的心理会因此陷入混乱。我们必须帮助病人重新获得对生命、生活的渴望,而病人的合作也应该能够使他的思想和心理得到恢复,并投入有意义的工作中去。总之,我们的最终目的是使他尽可能独立,重新获得其社会角色和位置。古特曼早期的努力使人们逐渐认识到脊髓损伤病人应该融入社会生活而不是被社会孤立。

1948 年 7 月 28 日,伴随着伦敦奥运会的开幕,在英国的斯托克·曼德维尔医院,第一届斯托克·曼德维尔运动会也同时开幕。在古特曼医生的努力下,第一届斯托克·曼德维尔运动会共有 14 名男子运动员和两名女子运动员参加了射箭比赛。古特曼医生希望通过本次比赛向公众证明即使是患有严重残疾的人也可以成为运动员。在本次比赛后,又有乒乓球、保龄球、飞镖和斯诺克等体育项目被纳入比赛。古特曼医生开始更多地关注轮椅控制能力的培养和提高,因此,比赛中也开始允许使用轮椅,一些轮椅竞速项目进入比赛。随后,轮椅羽毛球和轮椅篮球也被纳入比赛。随着比赛项目的增加,参加比赛的人数也不断增加。

在 1952 年的斯托克·曼德维尔运动会上,由于荷兰运动员的加入,该赛事在真正意义上成为世界性质的残疾人比赛,并且有 130 名运动员参与了本次比赛。这次比赛的成功举办扩大了斯托克·曼德维尔运动会的知名度,这也使古特曼医生意识到这样的赛事对于轮椅运动员而言,有可能成为等同于奥林匹克运动会的体育盛会。之后,加拿大、芬兰、法国、以色列等国家的运动员也加入了这一赛事。在 1956 年,国际奥委会为了表扬古特曼医生对于发扬奥林匹克精神的贡献,授予古特曼医生所带领的斯托克·曼德维尔运动组织费恩利奖杯。

1960 年的世界斯托克·曼德维尔运动会首次离开了英国,在意大利罗马举办。此次运动会被公认为历史上第一届残疾人奥林匹克运动会(简称残奥会),这次运动会的举行日期是 1960 年罗马夏季奥林匹克运动会闭幕六天后,在比赛项目设置上已经完全超越了康复的目的。意大利教皇约翰在本次比赛闭幕式结束后称古特曼为瘫痪运动史上的顾拜旦。古特曼认为,以奥林匹克精神为指导,在英国以外的国家举办斯托克·曼德维尔国际运动会是非常成功的实践。参加此次运动会的运动员和工作人员都体会到了此次比赛非同寻常的意义,这是一种促使瘫痪病人重新融入社会、参与体育活动的模式。1966 年,墨西哥决定不承办残奥会,这迫使 1968 年残奥会不得不在以色列特拉维夫举办,这是历史上第一次残奥会和奥运会不在同一国家举办。1972 年的海德堡残奥会具有特别的历史意义,盲人体育项目首次被纳入残疾人奥运会,虽然只是表演项目,但是盲人门球和盲人 100 米比赛的出现引起了世界的关注。在多伦多奥运会中,盲人比赛项目被正式纳入残疾人奥林匹克运动会。1976 年的多伦多残疾人奥林匹克运动会由于盲人比赛项目的增加,使此次比赛在真正意义上成为多种残疾参与的国际性体育运动会,并且残疾人竞赛的分级制度和规则也在此次运动会上正式使用。同年冬季,历史上第一届残疾人奥林匹克冬季运动会也首次在瑞典恩舍尔兹维克举办。苏联以"苏联没有残疾人"为由拒绝举办残奥会,导致 1980 年的夏季残奥会不得不在荷兰阿纳姆举办。

1984 年的夏季残奥会在两个大洲的国家举办,非轮椅项目的截肢、脑瘫和盲人运动员在美国纽约比赛,轮椅项目则是在英国斯托克·曼德维尔比赛。此次运动会引起了大量媒体的关注和报道,并且在经费方面除官方投入外,还有很多来自媒体的赞助与支持。1988 年汉城(现名首尔)残奥会是残奥会历史上竞技化发展的分水岭,标志着残奥会从参与主导型正式过渡为竞技主导型。运动会的奖牌数量大幅度减少,比赛的水平和激烈程度则大幅度提高。鲍勃·斯泰德沃德对这次竞赛的历史意义有这样评价:"1988 年汉城残奥会证明了科学合理的组织机构的巨大影响力,同时也标志着残疾人体育运动从康复体育走向娱乐体育和竞技体育。取胜的运动员是真正优秀的运动员,是长期训练的结果。因此,这次运动会被理所当然地认为是现代残疾人奥林匹克史上第一次真正意义上的竞技性质的运动会。"1992 年的巴塞罗那残奥会除开幕式和闭幕式外,所有的比赛都能免费观看,大约有 150 万人在现场欣赏了残疾运动员的比赛。比赛组织规则的竞技导向更加明显,通过对残疾分级体系和单项比赛组织规则的修改,压缩了分类项目,增加了参赛人数,进一步促进了比赛竞技水平的提高。时任国际奥委会主席萨马兰奇对这届残奥会评价道:"巴塞罗那残奥会是非常成功的体育盛事,它向全世界展示了人类对于竞技体育极限的追求,所有的人都为之鼓舞,我们会继续对残疾人体育运动给予支持!"1996年的亚特兰大残奥会在比赛项目设置上遵循了竞技发展的导向,关注项目持久发展的潜力,比赛项目的普及程度和参与人数是其考量的重点。这届奥运会是首次有官方赞助商的奥运会,可口可乐等残奥授权产品进入市场销售,残奥会的商业价值也开始受到关注。2000年悉尼残奥会和2004年雅典残奥会都是以由组织奥运会的同一组委会或组织机构为核心来运作的。这两届运动会吸引了世界各国大量的媒体报道和赛事转播。在2008年的北京残奥会上,来自147个国家和地区的4000多名残疾人运动员参与竞赛,刷新了279项残疾人世界纪录和339项残奥会纪录。残奥会的成功举办和伴随残疾人奥运会进行的系列教育活动提高了社会对于残疾问题的认识与人们对残疾人的关爱程度。在2012年的伦敦残奥会中,有来自164个国家和地区的4302名运动员竞逐20个大项的比赛。

2.其他类型残疾人体育竞技活动

迄今为止,残疾人体育竞技可以用奥林匹克命名的赛事和运动只有三个:残疾人奥林匹克运动、聋人奥林匹克运动和特殊奥林匹克运动(简称特奥运动),它们也是当前世界范围内影响最大的主要残疾人赛事。

(1)聋人奥林匹克运动

在1924年前,世界范围内没有任何关于残疾人体育竞赛的记录。1924年,在世界聋人体育委员会主席尤金的努力下,有来自九个国家的133名聋人运动员在法国巴黎参加了第一届国际无声运动会。这不仅是有史以来第一届国际性质的聋人运动会,也是残疾人历史上第一次有记录的综合性竞技运动会。

这次比赛的比赛项目包括田径、自行车、足球和游泳。这届运动会的成功举办让聋人体育运动领导者安东尼先生决定每四年举办一次世界无声运动会,聋人奥林匹克运动会相关情况概述如表2-3所示。

表 2-3　聋人奥林匹克运动会相关情况概述(1924—2013 年)

夏季聋人奥林匹克运动会				冬季聋人奥林匹克运动会			
年份	地点	参赛人数/人	参赛国家/个	年份	地点	参赛人数/人	参赛国家/个
1924	法国巴黎	148	9	1949	奥地利塞菲尔德	33	5
1928	荷兰阿姆斯特丹	212	10	1953	挪威奥斯陆	44	6

续表

夏季聋人奥林匹克运动会				冬季聋人奥林匹克运动会			
年份	地点	参赛人数/人	参赛国家/个	年份	地点	参赛人数/人	参赛国家/个
1931	德国纽伦堡	316	14	1955	德国奥博阿梅尔高	59	8
1935	英国伦敦	221	12	1959	蒙塔纳维马拉	53	9
1939	瑞典斯德哥尔摩	250	13	1963	瑞典阿瑞	60	9
1949	丹麦哥本哈根	391	14	1967	德国贝希特斯加登	77	12
1953	比利时布鲁塞尔	473	16	1971	瑞士阿德尔博登	92	13
1957	意大利米兰	635	25	1975	美国纽约	139	13
1961	芬兰赫尔辛基	613	24	1979	法国梅里贝尔	113	14
1965	美国华盛顿	687	27	1983	意大利麦当娜迪坎皮格里奥	147	15
1969	塞尔维亚贝尔格莱德	1189	33	1987	挪威奥斯陆	129	15
1973	瑞典马尔默	1116	31	1991	加拿大班夫	181	16
1977	罗马尼亚布加勒斯特	1150	32	1995	芬兰伊拉斯	258	18
1981	德国科隆	1198	32	1999	瑞士达沃斯	165	18
1985	美国洛杉矶	995	29	2003	瑞典斯德哥尔摩	247	21
1989	新西兰克莱斯特彻奇	955	30	2007	美国盐湖城	298	23
1993	保加利亚索菲亚	1679	52				
1997	丹麦哥本哈根	2028	65				
2001	意大利罗马	2208	67				
2005	澳大利亚墨尔本	2038	63				
2009	中国台北	2493	77				
2013	保加利亚索菲亚	—					

同年,国际无声运动会委员会成立,尤金作为第一任主席提出,要按照奥林匹克运动会的运行方式组织运动会,并接受国际奥委会的管理。1949年,第一届世界无声冬季运动会在奥地利塞菲尔德举办,来自五个国家的33名运动员参加了这次赛事,从此以后每四年举办一次世界无声冬季运动会。1966年,为了表彰世界聋人体育运动委员会对奥林匹克精神实现的作用和贡献,国际奥委会授予该组织顾拜旦杯。1999年,该项赛事更名为世界聋人运动会。2001年,国际奥委会正式授权世界聋人运动会使用"奥林匹克运动"的称谓,从此正式更名为世界聋人奥林匹克运动会。截至2013年,世界聋人体育运动委员会的成员国已经达到104个,聋人奥林匹克夏季运动会包括20个比赛项目,冬季运动会包括5个比赛项目。除2011年的第17届冬季聋人奥林匹克运动会由于斯洛伐克突然取消,以及1940年至1948年由于第二次世界大战没有如期举办

外,其他的夏季与冬季聋人奥林匹克运动会都如期举办。

除聋人奥林匹克运动会外,在非聋人奥运会举办年,还会举办各种单项的聋人体育世界锦标赛,而世界聋人体育运动委员会则是所有国际性聋人单项比赛的负责实体,1974 年至 2011 年间一共举办了 47 次国际单项锦标赛,项目涉及网球、公路自行车、游泳、水球、高尔夫、五人制足球、篮球、羽毛球、保龄球、摔跤、定向运动、田径、冰壶、冰球、山地自行车等。有学者认为聋人奥林匹克运动会的独特之处在于提供了一个专属的平台用于促进世界各民族的聋人文化、信息交流。聋人奥林匹克运动为参与者提供了对于其独特的主体身份认同的体验,以及对其专属群体的身份认同过程,而不仅仅局限于体育竞赛。

(2)特殊奥林匹克运动

特殊奥林匹克运动起源于 20 世纪 50 年代末—60 年代初,其创始人肯尼迪·施莱佛女士对当时智力障碍人群受到的社会歧视感到非常担心,存在智力障碍的少年儿童仅仅是被简单地置于特殊的机构,没有被社会接纳,并且没有场所供他们玩耍。于是在 1962 年,肯尼迪·施莱佛女士在她的家乡马里兰波多马克为智力障碍儿童举办了一天的活动营。作为约瑟夫·肯尼迪二世基金的主要领导,以及肯尼迪总统的智力障碍专家组成员,施莱佛女士用以她的名字命名的活动营推广和发展了融合智力障碍人群体育竞技活动。施莱佛活动营从此成为年度活动,肯尼迪基金每年会资助相关的大学、休闲部门或社区中心去举办类似的活动。

第一届世界特殊奥林匹克夏季运动会于 1968 年在美国芝加哥举办,大约 1000 名来自美国和加拿大的运动员参加了本次运动会。安妮·伯克在这次运动会后提出了为有特殊需要的人群举办类似于奥林匹克运动会的体育竞赛的想法,并且向施莱佛女士表达了她的想法,并寻求资助。施莱佛鼓励并协助她取得了约瑟夫·肯尼迪二世基金的资助。1971 年,美国奥林匹克委员会官方正式授权特殊奥林匹克运动可以使用"奥林匹克"一词。1977 年,第一届冬季特殊奥林匹克运动会在美国科罗拉多州斯廷博特斯普林斯举办。1988 年,国际奥林匹克委员会(简称国际奥委会)正式认可特殊奥林匹克运动。特殊奥林匹克运动会(简称特奥会)举办历史如表 2-4 所示。

表 2-4　特殊奥林匹克运动会举办历史(1968—2013 年)

夏季特殊奥林匹克运动会			冬季特殊奥林匹克运动会		
届数	年份	地点	届数	年份	地点
第一届	1968	美国芝加哥	第一届	1977	美国斯廷博特斯普林斯
第二届	1970	美国芝加哥	第二届	1981	美国佛蒙多

续表

夏季特殊奥林匹克运动会			冬季特殊奥林匹克运动会		
届数	年份	地点	届数	年份	地点
第三届	1972	美国洛杉矶	第三届	1985	美国帕克城
第四届	1975	美国芒特普莱森特	第四届	1989	美国雷诺太浩湖
第五届	1979	美国纽约	第五届	1993	奥地利萨尔茨堡、施拉德明
第六届	1983	美国巴吞鲁日	第六届	1997	加拿大科灵伍德、多伦多
第七届	1987	美国南本德	第七届	2001	美国安克拉治
第八届	1991	美国明尼阿波利斯、圣保罗	第八届	2005	日本长野
第九届	1995	美国纽黑文	第九届	2009	美国博伊西
第十届	1999	美国达勒姆	第十届	2013	韩国平昌
第十一届	2003	爱尔兰都柏林			
第十二届	2007	中国上海			
第十三届	2011	希腊雅典			

国际特殊奥林匹克运动是特殊奥林匹克运动中最重要的,其目的在于让存在智力障碍的残疾人在世界的舞台上展示他们的运动技术和成绩,其举办周期类似于奥林匹克运动会和残奥会,冬季运动会和夏季运动会交替举行。运动员包括有智力残疾的成人和儿童,他们当中有运动能力非常好的,也有运动能力非常有限的。比赛根据运动员的能力和年龄进行分组、分级。分组、分级比赛是为了确保每场比赛的公平。特殊奥林匹克运动会的最低参赛年龄为八岁,但是对于2~7周岁的智力残疾人,其也有专门的少年运动员项目,这些项目和游戏更多地关注活动的娱乐性,通过体育运动促进精神和身体的发育,提高他们的运动技能以及"眼—手"协调能力。①

国际特殊奥林匹克委员会已经成为国际智力障碍儿童和成年人的最大体育组织,其每年会向170个国家的超过420万名运动员提供训练和比赛的机会。各种级别的特殊奥林匹克运动竞赛每天都在举办,包括地区的、国家的、洲际的竞赛,每年有超过7万次的比赛。② 2012年特殊奥林匹克运动年度报告显示,截至2012年,全世界的特殊奥林匹克运动员人数为4205630人(其中有38.5%的女性运动员),教练员为33893人(其中注册教练员150538人),共举行不同类型的特殊奥林匹克比赛70278次。特殊奥林匹克运动委员会近年来发起了融合体育运动,其主要操作是把智力障碍运动员和健全运动员组合到一

①Inclusive Health Young Athletes. (2013-03-12)［2016-12-23］. http://www. specialolympics. org/young_athletes. aspx.

②2012 Reach Report. (2013-04-11)［2016-12-23］. http://media. specialolympics. org/soi/files/resources/Communications/Annual-Report/2012_Special-Olympics-Reach_Report. pdf.

起,同时进行体育竞赛,其基本理念是在融合的环境下进行训练和比赛能够增进智力障碍人士与健全人之间的友谊和理解,通过共同体育训练和共同比赛来促进社会融合。在融合体育运动中,球队根据年龄和能力情况进行平均分配,从而让训练或比赛对于每一名参与者而言都具有挑战性和娱乐性。该项目已经在世界范围内普及,大约有近 50 万人参与到特殊奥林匹克的融合体育运动中。

(3)地区性、单项性、单残疾类型的残疾人体育竞技

除以上世界主要的残疾人体育竞技运动外,世界上还有许多单项性、地区性的体育竞技赛事,这些赛事的举办为残疾人提供了更多的社会参与及竞赛娱乐的机会。地区性、单项性残疾人体育竞技赛事名称及参赛者如表 2-5 所示。

表 2-5　地区性、单项性残疾人体育竞技赛事名称及参赛者

赛事名称	参赛者
非洲法语区残疾人运动会	• 身体损伤、视觉损伤、听力损伤的非洲国家法语区运动员
阿拉伯残疾人运动会	• 阿拉伯国家的身体、精神、视觉、听力损伤的运动员
亚太地区聋人运动会	• 亚太地区国家的聋人运动员
英联邦脊髓损伤运动会	• 其运行类似于联邦运动会,为联邦国家的脊髓损伤运动员提供竞技机会。主要参赛国家有澳大利亚、加拿大、英国、新西兰、苏格兰、威尔士、北爱尔兰
欧洲特殊奥林匹克运动会	• 欧洲地区国家特殊奥林匹克运动员
远东及南太平洋地区残疾人运动会	• 远东及南太平洋国家的残疾人运动员
国际退役军人轮椅运动会	• 主要是英国退役军人
泛美运动会(盲人、聋人、哮喘、轮椅)	• 泛美地区国家不同类型的残疾人运动员
斯托克·曼德维尔轮椅运动会	• 世界各地的轮椅运动员
器官移植者运动会	• 器官移植后的人群、运动员
世界残疾人冬季运动会	• 世界各地的冬季项目残疾人运动员
世界盲人锦标赛	• 世界各地的盲人运动员
世界矮人运动会	• 世界各地的患有侏儒症的运动员

虽然世界范围内有着较多的残疾人地区性或单项性的体育赛事,并且这些赛事给不同类型、不同残疾程度的残疾人运动员提供了较为丰富的参加竞技比赛的机会,然而这些赛事存在举办日期不固定、赛事运行情况参差不齐等问题。有的赛事因受到经济、政治的影响,常常会不得不暂停,甚至取消举办。

进入 20 世纪后,残疾人的社会融合程度和被接纳程度逐渐提高,在竞技体育领域也表现出了这样的现象,出现在竞技体育中的残健融合与特定社会的各种元素(政治、经济、社会历史、社会文化等)之间存在着显著的互动。从世界范

围来看,融合的趋势已经非常明显。例如:残疾人运动员已经在奥林匹克运动会上与健全运动员一起参与竞赛;已经有融合竞技项目在夏季、冬季奥林匹克运动会上展示;国际奥委会同意残疾人奥林匹克运动、特殊奥林匹克运动以及聋人奥林匹克运动使用"奥林匹克"一词;等等。尽管在竞技体育领域,包括残疾人竞技体育领域,目前还存在着融合与分隔的争论,但是整个社会的发展依旧朝着更加融合、更加公平的方向前进,残疾人与健全人的体育交融必然向着更公平、更合理的方向发展。

三、残疾人体育权利保护法治化发展中的社会融合特征

随着残疾人权利运动的发展以及社会对残疾人认知和态度的变化,世界各国对于残疾人的保护意识、社会平等的法治化程度也越来越高。世界上的大部分国家都有关于残疾人权益保护的立法。

伴随着残疾人社会权益保障的法治化发展,出现了很多关于残疾人体育权利的法律、法令。不同地区、不同国家的法律法案的制定、颁布、实施和执行表现出了不同国家对残疾人体育权利与发展的认知特点,特别是欧盟地区和美国的残疾人体育权利相关的法律,具有明显的时代性和前瞻性。本书以欧盟的体育宪章和美国相关法律及相关条目为例,对残疾人体育权利的法治化发展和走向进行分析。

(一)《欧盟全民体育宪章》残疾人部分

在欧盟地区,特别是西欧国家,残疾人的体育项目通常是在学校或体育俱乐部体系下运行的。学校体育项目和体育俱乐部都是根据当地的社区情况设定的,也有一些专门的残疾人体育俱乐部会和康复中心、社区等有合作关系。

1992年,欧盟通过了一系列的改革条款,并修改了1987年通过的《欧盟全民体育宪章》的内容,新增了专门的《欧盟全民体育宪章》残疾人部分,其具体的内容条款如下所示。

第一,本法案所指向的残疾人是指那些在没有专门对器材、练习形式进行调适的情况下,无法参加大多数体育运动或休闲活动的人,包括精神智力障碍、身体或多类别残疾、慢性病患者(糖尿病、哮喘或心血管病)、盲人、聋哑人。

第二,全民体育包含四个类型的体育运动:一是精英竞技体育;二是有组织的体育运动(俱乐部体育);三是休闲体育运动;四是健康类型的体育运动(包括医疗目的的与发展体能目的的)。对于残疾人而言,体育有着康

复和治疗的价值。

第三，全民体育必须包括残疾人是因为：一是残疾人与健全人一样，都具有参加体育运动的权利；二是体育运动能够提高参与者的生活质量；三是残疾人能够取得优异的竞技成绩；四是残疾人通过参与体育运动可以获得生理和社会的价值。

第四，政府有责任确保个体无论是残疾还是健全都有机会参与其所期望类型的体育运动与休闲活动。体育运动与休闲设施应该是残疾人能够参与和使用的。

第五，国家体育组织、公立与半公立机构以及体育俱乐部在制定相关的体育政策时必须考虑残疾人的需求。

第六，在体育和其他社会领域，融合残疾人与健全人是必要的。应该为残疾人提供充分的、丰富的体育运动。健全体育运动组织应该对残疾人个体有更多的责任感，要做到以下几点：一是培养训练员与教练；二是执法体育运动赛事；三是组织残疾人体育竞技赛事；四是发展青少年项目；五是在健全人体育赛事中融合残疾人赛事项目；六是组织融合活动或赛事。

第七，残疾人体育需要医生、康复医师、体育教师、中小学学科教师、特殊教育教师和体育管理人员协调合作才能有效进行。协作中应该包括专门的体育项目条款，残疾人可进入体育设施，交通协助，以及参与比赛的技术支持。

第八，残疾学生的体育教育应该在一般（普通）学校进行。

第九，残疾人体育研究应该包括：一是新成果的文献研究；二是参与体育的意义；三是分级与融合；四是训练与指导；五是专业的准备。

第十，对于残疾人体育专业人员的教育和培训应该包括以下内容：一是关于残疾和损伤的知识；二是对于残疾的理解以及他们日常活动的影响；三是适合特定残疾的身体活动知识；四是和残疾人交流的能力。

第十一，关于残疾人体育的媒体报道应该要做到：一是能积极地影响公众对于残疾人的态度；二是鼓励残疾人参与融合体育运动；三是对残疾人运动员的认同尊重与健全运动员相同。

第十二，政府应该保证满足残疾人体育基础需求的财政支持。

第十三，慢性损伤、精神疾病，以及患有永久疾病的个体应该能够参与为他们组织的专门体育项目。

《欧盟全民体育宪章》在更多意义上是一个具有指导性的纲领性法案，每个欧盟国家需要根据宪章精神和条款，以及自己国家的实际情况制定并实施具体的措施。在《欧盟全民体育宪章》残疾人部分中，对于残疾人体育权利保护提出了多方面的要求,从残疾人高水平体育竞技、休闲康复体育运动、学校体育教育指导,到残疾人体育的科研、财政、传媒制度支持都提出了明确的原则。

值得注意的是,在这个宪章中,已经明确提出残疾人体育发展的社会融合思想,并传达了残疾人社会融合的指导精神。在该宪章的第六条、第八条和第九条中明确提出了竞技、学校与社区体育都应该在残健融合的环境下进行,并且需要进行体育领域融合方面的专门研究。

这样的思路和精神随后渗透到一系列欧洲国家与地区的重要的体育法案、文件、行动计划中。例如,2007 年 7 月 11 日,欧盟委员会颁布的《欧盟体育白皮书》中的残疾人部分提出:"体育的教育和社会价值也与残疾人有关,在这种情况下,体育成为促进残疾人融合于社会,为残疾人创造更为平等、公平的社会环境的重要工具。"欧盟的成员国在政治体制、经济发展水平、语言文化背景等方面都存在着明显的差异,然而,包括欧盟体育宪章和欧盟体育白皮书在内的欧盟重要的体育法律中都强调了残疾人体育发展应该基于社会融合的条件与理念。这些写入法律法案的、关于残疾人体育融合发展的条文实际上体现的是欧盟在欧洲一体化发展中所追求的不同文化、不同社会体制的融合发展和平等、公平的正义理念的贯彻。

(二)美国残疾人的相关立法与条款

美国虽然没有专门的残疾人体育法,但是从 1968 年开始,出台的相关法律已经涉及残疾人体育的权利,具体如表 2-6 所示。

表 2-6　影响美国残疾人体育教育和体育竞技的重要立法

年份	法律名称	重要相关内容
1964	《公民权利法案》	无歧视
1967	《小学和初中教育法案(修正)》	残疾人体育教育与体育休闲项目
1968	《建筑障碍法案》	无障碍
1973	《康复修正案》	反对残疾歧视
1975	《所有残疾儿童教育法》	体育教育是特殊教育的组成部分
1978	《业余体育法》	残疾人运动员的身份被美国奥林匹克委员会认可
1990	《美国残疾人公法》	残疾个体的公民权利被重新确认
1991	《残疾人教育法》	残疾个体的个体化教育权利被重新确认

《建筑障碍法案》、《康复修正案》(明确了对残疾的歧视是违法的)、《所有残疾儿童教育法》(对残疾儿童教育权利包括体育教育进行了规定)、《业余体育法》等在不同领域覆盖了残疾人的体育权利。本书将对《残疾人教育法》《业余

体育法》《美国残疾人公法》进行着重分析。

1.《残疾人教育法》

《残疾人教育法》的前身是美国联邦政府于 1975 年颁布的《所有残疾儿童教育法》。其主要内容是对全部 11 类残疾儿童提供免费教育,其中特别强调的权利包括受教育权、受免费教育权、受恰当的教育的权利、在最少受限制的环境中接受教育的权利、家长充分参与的权利、保守秘密的权利、在评估过程中不受歧视的权利。[①] 该法案经过多次修订,最后成为现在美国残疾人教育领域熟知的《残疾人教育法》。在该法案中有专门的条款强调了残疾儿童应该置于一般(普通)的教育环境中接受教育,并和健全同伴产生积极的互动。该法案把"最低限制环境"一词写入了相关条款中。

第一,残疾儿童无论是在公立还是在私立机构,都应该最大程度地与健全学生一起接受教育。

第二,只有当残疾学生的残疾程度高且残疾类型限制严重,在普通教学环境下进行调整与协助也不能达到满意的效果时,才可以将残疾学生置于分隔的环境中接受教育,例如特殊学校、特殊班级。

尽管在该法案中没有禁止分隔的环境,但是要求学校必须要证明残疾学生被置于分隔的环境下教学是因为通过调整和协助服务依然不能有效地让残疾学生接受教育。该法案的最低限制环境条款对于美国的学校体育教育影响非常大,普通学校的体育教育开始了对于残疾学生融合性质的体育教育实践的改革,具体如表 2-7 所示。

表 2-7　最低限制环境体育教育场所选择与实施范例

序号	最低限制环境体育教育场所选择与实施范例
1	• 不需要任何调整就能完全融入普通体育教育
2	• 在课程调适的基础上完全融入普通体育教育环境 ①多种水平的课程要求:同样的内容,不同的表现水平 ②同样的内容,不同的课程目标
3	• 在经过训练的同学协助员的帮助下完全融入普通体育教育 ①传统的、具有单一指导性质的同伴协助 ②相互的、具有双向性质的相互协助:有特殊需要的学生根据学习内容相互指导 ③跨年龄的同伴指导:年长的学生对年轻的、有特殊需要的学生给予指导 ④班级的轮流同伴指导:学生组成小组并给予专门的实践指导,然后根据任务轮流进行相互指导

①美国残疾人工作考察报告. (2007-07-18)[2015-04-29]. http://www.gddpf.org.cn/xwzx/dfdt/content/post_573324.html.

续表

序号	最低限制环境体育教育场所选择与实施范例
4	·在教师助手协助下完全融入普通体育教育 ①全时段协助:教师助手全时段对残疾学生提供协助 ②灵活时间安排:教师助手仅仅在需要时提供协助
5	·在翻译协助下完全融入普通体育教育
6	·在部分单独场所接受体育教育 ①无需协助的分隔场所 　　a.学生指导:健全学生指导教学单元,如有需要则进行调适 　　b.教师指导:教师指导教学单元,如有需要则进行调适 ②协助下的分隔场所 　　a.灵活时间安排:在特定的协助下,残疾学生根据教学单元的特点,进入融合或者 　　分隔的班级接受体育教育 　　b.固定的时间安排:在特定协助下,残疾学生参与融合班级以及分隔班级的体育 　　教育
7	·社区协作 ①部分参与:残疾学生体育教育分为参与社区体育活动和参与学校体育活动 ②完全参与:残疾学生体育教育完全在社区中进行
8	·在普通学校中完全分隔地接受体育教育 ①分隔小组 　　a.反向融合:健全学生参与残疾学生的体育教育,并按照需要给予帮助 　　b.专业指导:专家指导分隔小组的体育教育活动 ②一对一 　　a.反向融合:健全学生参与残疾学生的体育教育,并按照需要给予帮助 　　b.专业指导:专家指导单个学生的体育活动
9	·完全分隔地接受体育教育 ①在特殊学校接受体育教育 ②在家庭接受体育教育 ③在医院接受体育教育

残疾人体育教育的最低限制环境应用可以理解成一个连续的分析与实施过程。先对残疾学生的特点、残疾类型、残疾程度进行评估,然后选择适合的教学环境进行体育教育。

美国政府在 1992 年 9 月的联邦公报中指出:第一,教育机构应该确保连续性的教育场所选择必须满足残疾儿童对特殊教育的需求,并能提供相应的服务;第二,连续性教育场所选择中,供选择的接受教育的场所应该是特殊教育定义中包含的(普通学校的指导,特殊班级、特殊学校的指导,家庭指导,机构或医院的指导)且能在普通教学环境下提供额外支持性质的服务。

2.《业余体育法》

《业余体育法》无论对于美国的健全人体育发展还是残疾人体育发展都具

有非常重要的意义。该法案是 1978 年由时任美国总统卡特签署的,同年正式成立了美国奥林匹克委员会,并给国家的所有奥林匹克项目建立了管理实体。该法案为运动员提供了重要的法律保护。[①]

该法案中有专门的内容要求美国奥林匹克委员会推广和促进业余残疾人体育运动,具体内容为:鼓励并且对残疾人的体育竞技比赛和竞技体育活动提供支持与帮助,包括在合理的情况下,扩大健全人体育竞赛活动的范围,在健全人体育竞赛中有意识地给予残疾人共同参与竞赛的机会。为了达到该法案的要求,美国奥林匹克委员会专门成立了残疾人体育委员会并且建立了专属的会员组织结构。

为了保障关于残疾人体育条款的有效执行内容的增加,在《业余体育法》的基础上,残疾人体育组织和其他单项体育组织,特别是美国业余体育中的重要组织深化合作、加强交流,出台了一系列协会内部的纲领、章程,从而能够有效地保障残疾人的体育权利并积极鼓励残健体育运动的融合发展。1991 年,美国残疾人体育委员会和多个体育组织达成以下共识。

第一,残疾人体育运动是奥林匹克运动的一部分。美国奥林匹克委员会以及管理实体对于提供、促进、支持残疾人运动员业余比赛、训练等具有法律责任。

第二,设置在美国奥林匹克运动下的残疾人体育项目的目标在于:一是在适合的条件下融合残疾人体育竞赛项目;二是促进优秀残疾人运动员的发展。

第三,业余残疾人运动项目应该围绕着运动项目组织,而不是围绕着残疾组织。

第四,残疾人运动员以及残疾人体育组织应该在美国体育管理体系中扮演更为重要的角色。

第五,美国残疾人体育委员会应该与其他相关组织相互协调,承担监督美国《业余体育法》实施情况的责任。

第六,美国残疾人体育委员会的经费资助应该更多地倾向于残疾人运动员和教练员项目,应该优先给类似奥林匹克的多残疾、综合性运动会提供经费预算和支持。

3.《美国残疾人公法》

《美国残疾人公法》所强调的是保护残疾人,使他们不会因为他们的残疾而受到不公的对待、歧视,或者被排除于社会生活领域之外。该法案涉及残疾人社会生活的大部分公共服务与个人服务领域,包括教育、交通、住宿、就业与休闲。尽管没有专门的关于残疾人体育的法案,但是《美国残疾人公法》中包含了

①Nafziger J A R. The Amateur Sports Art of 1978. BYU Law Review,1983(3):47.

残疾人体育休闲活动的内容。

《美国残疾人公法》对于该法案涉及的公民有如下描述：一是患有身体或精神损伤，这些损伤会极大地限制个体活动（例如视觉、听力、语言、行走、呼吸）；二是具有此类损伤的记录（例如处于康复中的癌症患者、精神疾病患者，以及酗酒的人）；三是被认为正在经历着以上损伤带来的影响（该类损伤能够造成他人消极的态度，导致经历了这类损伤的人的生活活动受限，例如严重烧伤、艾滋病、癫痫、面部变形、酗酒）。

《美国残疾人公法》涉及五个领域：就业、公共服务、公共安置、信息交通及其他。其中的第三章公共安置部分涉及休闲，在这部分中明确了拒绝残疾人平等、公平地享受服务、设施、食物，以及禁止进入公共场所是歧视的表现，是违反本法案的行为。公共场所包括酒店、旅馆、商业办公室、剧院、零售商店、图书馆、学校以及休闲场所。例如，一个公共体育场所应该是轮椅使用者可以进入的，而不应该因为没有无障碍设施导致其不能进入。同样一个篮球联盟也必须确保没有任何的政策或行为存在对于残疾人的歧视。残疾人法案中强调了安置的重要性，将合理的安置定义为某一个项目、场地设施、工作场所的调适，从而使其适应残疾的情况。安置和调适包括对于规则与规定的调整、行为服务方面的调适，以及辅助设备的提供等。在社区体育项目中，残疾人是不应该被隔离于休闲体育活动之外的。社区应该在体育场所的无障碍性、体育设施的安全性、体育服务人员的辅助等方面进行专门的调适或安排，从而保证残疾人能够公平地享受体育服务健身资源。同时，这些调适不能改变体育运动的本质，过多地给予残疾人不公平的优势会降低体育休闲健身活动的娱乐性、公平性。该法案也明确规定了当个体在合理的调适和帮助下参与活动依然会影响他人的安全和健康时，则不适用该法案。

排除残疾人参加社区体育休闲活动必须满足以下三个条件：一是对于他人安全和健康的威胁必须是真实的；二是对于这种威胁的判断必须是来源于客观的和无偏见的信息；三是必须通过调适来降低潜在的危险。例如，在社区的足球比赛中，一个有不可预测攻击行为记录的孤独症少年想参加社区足球比赛，出于安全的考虑，他可能被拒绝参赛。

美国虽然没有专门的残疾人体育法案或体育公法，然而，在有关残疾人权利保护的法案中，例如上文重点分析的美国《残疾人教育法》《业余体育法》《美国残疾人公法》，都涉及残疾人体育方面。这些法案在立法的精神上都明显地表现出社会融合的思想，即残疾人不应该被社会排斥，而应该尽可能地融入健全学校、社区的大环境中，平等地享受公民体育权利。无论是体育教育、休闲体育活动，还是社区体育、竞技体育，都应该尽可能地在融合的环境下进行。国家一系列法律、法规的制定与执行,都应该鼓励、倡导、促进残疾人的社会融合,而不是将其置于完全分隔的体系下。

"社会融合"是当今世界发展中最流行的词语之一,也是当今欧美残疾人体育权利保障的核心价值与精神。在专制、独裁、社会参与极大受限的时代过去后,社会融合和参与民主成为构建具有时代性的新型理想社会的重要基石。欧美关于残疾人体育权利保障的立法则贯彻了社会融合和反排斥的精神,在体育竞技、社会休闲康复以及学校体育方面都着重强调形式上和实质上的残疾人体育与健全人体育的融合,以及体育与残健融合的相互作用。虽然这些法律有的是强制性的,有的是指导性的,但是法律对于残疾人体育权利的维护和保障都是置于融合的社会环境下的,并没有将其置于主流之外。

2011 年,世界卫生组织发布的《世界残疾人报告》再次把社会融合、回归主流作为残疾人事业发展的主导思想,其目的在于建立一个融合的、能够使残疾人发挥能力的社会。残疾人体育权利保护的法治化发展,也必然会遵循社会融合的精神,表现在内容层面、制定实施程序层面、执行与监管层面。

第二节　国际主要残疾人体育组织网络与功能

由于受到残疾人残疾类型和差异程度的影响,残疾人专属的体育组织丰富且复杂。残疾人体育事业的发展离不开残疾人体育组织的协调和工作,然而,不同的体育组织在特定的历史时期所扮演的角色各不相同。有些组织之间存在着千丝万缕的联系,既保持相对独立又朝着融合合作的方向发展。本部分的研究重点是对世界范围内主要的残疾人体育组织的发展、职能、结构进行分析,并对其引导下的残疾人体育发展方向进行把握和思考,从而从组织协会的引导性上探寻残疾人体育发展的趋势。

一、国际残疾人奥林匹克委员会

国际残疾人奥林匹克委员会(简称国际残疾人奥委会)在 2010—2014 年残疾人奥林匹克发展规划中,对在 2003 年提出的第一个十年发展规划及实施情况进行了总结,其中对自身组织的性质发展有这样的总结性描述:国际残疾人奥林匹克委员会已经从一个残疾人体育组织转型成为一个体育组织。残疾人奥林匹克运动在国际残疾人奥林匹克委员会的引领下发展成一个以体育赛事为核心的、具有丰富的精神价值的运动,其意义已经超越了体育竞技本身并且有深刻的社会意义。

(一)国际残疾人奥林匹克委员会的基本情况及历史意义

国际残疾人奥林匹克委员会前身是由六个国际残疾人体育管理实体组合而成的松散联合,这六个实体包括:国际聋哑人体育联合会(简称 CISS),国际盲人体育联合会(简称 IBSA)、国际残疾人体育组织(简称 ISOD)、国际斯托克·曼德维尔轮椅体育联合会(简称 ISMWSF)、国际脑瘫体育休闲协会(简称 CPISRA)以及国际智力残疾体育联合会(简称 INAS-FID)。Depauw 和 Gavron (2005)认为,当时的这些体育组织都是根据残疾的属性来组织体育运动的。例如,CISS 负责组织聋哑人的体育运动,IBSA 负责组织盲人体育运动,CPISRA 负责组织脑瘫人群的体育活动,ISOD 主要负责组织截肢和假肢人群的体育运动,ISMWSF 负责组织脊髓损伤人群和轮椅使用者的体育运动。这样强调残疾特征的体育组织显然违背了奥林匹克运动的精神,因此他们组成了残疾人奥林匹克委员会。虽然这六个残疾人体育组织都加入了国际残疾人奥林匹克委员会,但是其中只有四个组织加入了残疾人奥林匹克运动。目前,国际聋哑人体育联合会依然保持着相对独立的运行体系。

国际残疾人奥林匹克委员会是残疾人体育领域中最重要且覆盖面最广的竞技体育组织,除了负责组织冬季和夏季残疾人奥林匹克运动会,它还发挥着协调十个单项国际运动组织的作用,负责 28 个残疾人奥林匹克运动竞技项目,以及监督与协调世界性的锦标赛和其他竞技比赛。截至 2012 年,国际残疾人奥林匹克委员会已包含 174 个国家残疾人奥林匹克委员会、4 个国际残疾人体育组织、14 个国际单项组织以及 5 个区域组织。

作为一个世界性的非营利组织,国际残疾人奥林匹克委员会由国际残疾人奥林匹克成员大会、理事会、管理团队、常务委员会以及代表会组成,具体如图 2-1 所示。

作为国际残疾人奥林匹克委员会的成员,国际体育联合会(国际体育组织)、国家残疾人奥林匹克委员会、国际残疾人体育组织以及地区残疾人奥林匹克组织具有投票选举权、参与选举权和参加各种国际残疾人奥林匹克运动的权利。国际残疾人奥林匹克成员大会则是国际残疾人奥林匹克委员会的最高管理实体,负责把握残疾人奥林匹克运动的发展方向,以及确定理事会组成、经费预算、听证、审议报告等事务。[1]

---

[1] IPC Operational Structure. (2013-03-12)[2016-08-23]. http://www. paralympic. org/the-ipc/operational-structure.

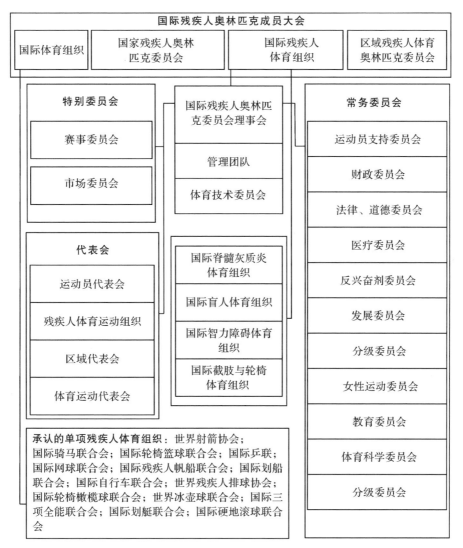

图 2-1　国际残疾人奥林匹克委员会组织结构

在国际残疾人奥林匹克委员会成立之前,负责残疾人奥林匹克组织工作的
是国际残疾人体育组织协调委员会,国际残疾人奥林匹克委员会成立后便取代
了该组织,负责残疾人奥林匹克运动会的组织工作。与国际奥林匹克委员会相
比,国际残疾人奥林匹克委员会成立的时间较晚,它于 1989 年 9 月 12 日正式
成立,总部定在德国的波恩。就影响力而言,国际残疾人奥林匹克委员会在残
疾人竞技体育领域中的意义和作用是巨大的,它是残疾人奥林匹克运动的管理
实体,负责组织和协调夏季、冬季残疾人奥林匹克运动会。其宗旨是促使残疾
人奥林匹克运动员达到卓越并且激励整个世界。该组织的工作主要是确保

残疾人奥林匹克运动的发展,为世界所有受过损伤的人提供体育竞技机会,从业余到专业,传达残疾人奥林匹克所倡导的勇气、决断、激励、平等的价值观。

国际残疾人奥林匹克委员会从其成立之初就被认为是多残疾类别竞技体育运动的代表,从其组织结构、管理运营设置来看,也是一个能代表各方利益的残疾人体育管理实体。

残疾人奥林匹克运动在很长一段历史时期里仅仅是脊髓损伤病人的运动会,后来才逐渐有包括盲人运动员、脑瘫运动员在内的多类别、多程度的残疾运动员参加。在国际残疾人奥林匹克委员会成立之前,残疾人奥林匹克运动的管理实体一直在变化,并且权利分工不明确,特别是在各个单项组织的协调和权力制衡方面的体制建设长期滞后,造成了残疾人竞技体育发展中的很多问题。例如:不同的残疾人体育组织之间职能交叉,并且训练水平及条件发展失衡,这在一定程度上加重了不同残疾类别运动员之间的隔离、排斥;运动员在残疾人体育竞技项目发展方面没有权利。最重要的是,残疾人奥林匹克运动创始人古特曼医生所期待的"在残疾人世界中等同于奥林匹克运动会的发展"一直以来没有被国际奥林匹克委员会认同,并且残疾人奥林匹克运动长期与国际奥林匹克委员会保持着距离。

国际残疾人奥林匹克委员会的成立标志着残疾人竞技体育进入了一个组织化、系统化、融合化发展的新阶段。英国学者大卫认为,国际残疾人奥林匹克委员会成立后的一系列工作达到了以下效果:第一,使残疾人运动员在残疾人体育事业管理上可以发出自己的声音,形成了以运动员为中心的组织;第二,理顺、简化了世界残疾人体育组织的关系;第三,与国际奥林匹克委员会建立了紧密的联系。残疾人奥林匹克运动委员会加强了内部资源的融合整理,同时更注重与健全体育世界的融合、协调发展。

(二)国际残疾人奥林匹克委员会的任务解析

国际残疾人奥林匹克委员会在其成立之初就对发展的主要目的和任务进行了明确的规划与陈述。在追求残疾人奥林匹克价值的过程中,不断根据时代的特点和社会的发展要求,对残疾人奥林匹克运动的思想、精神、意义进行定义和探索,并对其在残疾人体育运动中所扮演的角色及需要实现的目标不断进行调整。

国际残疾人奥林匹克委员会建立至今已对其任务进行了多次修改,不同时期的任务如表 2-8 所示。

表 2-8 国际残疾人奥林匹克委员会不同时期的任务

时间	20 世纪 90 年代建立之初	2003 年至今
国际残疾人奥林匹克委员会的任务	• 组织残疾人奥林匹克运动会以及多残疾类别的综合运动会、锦标赛（国际残疾人奥林匹克委员会的绝对权力） • 与国际奥林匹克委员会以及其他相关的国际体育组织保持联络 • 融残疾人运动于国际健全人体育运动中 • 监管与协调残疾人奥林匹克运动会及其他多类别、区域性残疾人运动会，协调并制定国际和区域竞赛的日程 • 鼓励教育项目、科学研究以及推广项目，从而达到国际残疾人奥林匹克委员会的目的 • 促进残疾人体育在政治、宗教、经济、性别、种族上的无歧视 • 扩大残疾人参与体育竞赛和体育训练的机会	• 确保残疾人奥林匹克运动会的成功举办 • 通过在所有国家发展国家残疾人奥林匹克委员会，以及对所有残疾人奥林匹克委员会组织提供支持，促进残疾人奥林匹克运动的发展 • 为残疾人提供更多的体育竞技机会 • 重视发展女性运动员和严重残疾运动员的体育机会 • 支持与鼓励相关教育、文化、研究和科学活动，从而促进残疾人奥林匹克运动的发展和普及 • 持续寻求残疾人奥林匹克运动通过体育运动激励世界的精神及其理念，以及活动的全球推广及媒体宣传 • 推进残疾人奥林匹克运动独立管理，加强与健全人体育运动的融合 • 确保残疾人奥林匹克运动的实践在公平竞赛的精神下进行。拒绝暴力，确保运动员的危险行为能得到控制 • 在与世界反兴奋剂机构的合作下，创造无兴奋剂的比赛环境 • 促进残疾人体育在政治、宗教、经济、性别、种族上无歧视 • 探索支持未来残疾人奥林匹克运动的发展手段

从残疾人奥林匹克委员会于 1989 年成立之初拟定的七项主要任务中可以发现，残疾人奥林匹克委员会对残疾人体育运动意义的把握已经超越了体育本身，强调体育领域内的平等和公平以及残健的融合与相互理解。在当时，残疾人奥林匹克运动的理论体系并不完善，但是其初始规划的国际残疾人奥林匹克委员会的任务目标已经向全世界表明了残疾人体育运动的发展走向。

2003 年，国际残疾人奥林匹克委员会重新修订了国际残疾人奥林匹克运动宪章，明确了残疾人奥林匹克的精神是"促使残疾人奥林匹克运动员达到体育运动巅峰，让世界为之兴奋"，并对其精神进行了解释："促使——为运动员的自我赋权创造条件；残疾人奥林匹克运动员——是最主要的关注；达到运动巅峰——体育成绩卓越是体育组织的目的；兴奋——让社会平等触动每个人的内心。"此外，还提出了残疾人奥林匹克运动的目标，即建立一座联系体育竞技与社会意识的桥梁,以促进社会向尊重个体且提供平等机会的公平社会发展。为了实现残疾人奥林匹克精神以及残疾人奥林匹克运动的目标,国际残疾人奥林匹克委员会对自己的任务又进行了重新规划。

从重新提出的 11 项任务来看,国际残疾人奥林匹克委员会把平等、公平和加强残健社会融合与理解作为主线,确定了其工作的方向。一方面,其强调了体育竞技的公平、平等发展,包括对于兴奋剂的制止,对于性别、政治、残疾类型、残疾程度的反歧视;另一方面,其强调了更广泛地推广残疾人奥林匹克运动精神,加强社会对于残疾、残疾人体育运动的理解,以及以体育为平台,促进融合发展的思想。例如:为了实现在体育竞技领域的残健体育融合,国际残疾人奥林匹克委员会成立了国际残疾人运动员融合委员会,其目的在于促进残疾人运动员在健全体育世界主要赛事中参与竞技(奥林匹克运动会和英联邦运动会)。发展任务所涉及的领域不仅包含体育本身,还包含教育、媒体、文化、科研等领域。在这样的发展思路下,残疾人奥林匹克运动逐渐形成了一套涉及各个层面的、完整的价值体系。

(三)残疾人奥林匹克委员会对残奥精神、价值的推广

与奥林匹克运动不同的是,残疾人奥林匹克运动在发展之初更多的是以康复思想为主导,并没有像奥林匹克运动一样把教育作为奥林匹克精神实现的重要层面。这种差异在一定程度上是由于残疾人奥林匹克之父古特曼的医生角色和奥林匹克之父顾拜旦的教育家角色所注重的点不同而产生的。并且在国际残疾人奥林匹克委员会成立之前,虽然残奥会的规模和影响力在残疾人体育竞技领域已经独树一帜,但是由于缺乏有组织的、稳定的管理实体,使得残奥精神和价值体系的开发、研究、推广长期处于空白。国际残疾人奥林匹克委员会成立后,对残奥精神、价值的发掘进行了系统的安排,并投入了大量的精力和时间对残奥精神、价值进行推广。其工作的指导思想逐渐由仅局限于体育竞技、体育竞赛组织事务向以残奥会为中心宣传残奥精神和思想实践发生转移。

在残疾人奥林匹克委员会成立之后,特别是在 2003 年国际残疾人奥林匹克委员会对残奥宪章进行修订后,残奥委员会进行了一系列的研究和教育实践工作,成立了专门的残奥委员会学院,目前这些教育工作已经卓有成效地促进了社会对于残疾人及残疾人体育事业的理解、认知。根据国际残疾人奥林匹克委员会的定义,残疾人奥林匹克教育应该实现以下目标。

第一,提高对残疾人奥林匹克运动的认知水平。

第二,提高对于融合体育教育、融合体育活动实践应用的理解。

第三,更好地利用残疾人的体育项目实现反向融合。

第四,促进对于残疾人的态度和认知的积极变化。

第五,鼓励关于残疾人奥林匹克的教育研究活动。

基于以上对于残疾人奥林匹克教育任务的理解,残疾人奥林匹克委员会开发了一系列教育活动,主要可以分成以下两种类型。

1. 固定的残疾人奥林匹克学校教育

(1)残疾人奥林匹克学校日

截至 2013 年,以残疾人奥林匹克学校日活动为代表的残疾人奥林匹克学校教育已经成为残疾人竞技体育领域中最具体系、最有代表性的教育项目之一。该项目活动在欧美地区已经广泛开展,并不与残疾人体育运动竞赛的时间一致,而是按照学校的教学日程、时间固定地进行,其目的在于提高学校环境下对于残障人群的理解和认识。残疾人奥林匹克学校日资料包括一系列相关活动、背景的信息,这些资源可以创造娱乐和游戏的环境让少年儿童学习残奥体育运动,理解个体差异,认识残疾问题。残疾人奥林匹克学校日的价值、任务及具体的教育活动内容可以分为四个层面,如图 2-2 所示。

国际残疾人奥林匹克委员会主席克劳文对于残疾人奥林匹克学校教育非常重视,他认为成人世界中“残疾”一词所蕴含的消极观念对于少年儿童而言是不存在的。因此,对在校的青少年儿童进行健康的价值观教育,促进他们无偏见态度的形成以及对个体能力差异的接受是非常有意义的。他希望能够利用学校教育系统向所有在校学生传达尊重和自我决断的权利,特别是对于世界上 10%～15%的残疾人而言,这些权利也同样可以得到保障。通过培养融合的观念来促进对待残疾积极态度的形成。为了向全球推广、实施以残疾人奥林匹克学校日为主的残奥学校教育,国际残疾人奥林匹克委员会制作了一系列指导实践的影音文件、指导手册,并翻译成多种语言,而且大量的影音资料、实践资料都可以通过官网实现免费下载。

(2)残奥融合体育运动

结合残疾人奥林匹克竞技项目目的,具有融合性质的体育运动也是残疾人奥林匹克学校教育活动的重要形式之一。最典型的融合性残奥体育项目是由斐济残奥委员会和澳大利亚体育委员会共同合作开发的,在特殊教育中心运行的融合体育活动。这些活动是澳大利亚体育外展项目的重要部分。澳大利亚政府期望借助此项目提供的高质量融合体育平台来促进社会发展。斐济残奥委员会草根项目与其紧密联系,在斐济的学校开展了一系列融合性的体育活动和工作。

第一,太平洋少年体育——为健全和残疾青少年提供的参加竞赛与提高技能的项目。

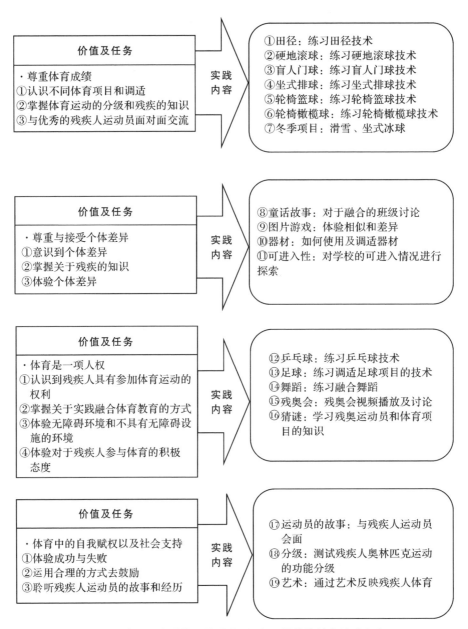

图 2-2　奥林匹克学校日的价值、任务及具体的教育活动内容

第二，儿童比赛游戏——健全和残疾儿童的体育活动。

第三，协调单项体育组织在学校安排教学。如高尔夫、网球、乒乓球协会。

第四，对学校提供支持，帮助学生参加体育项目。例如足球、排球以及残奥运动硬地滚球、盲人门球、坐式排球等。

第五，组织体育竞赛或者体育节，安排学生测试他们的竞技技能，并和融合学生进行游戏与比赛。

第六，通过运动员大使项目，指派残疾人运动员定期造访学校，包括融合学校，以促进残疾人的社会融合。

第七，通过体育活动改变社区对残疾人的认知，并减少歧视。

第八，通过体育活动改变残疾人对自己的认识，提高他们对自己潜力的认识和自我赋权。

第九，通过体育活动减少隔离，促进残疾人更好地融入社区生活。

第十，创造机会帮助残疾、健全年轻人提高身体机能和协调能力。

在斐济残奥委员会的努力下，每周五下午，来自各地的 1000 名残疾儿童都会参与到体育活动中。斐济残奥委员会指出："当人们看到残疾儿童进行体育活动时，他们就会认识到残疾人有能力做很多事情。"

2. 伴随残疾人奥林匹克运动会和残疾人体育竞赛同时进行的教育项目

残疾人奥林匹克运动会在残疾人体育竞技中已经成为等同于健全世界的奥林匹克运动会的专属的、影响力最大的综合运动会。作为残疾人奥林匹克运动的标志性项目，其影响力要远远大于其他残疾人单项或综合体育竞技运动会。

在第一届罗马夏季残疾人奥林匹克运动会中仅有来自 23 个国家的 400 名运动员参加竞技，而在 2012 年伦敦夏季残奥会则有来自 164 个国家的 4302 名运动员参加。在伦敦残奥会中共有 278 万张票售出，比北京残奥会多出 100 万张，开幕式和闭幕式门票全部售罄，大约有 3.8 亿人通过电视转播或直接在现场观看了比赛。线上残奥会的传播发展也较上一届有了明显的提高，大约有 200 万人在比赛期间登录国际残疾人奥林匹克委员会官网查阅信息，残疾人奥林匹克 YouTube 频道的点击次数超过 990 万次。在线上社交方面，国际残疾人奥林匹克官方脸书有 8210 万次的点击次数。来自 818 个媒体组织的 1950 名文字记者、摄影记者进行了现场的媒体报道，与北京奥运会相比这一数字有所下降，但是在北京残奥会上仅仅有 48% 的媒体是境外的，而伦敦残奥会中这一比例上升到 77%。残疾人奥林匹克运动会的影响力不断扩大，让国际残疾人奥林匹克委员会认识到，以残奥会举办为契机，结合残奥会项目开展残奥精神、残奥价值的教育不仅会对残奥会举办城市、国家产生积极的影响，而且能够对全世界进行融合、接纳思想的宣传。

国际残疾人奥林匹克委员会对于其精神和价值的推广工作，在与当地组委会的合作下，不断推陈出新，并进行了一系列卓有成效的工作。多种多样的与残疾人奥林匹克运动会相关的项目活动，领导力和管理能力的项目与活动在残疾人奥林匹克运动会举办期间或前后由主办国家残奥委员会协调、开发并推广。有的伴随残奥会进行的教育项目会在残奥会结束后进行调整,纳入学校体育教育,并得到长期实施。伴随残疾人奥运竞赛协调进行的残疾人奥林匹克教育可归纳为如图 2-3 所示的结构。

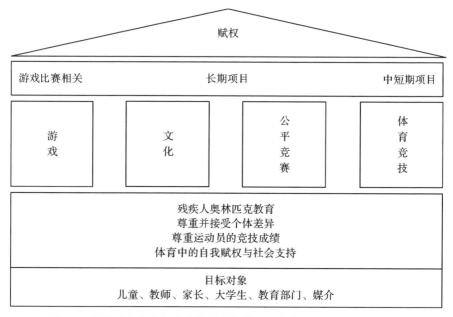

图 2-3 伴随残疾人奥运竞赛协调进行的残疾人奥林匹克教育结构组织

在这样结构组织下,伴随着重大的国际残疾人竞赛,特别是国际残疾人奥林匹克运动会的举办,各举办国进行了丰富多样的残疾人奥林匹克的教育活动,具体项目如表 2-9 所示。

表 2-9 部分伴随残疾人奥林匹克运动竞赛组织的教育项目概况

年份	地点	教育项目
1992	巴塞罗那	制作了专门的残疾人奥林匹克运动教育手册向公众发放,以此进行残疾人权利保护的教育
2000	悉尼	悉尼残疾人奥林匹克组委会与国际残疾人奥林匹克委员会共同推广了"无疆界"的中小学教育活动。相关的教育资料、视频资料和海报被分发给澳大利亚的 1 万多个中小学,并提供了线上资源和服务,教师可根据学生年龄结构、社区情况特点选择内容,具体进行残疾人奥林匹克运动的教育活动
2002	盐湖城	多主题的线上奥林匹克运动以及残疾人奥林匹克教育模块建立,将残疾人奥林匹克运动教育与学校教育课程相结合。其中包括对于 2002 年残奥会介绍的模块,该模块包含了教学活动设置、教学组织和教育计划,教师可以将这些内容应用于学校课堂教学中

续表

年份	地点	教育项目
2004	雅典	在雅典残疾人奥林匹克委员会、希腊奥林匹克委员会和希腊教育部的合作下,开展了名为"残疾人奥林匹克运动:从1960年到2004年"的残疾人奥林匹克运动教育项目。该项目通过教师的引导来实现残疾人运动员与青少年儿童的互动。此外,还通过残疾人体育运动的体验以及专门的讲座,积极地影响了希腊青少年儿童对于残疾的态度、行为,让他们理解残疾人奥林匹克运动的价值,并激励自己的拼搏精神
2008	北京	2008年4月21日,教育部、中国残联、北京奥组委联合下发了《关于在全国中小学校开展北京2008残奥会系列教育活动的通知》,在全国中小学推广、开展了残奥知识的教育活动;残疾人奥林匹克运动青少年手册可在残奥官网上免费下载,该手册介绍了残疾人奥运会的发展简史,残奥会的项目情况、基本的分级方式信息和竞赛的组织,以及青少年如何对残疾人提供有效、合适的帮助
2010	温哥华	专门的教育项目"这真的是大事件"伴随着温哥华冬奥会的举办得到广泛推广,多媒体资源、教学课程计划、教学实践内容指导等多种信息为残疾人奥林匹克教育活动的有效开展奠定了坚实的基础

二、国际特殊奥林匹克委员会

(一)国际特殊奥林匹克委员会基本情况

国际特殊奥林匹克委员会是世界上最大的智力残疾儿童和成人体育组织,为超过170个国家的约420万名运动员提供训练和比赛;每天都在举办各种级别的特殊奥林匹克运动竞赛,每年赛事总数大约有7万次。作为特殊奥林匹克运动的管理实体,国际特殊奥林匹克委员会有责任维护和实施特殊奥林匹克官方规则,包括指导所有级别运动项目的要求、政策和责任。国际特殊奥林匹克委员会的组织管理体系采用的是一个区别于其他团体组织的管理模式。[①] 国际特殊奥林匹克委员会管理结构的简图如图2-4所示。

国际特殊奥林匹克委员会的董事会成员应该不少于九名,最多不超过38名。所有的董事会成员应该通过提名委员会的提名,最后经董事会成员选举产生或增补。选举产生的董事会代表的任期为三年,最长不可以连续工作超过九年(三任)。董事会会议可以在国际特殊奥林匹克委员会主席或副主席,或董事长,或五个董事成员的要求下举行,可采取电话会议或者借助任何媒介进行。

①About Governance & Finance. (2014-04-15)[2016-09-12]. http://www. specialolympics. org/ Common/Governance_and_Finance. aspx.

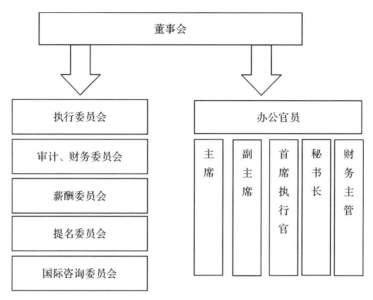

图 2-4 国际特殊奥林匹克委员会管理结构

董事会负责国际特殊奥林匹克委员会的事务管理,其责任包括但不限于国际残疾人组织。

董事会下设以下常务委员会:执行委员会,审计、财务委员会,薪酬委员会,提名委员会和国际咨询委员会,董事会在任何时候都可以根据需要按照规定增设常务或临时委员会。每个委员会都包括一个或两个委员会会长。其中,执行委员会在董事会大会未举行期间履行一切董事会的相关职责,并且要定期向董事会报告。执行委员会的报告主要包括两个方面的内容:一是任务完成情况汇报,确保管理实体能够有效地促进组织任务的实现,为更好地完成任务提供改进建议;二是对管理实体结构的整体效率进行分析和评价。审计、财务委员会负责提供对于组织整体的财务和预算情况的报告,并管理相关的财政事务。薪酬委员会则负责制定工作人员的薪酬。提名委员会负责提名董事会成员、空缺的官员职位的候选人,以及执行委员会成员的候选人。国际咨询委员会由来自地区的特殊奥林匹克咨询委员会选举产生,包括不具有投票权的成员。国际特殊奥林匹克委员会办公官员包括一名主席、不超过三名副主席、一名首席执行官、一名秘书长和一名财务主管。在董事会认可的情况下,还可以增加专职的工作人员岗位。办公官员的职务任期为三年,最长不超过三任,在提名委员会提名的前提下最终由董事会选举产生。

国际特殊奥林匹克委员会对于特殊奥林匹克运动的发展具有非常重要的作用,由于其创始人肯尼迪·施莱佛的肯尼迪家族身份,特殊奥林匹克运动自发展初期就在美国受到了广泛的重视和支持。国际特殊奥林匹克委员会从建立之初对于其任务就有着明确的把握。国际特殊奥林匹克委员会将自身的任务确定为对有智力残疾的儿童和成人提供多种多样的类似奥林匹克运动的体育项目竞技与训练机会，不断给予他们机会以提高身体机能，展示勇气，体验快乐，参与家庭、社区活动，与残奥运动员共享和交流。① 国际特殊奥林匹克委员会自成立以来，一直致力于通过培育社会包容的态度和促进全人类的融合来创造一个更美好的世界。通过体育竞技，有智力残疾的人可以挖掘他们新的力量、能力、技能和成就。

在游戏场所和生活中，运动员可以获得愉悦、信心和自我实现。他们也可以激励他们所在社区或者其他地方的人们去敞开心扉，认识人类的天赋和潜能。国际特殊奥林匹克委员会工作的核心是把体育的能量转换为自信的提升、健康水平的提高以及竞争意识的激励。体育让世界更多地关注残疾运动员的能力而不是失能。

(二)国际特殊奥林匹克委员会的主要项目及发展动向

举办世界特殊奥林匹克冬季、夏季运动会是国际特殊奥林匹克委员会的重要内容。特殊奥林匹克运动自创立之初就一直以奥林匹克运动会为模式，在智力残疾界发展和推广体育竞赛。随着特殊奥林匹克运动的发展，其价值体系不断丰富和完善，国际特殊奥林匹克委员会除了负责特殊体育竞技相关的竞赛服务支持，还开发了一系列项目。这些项目无一例外，都是以实现国际特殊奥林匹克委员会制定的任务而进行的。根据国际特殊奥林匹克委员会的年度报告来看，该组织将自己进行的工作和项目分为以下四个部分。

1.体育竞赛

国际特殊奥林匹克委员会近年来不断强调自己作为体育组织的身份，其工作核心就是为世界范围内的智力残疾人提供丰富多彩的体育活动、训练和比赛。它尝试构建能够提高每一个特殊奥林匹克运动员幸福感及激发他们运动潜能的世界体育竞技文化，并通过把特殊奥林匹克运动员参加的体育赛事活动转化为他们能享有的终身体验来实现这种全球文化的建立。

国际特殊奥林匹克委员会除提供 32 个奥林匹克运动项目外，还根据特殊奥林匹克运动员的特点设立了其专属的体育竞赛或表演项目。为了鼓励所有不同能力的特殊奥林匹克运动员参加竞赛，国际特殊奥林匹克委员会专门对竞赛组织、分级进行了设定。运动员的能力是比赛设置的依据，具有近似能力的参赛运动员参加同一个级别的竞赛。运动员比赛记录、训练水平记录，以及预

---

① About Mission. [2016-02-06]. http://www. specialolympics. org/mission. aspx.

选赛水平能力是其参赛级别的评判标准。

随着国际特殊奥林匹克委员会在不同地区的广泛推广,以及地方组织的配合,国际特殊奥林匹克委员会的注册运动员人数一直保持着持续的增长,特别是随着国际特殊奥林匹克委员会在非洲和亚太地区大量工作的展开,这些地区的特殊奥林匹克运动员人数增加显著。全球范围内,从2007年到2012年,国际特殊奥林匹克委员会注册运动员人数从2898892人增加到4205630人,相关数据如表2-10所示。

表2-10 国际特殊奥林匹克委员会注册运动员人数变化(2007年和2012年)

地区	2007年注册运动员人数/人	2012年注册运动员人数/人
非洲	102505	145174
亚太	566653	1170749
东亚	774929	1185854
欧洲	457375	538628
拉丁美洲	293551	305376
中东、北非	119581	147642
北美	584300	712207
全球	2898892	4205630

资料来源:Special Olympics 2012 Reach Report. [2017-03-12]. http://media. specialolympics. org/soi/files/resources/Communications/Annual-Report/2012 _ Special-Olympics-Reach_Report. pdf.

为了确保特殊奥林匹克运动员能够有规律地参加训练,国际特殊奥林匹克委员会在2010—2015年发展规划中对特殊奥林匹克运动员参加训练情况的目标进行了量化规定:每个运动员参加的每项运动在十周内平均每周有两次训练,每次训练的时间为1.5小时。2011年12月—2012年2月,国际特殊奥林匹克委员会通过调研发现,67.0%的运动员每周参加训练两次,29.9%的运动员每周参加训练要超过两次,64.9%的运动员每次训练时间至少超过一个小时。85%的教练员称他们建立了运动员个人训练目标,94%的教练员称他们提供给不同水平运动员适合的训练,92%的教练鼓励运动员继续有规律地参加训练,46%的教练员给运动员制定了家庭训练方案,85%的教练员称他们鼓励运动员参加到主流的体育运动中。

为了确保特殊奥林匹克运动员能够接受高质量的训练和比赛指导,国际特殊奥林匹克委员会在不断发展注册教练员数量的同时,还增加了对教练员的培训,建立了上岗资格证书体制。在国家特殊奥林匹克管理实体的组织下,一系列针对教练员的培训在世界范围内卓有成效地实施。

　　然而,伴随着特殊奥林匹克运动竞技竞赛的发展,越来越多学者开始质疑特殊奥林匹克的自我隔离发展方式。有研究发现,特殊奥林匹克运动竞技赛事并没有减少社会歧视,反而强化了社会对智力障碍的偏见,也强化了智力残疾的消极形象。这样的评价引起了国际特殊奥林匹克委员会的注意,其逐渐开始开发一些通过特殊奥林匹克运动增加社会融合的项目。其工作的内容也从原来的仅仅管理和运行单项或综合的特殊奥林匹克运动赛事、训练,扩大到一系列以体育为媒介,促进社会接纳,提高有智力残疾的人生存质量的工作中。

　　2.特奥融合运动

　　特奥融合运动最早出现在20世纪80年代初期的美国,它为残疾人在体育和非体育环境中提供了有意义的交流互动机会。现在的融合体育主要是为年龄、能力近似的残疾人创造平等比赛与游戏的环境。

　　该项目的出现标志着国际特殊奥林匹克委员会发展方式的转变。在传统的特殊奥林匹克运动模式下,比赛时以分层、分级的方式进行,通常以健全人作为教练、教师或组织者指导有智力残疾的运动员进行体育活动。而特奥融合体育项目追求的不仅仅是体育技术、团队合作和运动员精神的发展,其更多的是期望通过健全同伴与有智力残疾的人有共同参加训练以及比赛的经历,认识到他们之间的相似之处,从而提高社会对有智力残疾的人的接纳程度。

　　特奥融合体育通过为有智力残疾的运动员和健全同伴创造训练机会、竞赛环境,以及共同的团队目标,打破过去让智力残疾人与健全世界隔离的壁垒。在体育竞赛环境中,所有的团队成员都处于平等的地位,运动员无论其是否存在智力缺陷,都能为团队胜利贡献力量,这样的环境能够促进社会的发展。对于缺少融合智力残疾学生在主流学校接受教育的法规政策支持的国家而言,促进智力残疾学生与健全同伴的交流有着重要的意义。

　　国际特殊奥林匹克委员会从美国开始,逐渐向全世界推广融合体育项目。伴随着该项目的推广,一系列的研究发现,融合体育带来了多方面的社会功能。早期的实践研究认为,融合体育项目反映的是特殊奥林匹克传统项目的竞技水平。越来越多的研究发现,健全同伴通过融合体育获得了同样的个性发展的益处,并能更好地理解智力残疾人。有研究发现,特奥融合运动的效果表现出跨文化的特点。在对欧洲实施的融合足球项目进行评价后,有学者发现特奥运动员和健全同伴对自己的运动员身份表现出了更多的认同,并且强化了他们彼此间体育竞技之外的积极的社会关系。

　　尽管融合体育在1989年才正式成为国际特殊奥林匹克委员会的官方项目,但是该项目在特奥众多工作中被给予了非常多的关注,并得到了快速的发展。2011年和2012年特奥融合体育发展情况对比如表2-11所示。

表 2-11 特奥融合体育发展情况对比（2011 年和 2012 年）

地区	2011 年融和运动员比例/%	2011 年融合同伴比例/%	2011 年总人数/人	2012 年融合运动员比例/%	2012 年融合同伴比例/%	2012 年总人数/人
非洲	58.2	41.8	4922	60.7	39.3	6522
亚太	50.4	49.6	4461	50.7	49.3	50654
东亚	37.0	63.0	399241	38.5	61.5	411150
欧洲	53.3	46.7	43933	58.3	41.7	44598
拉丁美洲	74.1	25.9	6428	59.8	40.2	10727
中东、北非	66.5	33.5	3449	64.8	35.2	5603
北美	50.9	49.1	84029	53.2	46.8	88807
全球	41.3	58.7	546463	43.9	56.1	618061

资料来源：Special Olympics 2012 Reach Report. ［2017-03-18］. http://media. specialolympics. org/soi/files/resources/Communications/Annual-Report/2012 _ Special-Olympics-Reach_Report. pdf.

这样的快速增长让国际特殊奥林匹克委员会能够更多地重视通过共享体育训练和竞赛促进智力残疾人的社会融合。

特奥融合运动更多的是强调智力残疾运动员和健全同伴的共同运动体验，而不是仅仅在场所上的融合或者是器材的共同使用。对于智力残疾运动员而言，通过参与特奥融合项目，既能够提高体育运动能力，也能够有效地与健全人进行沟通、互动。在欧洲地区，特别是波兰和罗马尼亚，以特奥融合体育项目的模式为基础，开展了青少年的社会融合实践。不断扩大的类似融合体育得到了沃达丰基金的支持，体育被认为是促进社会弱势群体和边缘群体平等发展的重要手段。

3. 特奥运动员领导力角色项目

国际特殊奥林匹克委员会最初设计该项目的名称为特奥运动员领导力项目（athlete leadership program，简称 ALP），其目的在于让智力残疾运动员通过这样的项目来发展自我表达、自我维护的能力。该项目为世界各地的特奥运动员创造了在公共场合演讲以及参与其所在地区的特奥项目、社区活动和非营利组织管理的实践机会。例如，智力残疾运动员作为其所在地区特殊奥林匹克组织董事会成员或者所在特殊奥林匹克社区成员，能够为自己和其他智力残疾人争取、维护自己的权利和表达自己的意愿。许多参加 ALP 项目的特奥运动员都选择成为特奥教练员，从而将他们在领导力课程中学习到的知识和实践传授给其他智力残疾运动员。他们还可以成为认证的体育官员，在主流体育运动中发挥更多的作用。

2012 年,该项目调整为特奥运动员领导力角色项目,其更强调的是特奥运动员发挥领导力角色的功能和作用。如:特奥运动员作为志愿者(比赛或活动);特奥运动员作为教练员或助理教练员;特奥运动员作为体育运动官员;特奥运动员作为发言人;特奥运动员作为董事或委员;特奥运动员协助融资;特奥运动员协助技术官员和其他办公人员工作;特奥运动员作为同伴导师或队长;等等。国际特殊奥林匹克委员会对特奥运动员所发挥的领导力角色认知在不断扩大,既包含了原有项目的定义,也超越了原有项目所涉及的层面。2012 年,特殊奥林匹克运动员领导力角色项目的参与人数出现了巨大的增长,全球总人数出现了 10.60% 的增长幅度,其中五个地区的特奥组织的特奥领导力项目参与人数出现了增长,如表 2-12 所示。

表 2-12　特奥领导力角色项目发展情况(2010—2012 年)

地区	2010 年参与人数/人	2011 年参与人数/人	2012 年参与人数/人	年增长率/%(2011—2012 年)
非洲	862	911	931	2.20
亚太	1462	1435	3189	121.60
东亚	11285	12441	13718	10.26
欧洲	2793	3286	3559	8.31
拉丁美洲	3990	4080	3910	−4.17
中东、北非	3493	3684	2952	−19.87
北美	2800	3058	3708	21.26
全球	26685	28895	31958	10.60

4.特奥健康运动员项目

国际特殊奥林匹克委员会同时也是全世界最大的智力残疾公共健康组织,特殊奥林匹克健康运动员项目运行已经超过 25 年,在这期间,健康医疗专业志愿者已经为许多人提供了免费的医疗监控、健康教育活动。其目标在于通过促进智力残疾人同健全人一样享受社区的健康资源来提高智力残疾人的健康水平和幸福指数,并且促使他们的潜力得到发掘。

该项目为特殊奥林匹克运动员提供以下七个方面的免费的医疗检查服务:足部医疗、物理治疗、健康促进、听力康复、体育身体检查、视力检测和牙科检测。

2012 年,在国际特殊奥林匹克委员会运行的 741 个活动中,该项目在这七个方面为世界不同国家和地区的特奥运动员进行了大约 106427 次检测。除了为特奥运动员提供医疗检查,健康运动员项目还向医疗健康专业人员提供针对智力残疾人的健康知识培训,他们接受培训后可以利用所学到的知识更好地为残疾人服务。

国际特殊奥林匹克委员会在 2012 年依托健康运动员项目开发了健康社区活动。该活动主要关注的是提高地方特奥健康项目运行的持续性和提升地方健康相关服务。各个地区的特奥健康社区发展计划虽然各不相同,但是每个特奥健康社区的最终目标都是促进社区内的智力残疾运动员和智力残疾人能够与健全人一样享受健康资源,达到同社区其他成员一样的健康水平。截至 2012 年,开展实施健康社区项目的国家和地区有罗马尼亚、哈萨克斯坦、马拉维、南非、秘鲁、墨西哥、泰国、马来西亚和美国。

三、国际聋人体育委员会

作为世界最早的国际性残疾人体育赛事的举办者,国际聋人体育委员会于 1924 年 8 月 24 日在法国成立。起初,该组织以法语命名为国际无声体育委员会。来自比利时、捷克斯洛伐克、法国、英国、荷兰、匈牙利、意大利、波兰和罗马尼亚的聋人体育运动的领导人在会议中选定了该组织的首任主席尤金先生,以及首任秘书长安东尼先生。

1955 年 6 月,国际奥林匹克委员会在巴黎举行的第五十次会议上宣布国际聋人体育组织得到了奥林匹克委员会的承认。1966 年,为了表彰国际聋人组织对于奥林匹克精神的发扬和履行,国际奥委会授予国际聋人体育委员会顾拜旦杯。从 1985 年开始,在每届世界聋人夏季、冬季运动会上,国际奥委会的旗帜也会被升起。2001 年 5 月 16 日,国际奥委会正式允许国际聋人运动会更名为聋人奥林匹克运动会。

聋人体育运动一直以来独立于其他残疾人体育运动体系之外,特别是与残疾人奥林匹克运动之间存在一定的距离。聋人奥林匹克精神为通过体育达到平等,基于这样的精神,国际聋人体育委员会设置了自己的目标、任务及权力,具体如表 2-13 所示。

表 2-13　国际聋人体育运动委员会的目标、任务和权力

目标	任务	权力
组织和监督夏季与冬季聋人奥运会的举办	运动员更好的竞技表现	管理与监督所有成员单位的运行
为聋人运动员提供更多的体育和竞赛机会	更高的国际认可	根据组织宪法和规则,对违反宪法的成员单位以及协会内部争论进行处理

续表

目标	任务	权力
支持和鼓励相关教育、文化、研究以及科学活动，从而促进聋人奥林匹克运动的发展	增加资金预算和支持	管理投资委员会的经费
与世界反兴奋剂机构合作，在聋人奥林匹克运动中创造无兴奋剂的运动环境	更有效的组织	对相关人员进行劳务费发放、管理
实现聋人体育运动在政治、宗教、竞技、残疾、性别、种族方面的无歧视		对会员费以及相关收入进行管理，有效地采购、维护、修理设施，并实现财产保护

同其他世界性体育组织一样，国际聋人体育委员会的管理模式和运行结构也一直在不断地进行调整、改变，从而能够更好地发挥其组织功能，促进聋人奥林匹克运动的发展。其现行的组织管理结构如图 2-5 所示。

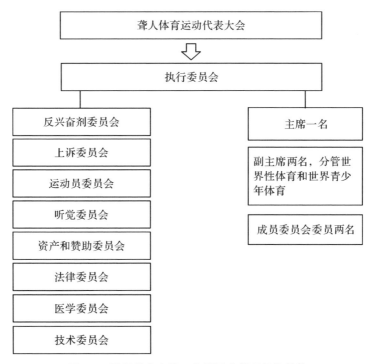

图 2-5　国际聋人奥林匹克委员会管理组织结构

代表大会制度架构。其最高权力实体是聋人体育运动代表大会，主要负责：一是制定聋人奥林匹克运动发展方向；二是选举国际聋人委员会的执行委员会人员；三是讨论和通过国际聋人委员会的年度财务预算；四是对执行办公人员遴选规则进行讨论和审议；五是考虑和讨论来自成员、执行委员会，以及其他聋人体育组织委员会的提案;六是审议和通过执行委员会对聋人体育运动日程的提案;七是调整和确定年度会员身份以及会员费;八是通过地区、国家秘书处调整的申请。国际聋人体育运动代表大会选举产生的执行委员会成员,共同负责国际聋人体育委员会的日常事务。执行委员会可以设立包括反兴奋剂委员会在内的八个常务委员会,也可以根据需要设立临时委员会,以满足特别时期的需求。聋人体育委员会人员构成中,绝大部分是聋人。

与国际残疾人奥林匹克委员会和国际特殊奥林匹克委员会相比,国际聋人体育组织的发展更具有明显的排他性,其参与管理人员要求聋人占绝大比例,并且在宪章中强调了其独立存在与运行的必要性和原因。聋人奥林匹克运动目前还是以组织体育运动会为核心,虽然其在宪章中提出了通过体育实现平等的思想,并且一直以来不断努力完善着自己的价值体系,然而,与残疾人奥林匹克运动和特殊奥林匹克运动相比,其价值体系还不够丰富,在实践中,有效的、系统的非体育性的内容或项目尚未开发。

第三节 残疾人体育发展的争论与趋势

一、残疾人体育发展的争论与辨析

(一)竞技与参与之争

从顾拜旦的体育思想解释残疾人竞技体育似乎是难以找到出路的。"更高、更快、更强"的奥运精神是以健全的身体为基础的,而残疾人身体的缺陷使追求竞技能力的完美难以实现,并且他提倡的通过体育塑造身体的完美而达到精神的完美的思想也无法作用于残疾人竞技体育上。而以残疾人奥林匹克运动为代表的残疾人竞技体育发展到今天,其所达到的高度是令人震撼的。人们从残疾人运动员竞技过程中获得的体验必然与从健全人竞技中获得的体验不同。

从残疾人奥林匹克运动产生开始,对于残疾人竞技体育伦理认知的模糊和残疾人竞技体育边缘化问题就一直困扰着残疾人奥林匹克运动的发展。受到竞技体育本质的影响,竞技体育在当代的各种伦理问题在残疾人奥林匹克运动中更是层出不穷,而这些问题的处理方式又不同于健全人竞技体育。

以伦理学理论为基础,从当今残疾人竞技体育的争论切入,对相关现象和实践进行剖析,由表象到本质地发掘各种矛盾的实质。这有利于系统地、整体地解释和处理存在于残疾人竞技体育中的各种问题,把握残疾人体育的发展方向,从而更加全面地理解与认识残疾人问题。

国内外学者在谈及残疾人体育时,常常对残疾人体育竞技化持有不同的观点。有的学者始终把残疾人体育完全归为社会体育(即群众体育或大众体育范畴)而不是高水平竞技体育,并反对媒体过多地宣传残疾人比赛中的成绩和奖牌;有的学者对残疾人奥林匹克高水平竞技化的发展提出质疑,认为这样会严重影响残疾人奥林匹克参与度,造成一系列的参与不公平;有些学者则避开体育竞技化,更多地研究残疾人参与体育比赛的意义。

不管学者们持有哪种观点,他们似乎在都认同残疾人具有参与体育的权利的同时,又对残疾人高水平竞技难以达成认识上的统一。残疾人体育竞技化的学界争论可以看作一个裁决是否正义的伦理问题。也就是学界不是当事人,而是作为一个类似“法官”的角色,来认定残疾人体育竞技化的合理性,或者说是认定残疾人是否应该或能够进行高水平竞技。

田麦久(2006)在《运动训练学》一书中将竞技体育定义为:“竞技体育作为体育的重要组成部分,是以体育竞赛为主要特征,以夺取比赛优胜为主要目标,以超越人类自我极限为目的的社会体育活动。”从这个竞技体育的定义来看,除了残疾人体育运动中的特奥运动不具有超越人类自我极限的特征,其他类型的残疾人体育运动都符合竞技体育的定义。那么产生争论的原因归根到底就是在对残疾的认识上,即争论归结于残疾阻碍了人类自我极限的超越,因此残疾人体育应当是参与型的,而不应当过于追求高水平竞技化。

伦理学中的“应得”是正义德性所包含的一个根深蒂固的观念。依照这一观念,人们应当把一个人通过努力获得的东西看作他应得的。残疾人运动员进行比赛时与健全人运动员一样,在长期训练的基础上,他们对比赛胜利的渴望丝毫不逊于健全运动员,他们表现出的运动能力足以证明他们的运动员身份。人类的自我超越并不排除残疾人,所谓的健全和残疾的区分标准是随着历史发展而有所变化的,因此很多人类学家认为世界上没有残疾,存在的只是差异。对于这些在身体上具有显著差异的人来说,他们在体育竞技中所表现出来的也是人类极限的超越,在某种意义上,这种超越要比健全人的意义更大,他们要克服的还有因为身体差异带来的社会和本体机能的束缚。

以对人本、对竞技的正确把握为基础来认识残疾人体育竞技化就不会出现一些在健全人体育世界中属于不可思议的争论问题。例如,在很多轮椅竞速项目中,在经历长期大运动量的训练、比赛后,有些轮椅运动员会由于过度使用上肢肌群,造成肌肉力量的衰竭和损伤,导致无法使用轮椅。类似这样的情况在残疾人竞技体育界被称为二次损伤或者二次残疾。有的学者和医生认为,为避免二次损伤,某些残疾人运动员不应该参与体育竞技。在一项对轮椅橄榄球的研究中,运动员被调查者问到了二次损伤的问题。他们对这样的问题非常反感,体育竞技的乐趣以及体育竞技带来的成功体验对于他们来说要远远大于可能的二次损伤。某个运动员则直接把这个问题联系到健全运动员身上,"医生不允许我打轮椅橄榄球,我要节约使用我的肩膀,对我来说,这就像是跟健全冰球运动员说不要去打冰球,因为你会使你的膝关节出问题一样荒谬"。运动损伤出现在健全人竞技体育中是可以被接受的,没有人会因为可能带来的损伤而质疑甚至劝运动员放弃训练和比赛,而残疾人运动员的二次损伤却被给予这样的争论,看似是对残疾人运动员的关心,实则是对残疾人人本认识的模糊。

(二)歧视与平等之争

女性残疾人运动员所遇到的困难是更加难以想象的。即使在健全人体育界,女性运动员也不能摆脱这种社会边缘化的影响。女性残疾人运动员所受到的歧视来自三个层面,如图 2-6 所示。

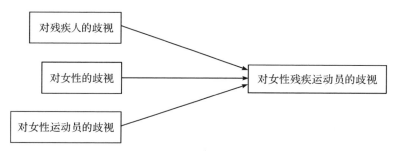

图 2-6　女性残疾人运动员所受到的歧视

体育在历史上曾被认为是男性的领域。就像梅森指出的,在奥运历史中,曾经有过对女性参与奥运非常强烈的抵制:第一届现代奥运会举办于 1908 年,然而直到 1928 年才有为女性设置的比赛项目,且仅仅只有五个项目,分别是100 米、800 米、跳远、400 米栏和铁饼。在第一次女性参加的奥运会中,一些女性运动员在 800 米结束后虚脱。因此,女性运动员就被认为不适合参与一些竞技运动。甚至到了 1949 年,时任国际奥委会主席布伦戴奇依然认为女子项目的设立必须符合女性的生理特点,例如游泳、网球、速度滑冰、射箭,但是像铅球这样的运动还是不设为好。在现代奥林匹克之父顾拜旦的奥林匹克思想中,是不鼓励女性参与体育运动的。他的绝大部分著作、演讲中所用到的第三人称全部是男性代词。整个体育世界,特别是以竞技为目的的体育竞赛,长期以来被认为是更适合于男性的,残疾人竞技体育发展也不能摆脱这种思想的影响。

在残疾人体育竞技史上一直存在着性别公平性的问题。这种公平性的问题要比奥林匹克和其他健全人的竞技体育运动复杂得多,因为它还融合了残疾程度和残疾类型的问题。虽然女性运动员从第一届残疾人奥林匹克运动会开始就参与了竞技,并且其他类型的残疾人体育运动会也允许女性残疾人运动员参与,但是男女运动员在残奥会上的比例是非常不均衡的。

根据谢里尔的研究,巴塞罗那残奥会的男女性别比例为3：1,到了1996年亚特兰大奥运会则成为4：1。在亚特兰大残奥会上,103个参与国中的49个国家没有女性残疾运动员,而且大多数国家男性运动员的数量要高于女性运动员。前国际残疾人奥林匹克委员会主席斯蒂沃德认为,尽管残疾人奥林匹克运动取得了巨大的发展,然而对女性运动员严重不公的问题依然存在。残疾人体育运动的一个重要任务就是为残疾人创造更多平等参与体育运动的机会。虽然平等不等于均等,但是女性残疾人参与体育活动的机会要远少于男性,女性运动员所遇到的困难也多于男性运动员。女性本身的社会角色造成了女性在参与体育时,特别是竞技体育运动时要考虑更多问题。女性残疾运动员在很多时候受到的是性别、残疾和竞技带来的三重影响。在追求为残疾人创造更多平等参与机会的残疾人奥林匹克运动中又出现了女性残疾人参与机会不均等的问题,这与残疾人体育精神是相悖的、矛盾的。

(三)融合与分隔之争

残奥会是残疾人竞技体育中等同于奥运会最高级别的综合性比赛,其举办模式、管理运行模式与奥运会非常相似。残疾人奥林匹克的创始人古特曼医生被认为是残奥会史上的顾拜旦,在国际奥委会官网上,对残疾人奥林匹克运动的解释也体现了其与奥运会的紧密联系。

自残疾人奥林匹克运动会创办以来,创始人就期望能够得到奥林匹克的认可。从第一届残奥会起,历届残疾人奥林匹克运动会都与奥运会在同一年举行,并且努力尝试在同一奥运城市举行。大部分残疾人奥林匹克的运动项目都是在奥林匹克运动项目的基础上进行了一定的修改,从而便于残疾运动员的参与。

国际奥委会与残疾人奥林匹克运动的关系也从最初的冷漠甚至反对走到今天的密切合作。1964年的东京残奥会已经开始使用"残疾人奥林匹克"的名称,然而国际奥委会却发文禁止他们使用该名称。古特曼医生在和国际奥委会交涉未果的情况下,决定把名字改回到原来的"斯托克·曼德维尔运动会"。但是官方名称的改变并没有改变运动员对其的称呼。在此之后,随着残疾人奥林匹克运动的不断发展壮大,国际奥委会承认了其在为残疾人创造平等的体育竞技机会和在发扬奥林匹克精神方面的巨大作用,逐渐加大了与之的合作。德国国家残疾人奥林匹克委员会主席沃尔瑟在德国残疾人奥委会成立50周年的演讲中就提出了残疾人奥林匹克要与奥林匹克密切合作的观点。他认为,就像体育运动不能仅仅存在于奥林匹克运动中一样,残疾人运动员参与体育的机会也不能仅仅依靠残疾人奥林匹克运动会,然而,残奥会与国际奥委会的密切合作确实是与其他一切残疾人体育运动组织合作的基础。但是密切的合作和举办形式的模仿也带来了一些问题,如国际奥委会要求残奥会的规模限制在4000名运动员以内,这种规定纯粹是从便于商业运作的角度来考虑的,将残奥会的商业开发与奥运会的商业开发合二为一,无形中削减了残奥会通过残奥运动来教育公众的目的。

然而,与奥林匹克运动保持密切合作不同的是,残疾人奥林匹克运动与其他的一些残疾人运动组织一直处于分离状态。参加残奥会的运动员仅限于瘫痪者、脊髓损伤者、盲人、截肢者、脑瘫者以及器官损伤者。对于其他类型的残疾,例如智力障碍人士、听障人士等,残疾人奥林匹克运动与其是保持分离的。

造成这样的原因有很多。原本,智力残疾运动员是允许参加残奥会的,但是2000年西班牙智障篮球队的丑闻直接影响到了残疾人奥林匹克对智障运动项目的融合。在西班牙智障篮球队赢得金牌后不久,一个球队成员和记者就在杂志上曝光了内幕。原来很多球队成员并没有通过医学检验来证明他们的智商低于70。其他一些参加乒乓球、田径和游泳的运动员的残疾也是值得怀疑的。西班牙智障体育联合会有意地选择了没有智力残疾的运动员去参与竞赛,从而获得了金牌和更多的赞助商。丑闻公布后,国际残疾人奥林匹克委员会对智障运动项目做出了调整。由于受到运动员资格判断困难的影响,所有关于智力残疾运动员的竞赛项目全部停止。目前,智力残疾运动员的体育项目仍然不能被纳入残疾人奥林匹克运动中。

与智力残疾竞技不同,世界聋哑人奥林匹克运动会则一直强调自己的独立性,不愿意加入残疾人奥林匹克运动会。前世界聋哑人运动委员会主席乔丹先生对这一问题的解释是:聋哑人并不认为他们是有身体残疾的,因为他们可以在不具有严格限制的条件下进行竞技比赛。他们的问题仅仅是交流上的。听障人士体育运动员认为他们的缺陷不是身体上的,而是社会交流方面的,而这些问题在听障人士奥林匹克运动中是不存在的。因为在所有项目中,大部分规则和设施都不需要改变,需要改变的仅仅是把那些声音信号转变为视觉信号。

残奥会分级体系也会造成融合和分隔的争论。分级的初衷是为了保障残疾人运动员能够公平竞赛。20世纪,医学型分级逐渐被功能型分级取代。残疾人奥林匹克运动也由此发展成组织更为科学的竞技型体育运动。残疾人奥林匹克运动一直寄希望于建立一个更为合理的分级体系,从而保证运动员的竞争公平性,同时它又面临着必须减少分级数量的压力。很简单的例子,在奥林匹克运动会上,100 米冠军仅仅是男子和女子两枚金牌,而在残疾人奥林匹克运动会上,不同级别的 100 米冠军多得难以计算清楚。海吉斯认为,这样的分级体系对于存在严重缺陷的运动员而言是伤害,并且应该致力于开发一套更加公平的分类体系。残疾人体育运动是否应该与健全人体育运动融合并共同进行,残疾人运动员是否应该与健全运动员共同参与竞技,这些都是残疾人体育领域中一直争论不休的问题。

公平是竞技体育不可缺少的重要属性,而这一思想与早期伦理学中占主导地位的效益主义正义观不同,这可以用罗尔斯的《正义论》中的理论来解释。罗尔斯认为的“正义即公平”,并不是指正义就是公平,而是强调正义原则的内容是由一个公平的程序所决定的;而所谓公平的程序,则是指这个程序并没有对任何一个人特别有利或特别不利。

“残疾人奥林匹克运动(paralympics)”从构词结构上可以看出是由“para”和“olympics”组合而成的。残疾人奥林匹克国际协调委员会认为“para”来源于“平行(parallel)”一词,因此,残疾人奥林匹克就被定义为各种残疾人组织参与的一个体育盛会,这个体育盛会在时间上接近奥运会。而最新同时也是最复杂的解释来源于国际残疾人奥林匹克委员会。“残疾人奥林匹克(paralympic)”一词由三个部分构成:拉丁语中的“par(表示等同、相似)”,希腊语中的“para(表示接着、沿着)”和“olympic”。无论哪种解释,我们都可以发现残疾人奥林匹克运动会希望成为为所有类型残疾人举办的高水平竞技运动会的理念。

事实上,国际残疾人奥林匹克委员会在残疾人竞技体育界的作用要远远大于国际奥林匹克委员会在健全人竞技体育界的作用,因为残疾人奥林匹克委员会还发挥着举办单项体育竞赛的作用。它希望给所有残疾人运动员创造更多、更公平的参与竞技的机会。与奥林匹克运动密切合作是该理念的具体实践。然而,残疾人类型、残疾程度的不同又迫使残疾人奥林匹克运动不得不在规则分级上不断进行改革,甚至会拒绝某些类型的残疾竞技运动加入残疾人奥林匹克运动会。一系列制度的改革都是本着一个原则,即能保证所有参加残疾人竞技的运动员不论其残疾程度、残疾类型,都能在公平的前提下参加竞技。这样的思想是《正义论》中正义原则的体现,一个正义的制度,必须把每一个人都当成一个平等、有尊严的存在者,不能因为身份、地位、财富、所得、智力、肤色、种族、性别的差异而有所不同。

西方的现代社会制度是在 17 世纪、18 世纪逐渐形成的。其目的在于以一种方式在公共制度下最大限度地对人进行管理控制。然而在 19 世纪以前,并没有对人进行正常或者不正常的分类,也没有任何概念性的标准用来区分残疾人。比利时天文学家阿道夫·奎特莱特把天文学家锁定行星的方法错误地应用到人类和社会现象的频率分布上。他认为,"标准的"是指"典型的",是事物本身应该有的状态,而"错误"就是"反常""偏离"和"极端"。从此以后,人类社会根据不同角度正式或非正式地制定了各种标准。

在当代,人们对残疾的区分主要是从医学的角度进行的,医学模式正是建立在所谓的"标准"之上的。对于"人类是什么""人类的长相和举止应该是什么样的""人类能干什么"等问题的答案均有一个标准或常模。偏离常模的人一般在某个方面是有缺陷的。当医学的干预无法解决这一缺陷,且无法使残疾人的功能达到标准时,这个人便被认为存在永久的缺陷。而医生就承担着对人们进行诊断和"贴标签"的任务。残疾人需要频繁地与医疗机构打交道,从那里得到所需的治疗。这种对医疗机构的依赖性使社会对医疗模型的支持得以延续。而这种"贴标签"造成的结果大多会延续和拓展到人类的社会活动中。对"残疾"消极意义的排斥,是以聋哑人奥林匹克运动为代表的听障人士竞技体育拒绝加入残疾人奥林匹克运动的最重要的原因。如果从医学模式的角度进行分析,听障人士的听觉和语言能力的丧失或者下降是无法恢复的,那么必然会被认定为是非常态,进而被贴上"残疾"的标签。聋哑人奥林匹克运动则采用了非医学的标志来理解差异,即只是在交流方式上存在不同,拒绝被贴上"残疾"标签,因此聋哑人奥林匹克运动拒绝与残奥运动融合。

作为社会个体,人们常常会设定各种各样的标准来区分本体与他人,区分本群体与他群体。在确立这种标准并完成区分后,人们通常会对本群体的成员产生积极的态度和行为,而对其他群体的成员则产生消极的态度和行为。即使是在残疾人竞技体育内部,也存在着这种以所谓的标准来分类的情况,目前在残奥竞技中广泛应用的功能分级就是这一所谓的标准。这一分级过程就像社会中对阶层的区分,而它所带来的负面结果是造成某些阶层的边缘化和隔离化。其初衷是保障所有参与竞技的运动员都能在公平的条件下参与竞赛,而分级则带来了消极的影响,造成了对某些残疾运动员的隔离和不公。然而,尽管残疾人竞技体育中的分级体系一直以来都饱受争议,但是由医学标准到功能标准的过渡则反映了人类社会对残疾理解的发展,同时也促进了残疾人竞技体育朝着更公平的方向发展。

(四)科技与公平之争

来自南非的残疾人运动员奥斯卡·皮特鲁斯在参加残疾人奥林匹克运动会竞赛时受到了很大的争议和关注。尽管他是一个双膝以下截肢的运动员,但是他在和单假肢运动员竞赛时,却能以较大的优势获得比赛胜利。他在残奥会上总是参与 T43(双膝以下截肢)和 T44(单膝以下截肢)级别的比赛。因为 T43的运动员比较少,所以他被允许参加 T44 的比赛。他的生理残疾级别要明显大于他参与的 T44 级比赛的运动员,但是他在 100 米、200 米、400 米的 T43 级的世界纪录都远远好于 T44 级的世界纪录。奥斯卡因此被称为世界上跑得最快的无腿人。雅典残奥会之后,他正式宣布准备参加北京奥运会,希望成为第一个同时参加残奥会和奥运会的运动员。

经过刻苦训练,2007 年奥斯卡与健全人一起参加了南非国家田径比赛,在400 米的比赛中他以 46.3 秒的成绩获得第二名,比第一名仅仅慢了 0.3 秒,而参加北京奥运会的资格是 45.5 秒。IAAF 国际田联新的科技条款使他的北京奥运梦想彻底破灭,随后 IAAF 国际田联在 2007 年 3 月 26 日的会议中对科技条款进行了更新和修改,增补了在后来被戏称为"奥斯卡·皮特鲁斯规则"的条款。

以下情况禁止参加国际田联的任何比赛。

第一,使用任何具有弹簧、轮子或其他科技器械获得额外的优势,并且这种优势是不使用这些器械的运动员无法得到的。

第二,在残疾人体育竞技世界中,器械器材的科技作用要远远大于其在健全人体育竞技世界中的作用,科技对于残疾人体育竞技的冲击与影响也大于健全人体育竞技。通常某一器材器械本身的科技水平就决定了运动成绩。

目前,关于科技的争论集中在两个方面:一是以奥斯卡·皮特鲁斯为代表的假肢科技,二是以轮椅完成运动竞技的轮椅科技。与传统的医用假肢和轮椅不同,残疾人竞技体育中的现代高科技假肢和轮椅除了能显著提高运动成绩,还具有以下特点。

1.运动专项化

传统的医用假肢和轮椅只是用于辅助残疾人完成各种生活活动的。而运动假肢和轮椅则具有明显的专项化特点。例如奥斯卡奔跑时使用的运动假肢是在冰岛的 Ossur 运动假肢生产商那里定制的。奥斯卡使用的运动假肢由高性能碳纤维复合材料制成,是这家公司专为膝下及膝上截肢运动员设计的运动型假肢,能够模仿健全运动员脚部和踝关节的反应动作。这套运动假肢由 50～80 层碳纤维构成,不到四公斤重,当奥斯卡奔跑时,假肢的着地面积非常小,为了更适合于跑步,"脚跟"处还添了一个耐克跑鞋的鞋底。

在 19 世纪 70 年代,残疾人运动员开始自己设计和改装专门用于相关竞技比赛的轮椅。此后不久,普适于各种运动的轮椅逐渐消失,取而代之的则是能够最大限度发挥运动员能力的,密切针对某个运动项目的竞技轮椅。例如,轮椅篮球使用的轮椅外形酷似生活轮椅,但其尾部多了一个或两个小轮子,目的是防止运动员翻倒,运动员赛时常后仰投球,而一般轮椅在使用者后仰时容易翻倒。另外,轮椅车轮倾斜约45°,是个"八"字形,这样设计是为了降低重心,使轮椅更稳固,同时减少运动员大腿根部与车轮的空间,避免腿部在拼抢时受伤。竞速轮椅只有三个轮子,为了减轻轮椅重量,采用了碳素纤维,这样可以极大地提高运动速度,轮椅构造呈"T"形,这样的设计增加了稳定性。竞速轮椅和篮球轮椅的外形如图 2-7 所示。

图 2-7　竞速轮椅与篮球轮椅

以往的轮椅、假肢都是运动员购买后,由自己进行简单改装,从而满足运动的需要。现在则是有专门的生产商批量生产或制作针对不同项目的运动轮椅。

2.高价格

高科技器材从设计、研发到生产需要大量的资金,并且数量有限的使用者更是无形之中增加了产品的成本。例如,奥斯卡使用的名为"Cheetach"的假肢售价超过 20 万元人民币,但由于价格昂贵且难以控制,全球的使用者不到 300人。轮椅网球所用的轮椅都很轻便,一般用铝合金或钛合金制造,只有八公斤重,而普通轮椅重量一般在 12 公斤左右。网球轮椅的价格也不便宜,一般要 6万元左右。北京残奥会上,日本的一家跑车研发公司制造了新型的竞速轮椅,他们使用 F1 跑车原料来为选手们设计轮椅,这样一个竞速轮椅的价格在 1 万美元左右。

早在公元前 4000 年左右的古希腊时期,就有关于采用各种形式的工具帮助或转移身体有损伤的病人。而这些工具和所谓的器械是使用者不能自控的,通常需要他人帮助才能移动。后来,随着科学进步,真正意义上的轮椅出现并广泛应用。然而,使用轮椅往往标志着使用者医学康复的失败。

残疾人奥林匹克运动中,科技带来的道德和伦理方面的挑战与对残奥教育价值的影响绝不亚于科技对奥林匹克的影响。在残疾人体育运动中,运动器材在科学技术上的改进极大地影响了残疾人运动员的竞技比赛成绩。特别是轮椅和假肢的技术革新提高了优秀残疾人运动员的竞技表现,因此对残疾人奥林匹克运动的文化价值带来了多方面的影响。

器材的科技含量增高,虽能促进残疾人运动员成绩的不断提升,但会影响残疾人竞技的公平性。高科技器材往往价格较高,并不是所有的运动员都能够负担得起。这样就造成了竞技的不公平,使用高科技器材的运动员获得了竞技场上额外的优势,而未使用高科技器材的运动员则从竞技开始的时候就处于劣势。人们在不断接收各方面关于残疾人体育器械高科技信息报道的时候会质疑:到底是残疾人本身的竞技能力创造了运动成绩,还是高科技创造了运动成绩;是应该尊重运动员创造的成绩,还是应该尊重科学技术的进步。

根据体育伦理学对体育科技的解释,体育科技的发展只有在有利于大多数人的利益,并与体育发展的趋势和方向一致或相近时,体育科技促进体育道德进步的积极作用才有可能发挥出来。残疾人竞技体育由于自身的特殊性,使得科技能在残疾人竞技中发挥更大的作用。但是这个作用应该被更严格地限制在一定的范围内,毕竟竞技是以超越人类自我极限为目的的,而不是以超越科技极限为目的。对于残疾人运动员来说,他们普遍的生存质量不如健全运动员,而且他们中的大多数是非专业运动员,除训练外,他们还要扮演其他的社会角色。因此,残疾人竞技体育中对使用科技产品的界定必须慎之又慎,要最大限度地保证所有运动员参与竞赛的起点的公平。

现代健全人竞技体育中所出现的各种问题在残疾人竞技体育世界中变得更加复杂,最主要的一个原因就是对残疾人体育竞技化认识的模糊。归根结底对残疾人体育竞技认识的模糊不是来自体育竞技,而是来自残疾,有意无意地忽略了人本属性。首先,在理解残疾人竞技时,必须以人本的思想对残疾人竞技给予足够的认同,而不是过多地从医学的视角讨论残疾人的身体差异。其次,在把握残疾人体育竞技化发展的基础上,理解这一过程中表现出来的各种伦理问题。最后,运用回归伦理学中的相关理论及思想,结合残疾人身体的特性,确保残疾人不论种族、性别、残疾程度、残疾类型、经济基础的差异,都能公平、平等地参与竞技。

二、残疾人体育发展的趋势

(一)残疾人体育权利的保障走向体系化、法治化

权利作为一个动态的概念,其包含的内容也是随着政治、经济、文化的发展而不断扩充、改变、调整的。根据联合国教科文组织前法律顾问卡雷尔·瓦萨

克博士在 1979 年提出的三代人权的概念①，国际上的人权概念最早关注的是公民权利和政治权利，随后是经济、社会、文化权利。体育权利显然是属于经济、社会、文化权利的范畴，属于第二代人权。公民的体育权利逐渐被国际社会认同，体育权利已经被认为是人类基本权利的重要内容之一。无论是在联合国的《世界人权宣言》中，还是在联合国教科文组织通过的《体育教育和体育运动宪章》(1978) 中，抑或是在《国际奥林匹克宪章》(1996) 以及国家的相关法律中，都确认了人类从事体育运动是一项人权，应该被尊重和保护。

从人权的角度上理解，残疾人应该被视为主体而不是客体，这就要求我们不应该将残疾人视为问题而应该将其视作权利持有者。我们应该关注的问题是所有生物失能以外的因素，特别是社会、经济结构、运行过程中对待残疾差异的反应和行为，而不是残疾个体本身。因此，关于残疾权利的争论是紧密关联着对于人类社会差异的争论的。随着人类社会对于残疾的定义模式从单一的医学模式向综合生物、社会、个体的模式变化，残疾人权利运动影响越来越广泛，学者、组织对残疾的认知发生了显著的变化。

2006 年《残疾人权利公约》在联合国大会上的通过标志着残疾人权利运动新时代的到来，同时也被认为是过去 30 年间残疾人权利运动一直努力追求的认知的实现，即"世界上所有人类，无论他们的残疾情况如何，都应该享有所有人类的权利和基本自由"。这次会议不仅对于人权发展有着重要的影响，而且推动了社会相关方面的进步，它强调了在社会各个领域都应该通过调适，更好地推动残疾人权利的实现及保护。

《残疾人权利公约》对于残疾人体育权利保护的要求和政府应当采取的手段作出了明确的规定，期望能够保证残疾人平等地参与到体育休闲活动中去。它对所有的政府部门及非政府组织提出了具体的要求，指引人类社会向着融合与接纳的方向发展。新残疾人权利时代中的残疾人权利涉及人类各个领域的残疾人平等参与，它是基于认同人类社会是由复杂的、多样的个体共同构成的。保障残疾人体育参与权利具体到设计上，可以是场地的调整、比赛规则的调适、参赛运动员的资格限制设计。不能以医学模式的诊断冠冕堂皇地造成残疾人

---

①联合国教科文组织前法律顾问卡雷尔·瓦萨克博士在 1979 年提出了三代人权概念。他认为：第一代人权形成于美国大革命和法国大革命时期，即从为自然权利运动提供理论准备，到把人权理论上升为一种政治主张的美国《独立宣言》，以及将政治理念固定为法律的法国《人与公民权利宣言》(即《人权宣言》)，主要是指公民权利和政治权利；第二代人权形成于俄国革命时期，主要是指经济、社会及文化权利；第三代人权是对全球相互依存现象的回应，主要包括和平权、环境权和发展权。他把第一代人权定性为消极的权利，第二代人权定性为积极的权利，第三代人权定性为连带的权利。

参与各类体育运动的壁垒。

残疾人权利的保障是目前所有国家,无论其发达程度、发展水平,都非常重视的课题。作为残疾人权利的组成部分,体育权利的保护和实现程度则是残疾人体育发展的重要标志。因此,如果以体育权利的实现形式分类,残疾人体育权利同健全人的体育权利一样,也包括"教育权利中的体育权利""文化活动自由权利中的体育权利""生存权中的体育权利""发展权中的体育权利"和"获得权利救济权中的体育权利"。而权利法定学说强调了权利的存在是以一定社会的法律、风俗、立法行为为基础的,人权只有在一定的社会环境下才具有意义,所以权利具有政治、文化相对性。

从国际政府组织、非政府组织到国家(地区)政府、体育组织等多重主体都会把残疾人体育权利的体系化、法治化建设作为残疾人权利保障的重要内容进行研究和建设。

(二)残疾人体育发展向融合变革

医学模式至今仍深刻影响着残疾人体育的发展方向。长久以来,残疾人体育被孤立于主流体育事业发展之外,很多国家都有着独立的残疾人体育管理体系。残疾人在医学模式的定义下,其生理特征和特别的需求成了其进行体育运动有别于健全人的源头,逐渐被理所当然地边缘化。在很长一段历史时期内,残疾人进行体育的唯一功能性目的就是康复,竞技性质的残疾人体育被认为是以康复功能为先,或许具有心理调适作用的社会体育活动。

世界性的残疾人体育组织也不免强调残疾的特征和需求,要求发展的独立性,并且以残疾程度和类型作为残疾人体育比赛的分级基础,冠以所谓的公平竞赛的思想。然而,这样的发展方式暴露出了许多弊端。

第一,孤立于主流之外的体系也许会考虑更多的个体特征,然而,离开主流意味着边缘化,边缘化则意味着无法享受主流可享受到的资源。毋庸置疑,残疾人体育在资金投入、场馆设施享用、科技支撑、人员服务、信息传递等方面都无法与健全人体育相比。造成这一问题的原因当然与残疾人所属社会阶层的经济、政治地位相对较低有关,但是孤立化的发展模式也是阻碍残疾人共享体育发展资源的重要因素之一。

第二,过分强调残疾人生理、心理差异的残疾人体育发展方式造成了残健交流的障碍。有研究发现,残疾人运动员对于自己的运动员身份的认同度非常高,而残疾特征却并不是他们自我概念形成的主要来源。事实上,这样的情况不只出现在竞技体育领域,在学校体育和社区体育方面,独立的体育运行体系造成的交流断层影响了残疾人的社会接纳和融合,认知和理解的偏差造成了歧视的出现。

第三,在残疾人体育内部,以医学诊断形式来对残疾人体育竞赛进行分级,事实上造成了不同残疾类型或残疾程度之间的隔阂,导致残疾人之间的歧视和偏见。例如,在国际残疾人奥林匹克运动中,曾经以医学诊断作为分级的依据,而医学诊断分级带来的是不同残疾程度和不同残疾类型的残疾人运动员之间的矛盾和不理解。

随着社会模式和"生物—心理—社会"模式的普及、发展,人类社会对于残疾的认知更加全面,并更多地从社会构建、个体生物性与其所处的生态环境的互动影响上来认识、思考、处理残疾问题。从整个世界残疾人事业发展来看,残疾人事业的融合发展改革已经开始推行。

从教育领域来看,融合残疾人于一般学校被认为是保护人权和平等的重要表现。联合国教科文组织大力提倡、推广残疾人的融合教育环境,该组织认为,融合的教育环境至少有以下几个方面的意义:一是融合学校要求对所有儿童进行教育,这种方式能够满足个体需要,并确保每个儿童受益。二是融合学校能够通过所有学生在同一场所接受教育,改变对残疾人的态度,这有利于促进社会公平并消除社会歧视。三是确保和保持学校对所有儿童同时进行教育相比区分不同体系对不同类别学生进行教育而言更为经济和高效。①

在残疾人的康复服务领域,很多国家开始实施以社区为单位、以融合活动为重要手段的社区残疾人康复健康体育活动的指导方案,目的在于更便利地为残疾人提供康复支持,同时促进残疾人的社区融合。类似的残疾人事业的社会融合发展、实践还出现在就业领域及社会文化休闲活动领域等。

从国际比较重要的残疾人体育组织的发展来看,加强社会残健融合已成为重要趋势。无论是国际残疾人奥林匹克委员会还是国际特殊奥林匹克委员会,都把一系列促进残健融合的项目作为其组织的重要发展内容并进行深层次开发和大力推广。

(三)残疾人体育的价值体系丰富化,价值实现途径多元化

追溯残疾人体育的发展历史,残疾人体育的性质经历了从单纯的康复医疗

①Understanding and Responding to Children's Needs in Inclusive Classrooms:A Guide for Teachers. (2012-06-15)[2017-10-23]. http://unesdoc. unesco. org/images/0012/001243/124394e. pdf.

性质,发展到今天的多元化性质。在这一过程中,其所蕴含的价值体系也得到了发展、丰富。

随着人类社会对于残疾认知模式的变化,以及人类文明程度的提高,残疾人参与体育运动的多元需求也越来越全面,残疾人体育运动的价值也越来越丰富。主流的残疾人竞技体育组织也在这样的环境中,对残疾人体育的价值进行更深入的挖掘。以国际残疾人奥林匹克委员会为例,其主要负责的残疾人奥林匹克运动会在形成伊始,不过是古特曼医生在英国的斯托克·曼德维尔医院中采用身体运动的方式对残疾人进行的康复活动。随着人类社会的进步,残疾人权利运动的发展,国际残疾人奥林匹克委员会在不断丰富、挖掘残疾人奥林匹克运动的价值体系。如今的残疾人奥林匹克运动同奥林匹克运动一样,有着丰富的价值体系。从其对残疾人奥林匹克精神的定义、残疾人奥林匹克运动的解释、残疾人奥林匹克会徽的设计等各个方面来说,都向世界传达了其远远超越体育运动本身的丰富的价值内涵。与健全世界的体育不同的是,残疾人体育的发展过程渗入了社会意义和价值。无论是高水平的竞技体育,还是群众性体育活动,残疾人作为社会的少数群体无法避免地会出现受到社会排斥和歧视的情况。体育既是残疾人追求平等的客体,也是实现残疾人社会公平的载体。无论是过去还是现在,残疾人体育在参与机会、服务提供、信息资源接触、条件设施、科技服务、训练质量以及专业从业人员等方面都明显滞后。因此,残疾人体育的发展过程体现了在体育领域追求公平和实现平等的社会价值。联合国、欧盟等组织在近年来的残疾人工作中也开始重视发挥残疾人体育、休闲、娱乐活动的社会功能,以残健有效接触促进残疾人生活的社会环境的改变。而包括国际特殊奥林匹克委员会、残疾人奥林匹克委员会在内的残疾人体育组织的任务除规划、组织相关残疾人体育赛事外,都把通过体育促进平等和接纳作为重要的内容,并开发了很多专门的项目。从单一的残疾人运动员的宣讲,逐渐发展到包括残疾人体育运动反向体验,残健融合性质的体育活动,社区、学校体育项目的融合规划实施等,体现了以体育促进公平的社会意义。

(四)与残疾人密切相关的健康性、休闲娱乐性体育服务的重视程度提高

随着糖尿病、心血管疾病、精神类疾病、呼吸性疾病以及癌症等疾病的患者的数量不断增加,这一情况在残疾人群体中表现得更加明显。有研究表明,在低收入国家,患有上述疾病的残疾人数量占残疾人口总数的66.5%。从国家层面组织的研究结果来看,残疾与疾病类型有着密切的联系,如表2-14所示。

表 2-14　部分国家与残疾相关的主要疾病类型(非传染类)

国家	年份	与残疾相关的主要疾病
澳大利亚	1998	关节炎、背痛、听力紊乱、高血压、心脏病、哮喘、视觉紊乱、听力丧失、语言障碍、高血压、中风、糖尿病、抑郁症、痴呆症
加拿大	2006	关节炎、背痛、听力紊乱、心脏病、软组织疾病如滑囊炎、纤维组织肌痛、情感障碍和糖尿病
美国	2001	风湿病、心脏病、高血压、背部或颈部疾病、糖尿病、视觉紊乱、呼吸系统疾病、骨折、中风、听觉疾病

　　而根据《世界残疾报告》的预测,发展中国家患有非传染性疾病的残疾人数量会迅速增加。而造成这一情况的主要原因为人口老龄化、传染性疾病的控制、低生育指数、吸烟、酗酒、饮食不健康和缺乏身体活动。

　　美国健康与人类服务部在 2000 年指出,与健全人群相比,残疾人的健康水平普遍较低,患慢性疾病,如糖尿病、肥胖和抑郁的概率高,并且发病时间早。由于残疾人的健康水平相对较低,社会健康服务接纳程度不高,造成了许多国家在残疾人健康医疗方面的沉重负担。美国的一项研究发现,残疾人在健康医疗方面的花费是健全人的 3.5～5 倍,美国国家关于残疾人的健康医疗投入接近 4000 亿美元。

　　想要通过有目的、有组织的体育休闲活动来提高残疾人的身心健康水平则会明显地受到这种观念的影响,在政策制定、具体运行实施等方面都会遇到很多难以处理的问题。在这种情况下,残疾人参与有组织的健康项目以及健康教育的机会少,并且缺乏科学的健康行为活动的推荐。绝大多数残疾人久坐时间长,缺少必要的身体活动,因此,那些有行动障碍的人比没有行动障碍的人受到疼痛、抑郁、焦虑和睡眠不足的影响要大。

　　随着残疾人概念的变化,社会对健康的认知也变得更加宽泛。有学者把健康定义为:一生中不断实现个体最佳幸福和发挥个体的最大潜力。在社会环境不断向融合、接纳方向发展的背景下,针对残疾人的健康服务以及对残疾人二次损伤的预防和服务逐渐受到了重视。已经有部分国家和地区开始规范化发展残疾人的体育休闲活动服务,重视通过积极有效的健康管理和提供身体活动行为支持来改善残疾人的身体状况。身体活动对于残疾人健康的促进作用逐渐得到重视,残疾人体育的发展越来越多地关注与残疾人生活相关的体育活动和健康促进方面。

第三章　质的融合
——有质量的融合体育教育发展探索

第一节　残疾人受教育现状

1948年的联合国《世界人权宣言》中明确指出,教育是人类的基本人权。然而,关于受教育权的平等诉求一直以来从未停止过,教育领域的不公也一直以各种形式存在于人类社会。

作为基本人权,受教育权不应该受到个体差异的影响,每个人的受教育权都应该平等地受到保护和实现。对于残疾人而言,如何有效地保障残疾人的受教育权利?采用何种形式促进残疾人教育的发展?在人类社会中一直有不同的尝试和实践。然而,平等不等于公平,也不等于形式上的完全一致,特别是对于残疾人教育而言,必须考虑残疾人的特征和需求。

教育对于残疾人来说又有着特殊的意义,它不但是人生发展的关键,也能帮助残疾人参与社会活动和获得工作。让残疾学生与健全学生在同样的环境下接受教育可以增进残疾人与健全人之间的相互熟悉程度并减少歧视的出现。因此,融合性质的教育能够促进社会融合和平等。

残疾人的受教育情况因不同国家的经济、文化、政治状况不同而存在差异,并表现出复杂的特征。1994年,世界特殊教育大会颁布了《萨拉曼卡宣言》,鼓励政府设计和制定能促进所有学生在一般学校内接受教育的教育体系,并实施以学生为中心的教育教学法,从而满足不同学生的需要。联合国的《残疾人权利公约》第二十四条强调,政府要确保所有级别的教育中,每个人都能平等地接受融合教育,并为残疾人提供合理的安置和个体支持体系,从而确保他们能够接受高质量的教育。然而,不同国家残疾人的教育形式和受教育情况依然表现出明显的多样性和不均等性。

一、世界范围残疾人受教育情况

2011 年的《世界残疾报告》显示,残疾人接受教育的程度和水平要低于健全人。残疾儿童进入学校的机会较少,残疾与低教育的关系要强于其他原因与低教育的关系。在世界健康调查报告中,残疾的被调查者的学校学业完成程度和学习年限要明显低于健全人。在所调查的 51 个国家中,50.6% 的男性残疾人完成了小学教育,61.3% 的健全男性完成了小学教育;41.7% 的残疾女性完成了小学教育,52.9% 的健全女性完成了小学教育。残疾人的平均在校时间也明显低于健全人。在不同经济水平上的受教育程度方面,残疾学生和健全学生之间出现了显著的差异,并且低收入国家的残疾人学业完成程度和学习年限也明显低于高收入国家,具体如表 3-1 所示。

表 3-1　残疾人与健全人接受教育情况比较

国家		男性		女性	
		教育年限/年	小学毕业率/%	教育年限/年	小学毕业率/%
低收入国家	健全人	6.43	55.6	5.14	42.0
	残疾人	5.63*	45.6*	4.17*	32.9*
高收入国家	健全人	8.04	72.3	7.82	72.0
	残疾人	6.60*	61.7	6.39*	59.3*
全部国家	健全人	7.03	61.3	6.26	52.9
	残疾人	5.96*	50.6*	4.98*	41.7*

注:* 表示经独立样本 T 检验,差异具有显著性。

具体到国家层面,残疾学龄儿童入学率要低于健全学龄儿童。这种情况在经济落后国家中则表现得更为明显。根据有关调查结果,在马拉维、赞比亚、津巴布韦大约有 9%～18% 的五岁以上儿童没有上过学,而这一数字在残疾儿童群体中则提高到了 24%～39%;在印度,有研究发现,残疾人的失学率要高于国家平均失学率五倍之多,在教育水平比较高的地区如卡纳塔克邦,几乎四分之一的残疾儿童失学,而在一些相对贫穷的区域例如阿萨姆,这一数字要达到50%。由于大多数的特殊教育机构在城市,相较而言乡村地区的残疾学生入学情况要比综合数据显示的要低。

在基础教育水平较高的国家和地区,例如欧洲,残疾学生的义务教育情况也不乐观,许多残疾学生依然没有进入学校学习。研究发现,2002 年,7～15 岁的残疾学生入学率在保加利亚为 81%,在马尔多瓦共和国为 58%,在罗马尼亚为 59%,而对应的健全学生的入学率则分别为 96%、97% 和 93%。

残疾学生的入学率也受到残疾类型的影响。肢体残疾儿童比存在智力障碍和感官障碍的学生的入学情况要好。例如,2006 年,在布基纳法索 7~12 岁的聋哑人中仅有 10% 入学,而肢体残疾学生的入学率却达到了 40%,这一数字仅仅比健全学生略低。在卢旺达,1 万个听障儿童中仅有 300 名儿童进入小学接受教育。

尽管近年来,教育事业在全球得到了飞速发展,然而残疾青少年的受教育程度相较于健全人而言明显较低,并且接受高等教育的机会也相对少。2013 年 3 月 11 日举行的第 66 届世界卫生组织大会指出,当前残疾儿童比健全儿童入学的可能性低,并且上学的比例低。任何年龄段的残疾人受教育程度都要明显低于其健全同伴,而这种现象在低收入国家中则表现得更为明显。此外,早期教育的缺失有可能导致成人阶段的贫穷。

二、我国残疾人的受教育情况

2006 年第二次全国残疾人抽样调查数据显示,我国有 8296 万残疾人(全国残疾人口数未包含中国香港特别行政区、中国澳门特别行政区、中国台湾地区残疾人口数,下同),其中,0~14 岁的残疾儿童约为 387 万人。[①] 近年来,我国在残疾人教育事业发展上,在残疾人教育权利保障方面做了大量卓有成效的工作。2000 年和 2012 年残疾人受教育基本情况如表 3-2 所示。

表 3-2　2000 年和 2012 年残疾人受教育基本情况对比

年份	未入学适龄残疾儿童人数/人	因贫失学人数/人	特教高中数量/所	特教高中入学人数/人	高等院校入学人数/人	特殊教育学院入学人数/人
2000	390611	207123	24	1809	2166	1134
2012	82834	15733	186	7043	7229	585

截至 2000 年底,全国未入学的适龄残疾儿童总数为 390611 人,占全部学龄残疾儿童的 22.8%,其中,因为贫穷而未能入学的学生数量为 207123 人,占 53.0%。截至 2012 年 3 月底,全国调查并已实名统一录入"中国残疾人事业统计管理系统"的未入学适龄残疾儿童少年有 82834 人。未入学原因选择"残疾程度较重的"有 46404 人,占 56.0%;选择"家庭经济困难"的有 15733 人,占 19.0%;选择"其他"的有 14621 人,占 17.7%;选择"无特教学校(班)"的有

---

①2006 年第二次全国残疾人抽样调查主要数据公报(第二号). (2021-02-20)[2021-06-27]. https://www.cdpf.org.cn/zwgk/zccx/dcsj/8875957b9f0b4fe495afa932f586ab69.htm.

4304 人,占 5.2%；选择"交通不便"的有 1772 人,占 2.1%。[1] 而 2011 年全国未入学适龄残疾儿童少年情况通报显示,未入学适龄残疾儿童少年中有：男童 51712 人,女童 31122 人；农业户口 66347 人,非农业户口 16159 人；肢体残疾儿童 27210 人,智力残疾儿童 27173 人,多重残疾儿童 12249 人,言语残疾儿童 4858 人,听力残疾儿童 4548 人,视力残疾儿童 4177 人,精神残疾儿童 2619 人。

到 2000 年底,全国特教高中仅开设了 24 所,在校残疾学生 1809 人,其中：盲高中 7 所,在校盲生数为 344 人；聋高中 17 所,在校聋生数为 1465 人。到 2012 年底,已开办特殊教育普通高中班(部)186 个,在校生 7043 人。其中：聋高中 121 所,在校生 5555 人；盲高中 22 所,在校生 1488 人。残疾人中等职业学校 152 所,在校生 10442 人,毕业生 7354 人,其中 5816 名残疾学生获得职业资格证书。

到 2001 年底,全国仅有 2166 名残疾学生进入普通高等院校学习,585 名残疾学生进入特殊教育普通院校学习,从 1990 年开始计算,11 年间平均每年残疾学生的大学入学人数仅为 250 人。而截至 2012 年底,全国有 7229 名残疾人被普通高等院校录取,有 1134 名残疾人进入特殊教育学院学习。

从未入学适龄残疾儿童情况来看,当前残疾儿童的受教育情况受到残疾程度与类型、经济水平、城乡居住地的影响。由经济方面原因而导致的残疾学生失学的比例在不断降低,说明我国残疾人生活水平、收入水平的提高,以及残疾人教育公益支持的提升。残疾程度和残疾类型成为目前造成适龄残疾儿童失学的最重要的原因,重度残疾的学生失学的可能性最高,而肢体残疾和智力残疾儿童失学人数高一方面是因为基数大,另一方面也反映出当前我国特殊教育体制和实施现状对这两类残疾的接纳程度还有待提高。城乡二元体制的发展导致了城市和乡村教育发展水平不均等、差异明显的现象,城市教育资源、设施、投入更集中,相对而言乡村在这些方面整体水平较低,乡村的残疾儿童受教育机会要明显低于城市的残疾儿童。2012 年教育部统计的特殊教育基本情况如表 3-3 所示。

表 3-3　2012 年特殊教育基本情况[2]

	学校/所	班级/个	毕业生数/人	招生数/人	在校生总数/人
总计	1853	17674	48590	65699	378751
女性	—	—	16236	23356	133990
少数民族	—	—	3052	5447	27583
视力残疾	32	1150	6910	7458	40875

①2011 年全国未入学适龄残疾儿童少年情况通报. (2012-05-24) [2015-09-14]. https://www. zgmx. org. cn/newsdetail/d-48270-0. html.

②特殊教育基本情况. (2013-08-28) [2016-05-16]. http://www. moe. gov. cn/jyb_sjzl/moe_560/ s7567/201308/t20130828_156428. html.

续表

	学校/所	班级/个	毕业生数/人	招生数/人	在校生总数/人
听力残疾	456	8077	14085	15426	101083
智力残疾	408	8061	21004	32167	186682
其他残疾	957	386	6591	10648	50111
城区	925	10714	19742	24084	154216
城乡结合区	130	1468	2604	3733	23596
镇区	826	6195	19372	27394	142969
镇乡结合区	283	2012	4510	7916	40783
乡村	102	765	9476	14221	81566

2012年,全国范围内各类特殊教育学校一共有1853所,特殊教育班级总共17674个,在校人数达到了378751人。从特殊学校与特殊班级的分布来看,城镇的特殊学校总和为1751所,也就是说,95.5%的特殊学校在城镇,仅仅有4.5%的特殊学校在乡村。城镇的每所特殊学校平均在校残疾人数约为170人,而乡村每所特殊学校的在校残疾人数约为800人。城镇特殊班级数量为16909个,占全部特殊教育班级的95.6%,仅仅有4.4%的特殊班级在乡村。在城镇,平均每个特殊教育班级的人数约为18人;而在乡村,平均每个特殊教育班级的人数则达到了107人。从数据上看,农村特殊教育资源相对缺乏,特殊学校的在校人数多,教师的教学负担大。

特殊教师的学历水平、职称比例的情况基本与普通中小学的师资情况一致,具体情况如表3-4所示。

表 3-4 普通义务教育与特殊教育师资情况对比

类别			按学历分					按职称分				
			研究生	本科	专科	高中毕业	高中以下	中高	小高	一级	二级	三级	未定职级
特殊教育	总计/人	43697	614	22480	17665	2849	89	3549	21916	12902	1352	98	3880
	占比/%	—	1.4	51.4	40.4	6.5	0.2	8.1	50.2	29.5	3.1	0.2	8.9
	女性/人	31624	463	16546	12790	1763	62	2070	15816	9535	1029	79	3095
	占比/%	72.4	1.5	52.3	40.4	5.6	0.2	6.5	50.0	30.2	3.3	0.2	9.8
	培训/人	20388	414	14002	9674	1345	47	1782	12628	7905	833	77	2232
	占比/%	46.7	2.0	68.7	47.4	6.5	0.2	8.7	61.9	38.8	4.1	0.4	10.9

续表

类别		按学历分					按职称分					
		研究生	本科	专科	高中毕业	高中以下	中高	小高	一级	二级	三级	未定职级
普通小学	总计/人	5585476	14459	1805118	2922865	832459	10575	103437	2929897	1928523	186585	14168	422866
	占比/%	—	0.3	32.3	52.3	14.9	0.9	1.9	52.5	34.5	3.3	0.3	7.5
	女性/人	3328015	10700	1309501	1738961	266793	2060	53149	1606995	1217222	120849	9524	320276
	占比/%	59.6	3.2	39.3	52.2	8.0	0.1	1.6	48.3	36.6	3.6	0.3	9.6
普通中学	总计/人	3504363	36424	2473810	963243	30136	750	523172	—	1504325	1176614	72541	227711
	占比/%	—	1.0	70.6	27.5	0.9	0	14.9	—	42.9	33.6	2.1	6.5
	女性/人	1784590	24344	1362492	390956	6676	122	227681	—	715270	655169	39948	146522
	占比/%	50.9	1.4	76.3	21.9	0.4	0	12.8	—	40.0	37.3	2.2	8.2

注:表中的 0 是由于只保留一位小数形成的,并不表示该统计指标是没有的。

资料来源:根据教育部 2012 年教育统计数据编制。

在学历情况方面,特殊教育教师具有研究生学历的比例为 1.4%,具有本科学历的人数所占比例为 51.4%,具有大专学历的人数所占比例为 40.4%;普通小学的教师具有研究生学历的比例为 0.3%,具有本科学历的人数所占比例为 32.3%,具有大专学历的人数所占比例为 52.3%;普通初中的教师具有研究生学历的比例为 1.0%,具有本科学历的人数所占比例为 70.6%,具有大专学历的人数所占比例为 27.5%。在职称情况方面,特殊教育教师具有中学高级职称的人数所占比例为 8.1%,具有小学高级职称的人数所占比例为 50.2%,具有一级职称人数所占比例为 29.5%,具有二级职称的人数所占比例为 3.1%,具有三级职称的人数所占比例为 0.2%;普通小学的教师具有中学高级职称人数的比例为 1.9%,具有小学高级职称的人数所占比例为 52.5%,具有一级职称人数的比例为 34.5%,具有二级职称人数的比例为 3.3%,具有三级职称人数的比例为 0.3%;普通中学的教师具有中学高级职称的人数所占比例为 14.9%,具有一级职称人数的比例为 42.9%,具有二级职称人数的比例为 33.6%,具有三级职称人数的比例为 2.1%。

2012 年的统计显示:我国小学教师人数为 5585476 人,普通小学在校人数为 96958985 人;普通中学教师人数为 3504363 人,普通中学在校人数为 47630607 人;而特殊教育学校教师人数为 43697 人,特殊教育学校在校学生人数为 378751 人。虽然特殊教育的师生比例要高于一般教育,但相对于特殊教育的要求而言,特殊教师与残疾学生之间的比例依然较低。而发达国家特殊教育师生比例相对较高,维持在 1∶3 左右。

第二节　当前残疾人基础教育的主要形式与特征

一、世界范围的残疾人基础教育的主要形式

由于社会经济、文化、政治以及对于残疾理解和残疾人教育认知的不同,不同国家对残疾人实施的教育在理念、指导思想、运行方式、安置形式上表现出显著的差异。随着世界范围内对于残疾的认识从医学模式向"社会—生物"模式转变,对于残疾人的教育会越来越多地考虑残疾人所处的环境,而不是仅根据残疾人的生物学特点来决定对于残疾人的教育实施方式。

就针对残疾人进行的教育而言,"特殊教育"一词在很多国家所涉及的范围要大于残疾儿童,例如包括因性别、种族、战争创伤而造成的特殊问题。根据残疾人接受教育的环境进行分类,残疾人教育可以分为融合环境、部分融合环境和隔离环境。不同国家残疾人接受教育的环境场所表现出明显的差异,并且在具体的教育执行上也具有显著的差异性。但从时间轴上进行比较发现,大多数国家的残疾人在融合环境下接受教育的比例在不断增加。

(一)发达国家残疾人教育形式

受到欧美发达国家文化中对民主诉求、教育公平权利的尊重的影响,推进残疾人体育的形式由保障为先的分隔特殊教育向更加注重残疾人社会权益,促进社会对于残疾人的有效接纳的系统融合教育形式发展。虽然不同国家、地区的残疾人教育在形式、比例方面有所差异,并且在具体的实施理念、操作方式方面还存在着不同,但是欧美社会的政治形态和经济基础推动了残疾人融合教育的发展。

在欧盟国家中,仅有 3% 的残疾学生独立于一般义务教育体系之外,在分隔的机构接受教育,如特殊学校或者主流学校的特殊班级。比利时和德国对特殊学生的教育主要通过特殊学校来进行,塞浦路斯、立陶宛、马耳他、挪威、葡萄牙则把绝大多数残疾人融合于一般学校,具体如图 3-1 所示。

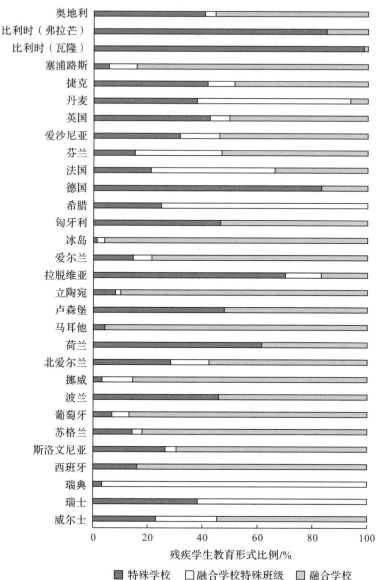

图 3-1 部分欧洲国家残疾人教育模式分配比例

资料来源:2011 年《世界残疾报告》。

1990 年以前,捷克的残疾学生仅仅是在分隔的特殊学校接受教育。在当时,特殊学校的建立对于改善残疾人的生活有着积极的影响,但是后来有学者发现,空间的隔离导致残疾学生在接受教育后仍无法为他们日后的社会生活打好基础。

20 世纪 90 年代初,捷克开始进行一系列的教育改革,残疾学生也开始在不同的环境中接受教育。在捷克,残疾学生教育形式主要包括特殊学校教育、特殊班级教育和融合学校教育,相关数据如表 3-5 所示。

表 3-5　1995 年和 1997 年捷克残疾学生不同教育形式实施情况

年份	类型	智力残疾学生/人	听力残疾学生/人	视力残疾学生/人	肢体残疾学生/人
1995	总数	34329	1370	1056	1648
	特殊学校教育	33784	1046	658	757
	特殊班级教育	545	2	21	14
	融合学校教育	—	322	371	877
1997	总数	34448	1530	1250	1779
	特殊学校教育	33531	1093	773	748
	特殊班级教育	917	6	32	3
	融合学校教育	—	431	445	1028

截至 1997 年,捷克的听力残疾学生共有 1530 人,其中 431 人在融合学校接受教育;视力残疾学生共有 1250 人,其中 445 人在融合学校接受教育;肢体残疾学生共有 1779 人,其中 1028 人在融合学校接受教育。

1989—2005 年美国的残疾学生教育形式分配情况如表 3-6 所示。

表 3-6　1989—2005 年美国残疾学生不同教育形式分配情况

年份	总数/人	融合班级(学习时间<21%)接受教育人数/人	融合班级(学习时间介于21%～60%)接受教育人数/人	融合班级(学习时间>60%)接受教育人数/人	公立隔离机构接受教育人数/人	私立隔离机构接受教育人数/人	公立寄宿机构接受教育人数/人	私立寄宿机构接受教育人数/人	居家(医院)接受教育人数/人
1989	4211538	133713	1577350	1047407	133596	55634	27819	12058	23961
1990	4327995	1430261	1573979	1082846	124014	57529	24544	11970	22812
1991	4444249	1561334	1609529	1041362	110462	62102	28032	11439	19989
1992	4566336	1828288	1440263	1067010	111311	54834	26752	11671	23679
1993	4714539	2059774	1380508	1067010	101823	45026	22967	11981	25450
1994	4853236	2173878	1384540	1086493	98302	48079	22161	12784	26999
1995	4999839	2283072	1422808	1076691	106726	49675	21124	12794	26949
1996	5167942	2384252	1461167	1104051	105667	51174	20921	13575	27135
1997	5325250	2490649	1531224	1084637	97687	55317	21431	15987	28318
1998	5488162	2526144	1640282	1099945	101210	57749	21452	15891	25489
1999	5607925	2573956	1669701	1137090	104816	56938	22183	17003	26238
2000	5722893	2660876	1706869	1118501	105857	65526	22439	17061	25764
2001	5798886	2795843	1652847	1114987	99453	68218	21558	20591	25389
2002	5893705	2842366	1693027	1120372	100486	68975	19342	21750	27387
2003	5970525	29079011	1651929	1105132	102225	65838	17239	22303	26848

续表

年份	总数/人	融合班级(学习时间<21%)接受教育人数/人	融合班级(学习时间介于21%~60%)接受教育人数/人	融合班级(学习时间>60%)接受教育人数/人	公立隔离机构接受教育人数/人	私立隔离机构接受教育人数/人	公立寄宿机构接受教育人数/人	私立寄宿机构接受教育人数/人	居家(医院)接受教育人数/人
2004	6033500	3109798	1599238	1080995	108079	72941	18425	17755	26269
2005	6022722	3266865	1513836	1003800	106533	70751	17012	16971	26954

资料来源:https://www.ideadata.org/docs/PartBTrendDate/B1.html.

绝大部分残疾学生所接受的教育中都有融合环境的部分,这一比例在1989—2005年一直维持在80%~90%。当前美国的残疾人教育形式按照接受教育的场所可以分为:特殊教育学校、特殊班级、资源教室、融合学校。然而,无论是哪一种形式的教育,都不是固定不变的。残疾学生被鼓励尽可能地在融合环境中接受教育,但如果必须在特殊的、隔离的环境下接受教育,也应该由专门的机构、人员共同诊断,从而进行安排。

特殊学校在美国的发展最初是为了解决残疾学生的入学问题,在传统教育体系无法接纳有特殊需要的残疾学生的情况下,不得不采用独立的、特定的教学体系和空间对残疾学生进行教育。然而,在追求民主、民权意愿强烈的美国文化中,分隔教育意味着教育资源不被共享、公民权利难以保障。残疾学生的家长及个体开始呼吁普通教育环境对于残疾学生的接纳,同时特殊教育存在的运行成本高、办学效率低的情况也使教育系统开始尝试进行特殊教育改革。例如,特殊班级、资源教室都是依托于普通学校开设的。

特殊班级是在普通学校中单独开设的班级,课程、教材、教学设备、辅助设施都与特殊学校的班级类似。而资源教室则能更进一步地促进特殊教育与普通教育融合的实现,在资源教室学习的残疾学生首先要通过科学的鉴定和系统的教育诊断,然后在大多数时间中置于普通教学班,与健全学生一起接受教育;同时,小部分时间在资源教室中接受补习或强化学习。特殊班级和资源教室的出现一方面节约了教育经费,提高了办学、教育效率,提升了教育资源的利用率;另一方面也保障了残疾学生接受教育的公平权利,同时促进了残疾学生与健全学生的交流和融合。融合学校是在融合教育思想、理论、实践发展下形成的教育机构,融合学校服务于其所在学区的所有学生,不论其经济程度、社会地位、个体情况。在融合学校中,所有的学生,无论其能力、种族、语言、社会阶层是否存在差异,都是班级整体中不可分割的有机组成部分,都能进入普通班级进行课程学习,并能通过相互之间的支持获得学业上的成功。

（二）发展中国家残疾人教育形式

　　发展中国家的残疾人教育形式也表现出多元化的特征。由于发展中国家经济水平较低、教育资源相对欠缺、教育发展整体水平相对低下，某些第三世界国家为了能够保障残疾人受教育权利，尝试进行多元化的残疾人教育。20 世纪90 年代，越南进行了一项融合教育的改革，1078 名残疾儿童被融于普通学校接受教育，四年后发现其中的 1000 名学生成功融入普通学校教育，这一结果使学生家长和教师都感到非常惊讶。在有关的国际组织资金的支持下，同样的项目在越南的另外三个省进行了实施。三年内，实施该项目地区的残疾学生在普通班级就读的比率从 30％上升到 86％，有 4000 名残疾学生在所属学区的普通学校进行学习。后续研究发现，融合班级的教师对于接纳残疾学生的态度比以前更加积极，并且更加有能力处理好融合环境，家长和教师对于残疾学生的期望水平有所提升，残疾学生更好地被其所在社区接纳。经计算，每一名融合的残疾学生教育投入平均花费为一年 58 美元，而特殊教育中的残疾学生教育投入平均花费为一年 400 美元，一名健全学生教育投入平均花费为一年 20 美元（不包括特殊的器材，例如轮椅、听力辅助器等）。越南仅有 2％的小学是融合性质的，且 95％的残疾学生依然无法进入学校接受教育。在融合教育项目乐观结果的面前，越南政府决定在新的法律、政策中为融合性质的教育活动提供更多支持，着力加强推进融合教育实施。

　　时任尼日利亚政府领导人雅库布于 20 世纪 70 年代才表现出国家对于残疾人教育的关心，宣布所有地区的教育管理部门必须建立该区的特殊教育机构。雅库布认为，这些特殊教育机构应该专门为残疾学生进行设计，并且有专业的人员参与组织教学过程。尼日利亚国家发展规划中也有专门的平行条款规定对残疾学生和有天赋的学生提供免费教育。尼日利亚学者阿尤·加鲁巴在 2003 年的研究中认为，残疾人融合教育为尼日利亚特殊教育的发展提供了契机和新的思路，有助于更有效地处理残疾人教育发展滞后、教育效率低的问题，然而由于战乱、政治局势不稳定的影响，残疾人的融合教育并没有在尼日利亚得到持续发展。

　　印度的教育体系对于残疾学生的接纳程度较低，无论在硬件水平还是教师能力方面，都不能满足对残疾学生进行有效教育的需要。尽管残疾人融合教育已经逐渐展开，并且逐渐得到社会的认同，但是由于观念落后、硬件缺少以及有效沟通不足，大多数残疾学生还是不能被融合于普通学校。2003 年印度进行的人口统计结果显示，仅有 3％～4％的适龄残疾儿童可以在学校接受教育。在乡村，残疾人文盲程度达到 59％，而这一指标在城市也达到了 40％。印度政府出台的相关法案(《印度1995年残疾人法》)中指出,应该提高残疾学生有效接受教育的时长,并提供与之能力相适应的教师、专业人员进行教学。在其他相关的法案中,也提到了关于融合教育的发展,但是由于地方政府对于残疾教育问题认知存在差异,以及对于残疾人社会融合问题的不重视,残疾人的融合教育发展缓慢。

二、我国残疾人基础教育的形式

我国的残疾人基础教育发展从原有的、单一的特殊学校分隔教育逐渐步入特殊教育与融合教育相结合的阶段,互相补充、共同发展,从而保障残疾儿童基础教育权利的实现。残疾儿童少年义务教育的发展格局为:以大量随班就读和特教班为主体,以特教学校为骨干,使我国特殊教育从过去的举办特殊教育学校这种单一的办学形式,转变为多种办学形式共同发展,为残疾儿童少年入学提供更多的机会,加快残疾儿童少年义务教育的发展步伐。截至2000年底,全国有特殊教育学校1648所,在普通学校附设特教班4567个,在普通班随班就读的残疾儿童少年有45.9万人,在校学生总人数为58.9万人,比1990年增加48.46万人。[①]

我国的残疾学生义务教育形式与世界普遍的教育安置形式基本一致,可以分为专门的特殊教育安置(分隔)、普通学校的特教班级(半隔离)以及融合教育班级(随班就读)。1978年以前,我国的残疾人义务教育形式比较单一,基本上完全是以国家兴办的盲校、聋哑学校为主,只对部分残疾类型的学生进行教育。1978年以后,在国家政策层面的引导和支持下,特别是20世纪80年代提出的随班就读政策的逐渐落实和不断深化,适龄残疾儿童的教育形式逐渐变得丰富多样。残疾学生的受教育权利在多种义务教育形式的支持下,能够得到更好的实现和保障。

三、我国残疾学生义务教育形式变化

根据赵小红(2013)的研究,1986—2011年,我国残疾儿童少年在特殊学校接受教育的人数基本上保持持续增长的趋势,而随班就读或普通学校附属班级的残疾学生人数则在总体保持增长的趋势下出现了上下波动。残疾学生接受

---

①残疾儿童少年义务教育的发展格局.(2008-04-16)〔2014-06-24〕. http://cl. xlgl. gov. cn/ywxg/jyjy/jy/200804/t20080416_124656. htm.

不同形式教育的人数、比例的变化受到适龄残疾学生总人数变化的影响,也明显受到不同时期我国残疾人教育政策导向的影响。例如,1995 年融合于普通学校附属班级的残疾学生数量增多是由于 1994 年国家教育委员会印发了《关于开展残疾儿童少年随班就读工作的试行办法》,该办法的颁布及落实直接推动了残疾儿童少年随班就读人数的大幅度增长。再如,2006 年修订的《义务教育法》第十九条第二款规定:"普通学校应当接收具有接受普通教育能力的残疾适龄儿童、少年随班就读,并为其学习、康复提供帮助。"除该条款外,还有五条关于残疾学生的义务教育内容。因此,2006 年出现了残疾学生随班就读人数的再一次增长。

四、不同地区残疾学生义务教育情况

2010 年各地残联关于其管辖地区残疾人事业发展的统计资料中的残疾人义务教育统计数据如表 3-7 所示。

表 3-7　2010 年不同地区残疾学生义务教育情况

省 (区、市)	附属特教班/个	特殊学校/所	在校人数/人	未入学人数/人					
				视力残疾	听力残疾、语言障碍	智力残疾	肢体残疾	精神残疾	多重残疾
新疆维吾尔自治区	8	9	3672	763	978	1033	1071	421	769
青海省	3	10	2149	1516	—	—	—	—	—
宁夏回族自治区	2	8	3110	203	296	318	411	73	105
黑龙江省	177	73	8675	65	132	197	369	23	77
甘肃省	—	19	25204	—	—	—	—	—	—
陕西省	22	50	20814	—	—	—	—	—	—
西藏自治区	—	3	1626	—	—	—	—	—	—
云南省	14	27	17000	—	—	—	—	—	—
贵州省	—	43	15828	—	—	—	—	—	—
四川省	191	97	26203	2772	8516	14915	—	—	—
重庆市	25	39	13104	223	308	608	437	102	234
海南省	8	4	8702	143	203	214	271	94	184
广西壮族自治区	79	58	17519	—	—	—	—	—	—

续表

省（区、市）	附属特教班/个	特殊学校/所	在校人数/人	未入学人数/人					
				视力残疾	听力残疾、语言障碍	智力残疾	肢体残疾	精神残疾	多重残疾
广东省	209	69	39696	—	—	—	—	—	—
湖南省	22	49	26189	669	1145	1407	1617	206	752
湖北省	71	78	72619	415	660	902	1005	121	425
河南省	89	122	38878	400	1182	2131	1629	253	487
山东省	180	161	30582	476	937	1579	1570	295	734
江西省	295	69	16426	2167	2920	1537	2620	1318	1519
福建省	86	67	30456	—	—	—	—	—	—
安徽省	—	—	14664						
浙江省	96	74	13000						
江苏省	144	107	—	98	172	555	531	62	126
吉林省	97	44	6563	144	268	441	493	171	199
辽宁省	32	74	12941	216	374	1086	811	215	484
内蒙古自治区	78	28	5822	590	601	721	622	61	253
山西省	64	45	10223						
河北省	108	151	22656						
天津市	—	—	2495						
北京市	—	—	7056	—	—	—	—	—	—

　　研究发现，尽管不同地区在指标采集和数据统计方面存在差异，但是仍然可以看出：我国不同地区的学龄残疾人数量、残疾人特殊教育学校（简称特教学校）、普通学校附属特殊班级以及失学人数、比例都有所不同，不同教育形式下的残疾学生的比例也有所不同，残疾人义务教育的主要形式有特殊学校教育和随班就读的学校教育。2010年各省（区、市）数据如下：青海省学龄残疾儿童少年合计3665人，在校接受特殊教育的学生合计2149人，入学率达到了77.5%，其中，特教学校、特教班的就读学生为858人，普通学校随班就读学生为1291人；甘肃省全年帮助25204名适龄残疾学生稳定就学，其中，在特教学校、特教班就读的学生2535人，普通学校随班就读的学生22669人，入学率稳定在81%；西藏自治区的特教学校中，特教班就读学生为209人，在普通学校随班就读的学生为190人；海南省的在校视力、听力、智力残疾学生为7337人，入学率达到了84.31%，其中，特教学校、特教班的就读学生为379人，普通学校随班就读的学生为6958人；安徽省处于学龄的三类残疾儿童少年合计24552人，在普

通学校随班就读的学生为 8819 人；北京市在特教学校、特教班就读的学生为 2362 人，在普通学校随班就读的残疾学生为 4694 人。

各级各类学校要积极创造条件接收残疾人入学，不断扩大随班就读和普通学校特教班规模。[1] 当前，我国残疾人基础教育结构已经初步形成以特殊教育学校为骨干、以随班就读和特教班为主体的残疾儿童少年义务教育体系。无论在国家政策制定还是具体的教育实践中，都不再一味地强调残疾学生的特殊性，不再一味强调在机构化的隔离环境中为残疾学生提供教育，而是更多地根据实际情况，尽可能地将残疾学生融合于一般教学环境中，以随班就读的方式实施融合教育。虽然以隔离环境为基础的特殊教育和以融合环境为基础的融合教育各有利弊，但不可否认的是，融合教育所倡导的社会融合、社会接纳以及社会行为的形成与促进是任何一种教育形式都需要关注的问题。《中国残疾人事业"十二五"发展纲要》中，对于"十二五"期间我国残疾人义务教育发展的措施进行了描述："将残疾人义务教育纳入基本公共服务体系。继续完善以特殊教育学校为骨干、以随班就读和特教班为主体的残疾儿童少年义务教育体系，加快普及并提高适龄残疾儿童少年义务教育水平。采取社区教育、送教上门、跨区域招生、建立专门学校等形式对适龄重度肢体残疾、重度智力残疾、孤独症、脑瘫和多重残疾儿童少年实施义务教育。动员和组织农牧区适龄残疾儿童少年接受义务教育，推进区域内残疾儿童少年义务教育均衡发展。建立完善残疾儿童少年随班就读支持保障体系，依托有条件的教育机构设立特殊教育资源中心，辐射带动特殊教育学校和普通学校，提高随班就读质量。支持儿童福利机构特教班建设。"这进一步彰显了我国的残疾人教育发展的社会融合精神。

第三节　我国残疾人体育教育现状

长期以来，在我国的义务教育制度下，受到社会传统文化、教育评价机制、教师认知水平、学生学习评价标准等因素的影响，体育教育处于边缘化的地位，学校体育开展情况不容乐观。

根据上文对于我国残疾人义务教育形式的分析，残疾人学校体育教育按照残疾人接受教育的安置形式可以分为特殊（隔离）教育环境下的体育教育和融合教育环境中的体育教育。特殊（隔离）教育环境是指包括智培学校、聋哑学

---

[1] 国家中长期教育改革和发展规划纲要（2010—2020 年）. (2010-07-29)[2018-08-17]. http://www.gov.cn/jrzg/2010-07/29/content_1667143.htm.

校、盲人学校在内的特殊教育学校,这种形式下的体育教育会根据在特殊学校就学的残疾学生的特点,进行针对性的规划、设计、实施;融合教育环境则是指在随班就读环境下,包括普通学校附属特殊班级、融合班级在内的教学环境,体育教育的对象包括健全学生和残疾学生,教学大纲、计划、进度、内容与普通班级的体育教育基本一致。

一、特殊(隔离)教育环境下的体育教育

(一)教学文件

1998 年 12 月 2 日发布的《特殊教育学校暂行规程》是关于九年基础教育的特殊学校办学管理的国家性管理文件。其在第一章第五条中提到,特殊教育学校的培养目标是:"培养学生初步具有爱祖国、爱人民、爱劳动、爱科学、爱社会主义的情感,具有良好的品德,养成文明、礼貌、遵纪守法的行为习惯;掌握基础的文化科学知识和基本技能,初步具有运用所学知识分析问题、解决问题的能力;掌握锻炼身体的基本方法,具有较好的个人卫生习惯,身体素质和健康水平得到提高,具有健康的审美情趣;掌握一定的日常生活、劳动、生产的知识和技能;初步掌握补偿自身缺陷的基本方法,身心缺陷得到一定程度的康复;初步树立自尊、自信、自强、自立的精神和维护自身合法权益的意识,形成适应社会的基本能力。"在第三章第二十六条中提到,特殊教育学校应重视体育和美育工作,学校要结合学生实际,积极开展多种形式的体育活动,增强学生的体质。学校应保证学生每天不少于一小时的体育活动时间。由于不同类型的特殊学校的学生特点不同,在具体的操作方面差异很大,所以不同的特殊学校在体育教学的设计、组织、实施、安排等方面也具有个性化的特点。

根据现有资料和相关研究发现,与健全学生的体育课程标准不断发展、教学材料不断更新不同的是,各类特殊学校残疾学生体育教育的课程标准、教学大纲等统一的纲领性文件内容相对滞后,教材缺乏现象严重。在课程标准方面,盲校和聋校到目前为止没有任何国家统一的体育课课程标准,而培智学校的体育课程标准已经比较陈旧,不符合当前特殊教育学校的实际情况。

受到区域经济与文化差异、特殊学校残疾类型差异、特殊学校软硬件条件差异情况等多方面的影响,当前的特殊学校的体育教育课程标准、大纲大多是由特殊学校自主制定的。而制定体育课程标准、大纲的依据又表现出多样性的特征。有的特殊学校依托相关特定的规定,如有的盲校根据教育部制定的全日制盲校九年义务"六三"学制教育课程安排的要求,制定符合学校特点的体育课

程标准及大纲。该课程安排表中规定体育为必修学科,每周两课时,在小学一年级至三年级,每周还有一课时的定向行走课,九年义务教育中两项合计为 712 课时,两项的周总课时占周活动总量的 7.0%。有的聋哑学校根据《全日制义务教育普通高级中学体育与健康课程标准》,结合其学校的特点和情况制定聋哑学校的课程标准;有的培智学校则根据在校学生的身体情况、身体功能康复的需求制定适合其学校特点的体育课程标准及教学大纲,而教学内容则以学生的兴趣和补偿学生功能缺陷为主,体育教师在安排教学内容时,首先考虑的是学生的功能缺陷与补偿。

体育教学课程标准、大纲等指导性文件选取的不同会直接影响到特殊学校中体育教育的方向及具体的内容安排。缺乏文件统一的规范性或是规范性文件陈旧、不符合实际会造成特殊学校更多地根据学校特点、区域情况、学生状况来制定本校的体育教学大纲、课程标准。这在一定程度上能够发挥学校的自主性,促使学校根据实际情况开展体育教育,但是会造成缺少监督和标准的问题,客观上影响特殊学校体育教育的实施质量。

在教材方面,我国除编写了培智学校体育教材外,还没有其他类型特殊学校的体育教材。随着随班就读政策的实施,大量的轻度残疾学生被融合于普通学校接受教育,特殊智培学校的中度、重度残疾学生数量越来越多。使用适用于轻度智力残疾学生的教材已经开始不能满足我国当前智培学校学生的需求。对于其他类型的特殊学校而言,在缺少教材的情况下,教学的随意性强,更多的是依托经验进行体育教学的组织和实施。有的学校直接使用普通中小学的教材;有的则根据学生情况,以普通中小学体育教育教材为基础进行删减,形成自编教材;有的特殊学校则把体育课与康复训练课的内容紧密结合,通过有目的的体育活动进行康复练习。

规范性教材的缺失会直接影响特殊学校体育教育的质量。无论是根据学校自身特点以体育教师经验为主编排的教学内容,还是根据义务教育普通中小学的教材进行修订调整的自编教材,其规范性、科学性和系统性都没有得到论证,不利于对教学效果的评价以及教学质量的评估,教师在教学过程中也会面临无法选择有效的教学手段、教学方法和教学内容的情况。

教学文件如教学标准和教学材料的缺乏不仅体现在体育教育方面,在特殊教育其他课程方面也存在着同样的问题。因此,《特殊教育提升计划(2014—2016 年)》中特别明确了在教学文件方面的工作,在课程、教材体系建设方面,"根据国家义务教育课程标准,结合残疾学生特点和需求,制定盲、聋和培智三类特殊教育学校课程标准。加强特殊教育教材建设,新编和改编盲、聋和培智三类特殊教育学校的义务教育阶段课程教材,覆盖所有学科所有年级。注重培养学生自尊、自信、自立、自强的精神,注重学生的潜能开发和功能补偿。增加必要的职业教育内容,强化生活技能和社会适应能力培养。"①在特殊教育中,体育教育也会以当前义务教育中体育教育的课程标准为基础,结合不同类型残疾学生的身心特点,制定全国统一的盲校、聋哑学校、培智学校的体育教育课程标准及相关的教学材料。

(二)教学场地等硬件

国家教育委员会于 1994 年 7 月 21 日发布的文件中对不同类型的特殊学校体育场地、设施、器材作出了规定,具体如表 3-8 所示。

表 3-8　特殊学校场地、器材配备标准

学校类型	体育场地种类	面积/平方米		器材种类/种	器材室面积/平方米
		9 个班	18 个班		
盲校	环形跑道	3570	5394	33	21
聋校	篮球场、排球场、环形跑道	5394	6034	29	21
培智学校	环形跑道	3570	5394	41	21

2008 年颁布的《国家学校体育卫生条件试行基本标准》中对普通义务教育学校体育场地、设施、器材作出了规定。对比特殊学校和普通义务教育学校的场地器材、场地标准发现,在基础教育期间,特殊学校和普通学校的体育器材、设备要求基本上相差不大。

然而与普通义务教育对于标准配备监控和执行情况不同的是,特殊学校在体育场地、器材配备标准等方面的执行情况并不乐观。根据相关的研究,无论是在经济发达地区,还是在经济相对落后的地区,特殊学校的体育场地、器材配备不达标的现象非常普遍。郝传萍(2000)在研究中发现:所调研的北京市的 24 所特殊学校中,体育场地为 3435 平方米,比文件规定的少 135 平方米,聋校平均每校有 14 个班,6 所聋校中只有 2 所学校有 200 米环形跑道,1 所学校有篮球场;体育场地平均每校为 963.3 平方米,比文件规定的少 4430.7 平方米;体育器材平均每校有 17 种,比文件规定的少 12 种;体育器材室平均每校为 18 平方米,比文件规定的少 3 平方米。培智学校平均每校有 7 个班,17 所学校中有 3 所有 200 米环形跑道,有 1 所有 150 米环形跑道;体育场地平均每校为 1144.8 平方米,比文件规定的少 2425.2 平方米;体育器材平均每校有 14 种,比文件规

①国务院办公厅关于转发教育部等部门特殊教育提升计划(2014—2016 年)的通知.(2014-01-20)[2017-05-11].http://www.gov.cn/zwgk/2014-01/20/content_2570527.htm.

定的少 37 种;体育器材室平均每校为 15.4 平方米,比文件规定的少 5.6 平方米。赵志荣(2005)研究发现,所调查的河南的 53 所特殊教育学校中,有 6 所学校没有专门的体育场地,约占调查学校的 11.32%。在有体育场地的特殊教育学校中,36 所学校有篮球场,占调查总数的 67.92%;9 所学校有排球场地,占调查总数的 16.98%;20 所学校有羽毛球场地,占调查总数的 37.74%;36 所学校有乒乓球场地,占调查总数的 67.92%;14 所学校有环形跑道,占调查总数的 26.42%,其中,2 所学校有 400 米环形跑道,7 所学校有 200 米跑道。并且乡镇体育场地、器材缺乏的情况更为明显。在周艳茹(2005)的调研中,所调研的北京、天津、上海的盲校中均没有标准的 400 米田径场,现有的 200 米田径场受学校位置和面积的限制或多或少存在一些问题,在体育器材方面,所调研的盲校中,盲人专用体育器材都极度短缺。与特殊学校体育场地设施达标情况普遍较差相比,在普通义务教育中小学中,特别是城市中小学的体育场地、器材达标情况相对较好。朱敏路(2013)在研究中发现,江苏省体育场地设施条件不断改善,运动场地塑胶化达到 90%,仅部分地区存在运动场地面积狭小、活动空间有限的情况。刘康(2013)在对山西西北部分农村进行调研后发现,山西西北农村的大多数中小学校的体育场地面积达到了山西省体育场地面积配置标准,而体育器材配备数量基本上都低于《国家学校体育卫生条件试行基本标准》。对于《国家学校体育卫生条件试行基本标准》在义务教育中小学执行情况的调查在我国许多省份、区域都有进行。

受到我国当前城乡二元制结构发展的影响,标准的执行情况在不同区域表现出比较明显的差异性,但是从总体来看,普通中小学的体育场地、器材配备情况要明显优于特殊学校。

(三)师资水平

特殊学校的师资队伍在学历结构方面,表现出以本科学历和专科学历为主体的特征。这与普通中小学教师的学历构成基本相似,也与普通中小学体育教师的学历水平结构相似。特殊学校教师具有研究生学历的比例较高,达到了 1.4%,大于普通中小学具有研究生学历教师的比例(分别为 0.2% 和 1.0%),同时也高于普通中小学教师具有研究生学历的比例,如表 3-9 所示。

表 3-9　特殊学校与普通学校中小学师资对比

类别		总计	研究生	本科	专科	高中毕业	高中及以下
特殊学校	人数/人	43697	614	22480	17665	2849	89
	占比/%	100.0	1.4	51.4	40.4	6.5	0.2

续表

类别		总计	研究生	本科	专科	高中毕业	高中及以下
普通小学	人数/人	5585476	14459	1805118	2922865	832459	10575
	占比/%	100.0	0.2	32.3	52.3	14.9	0.2
普通小学体育教师	人数/人	253766	1047	83528	124561	44040	590
	占比/%	100.0	0.4	32.9	49.1	17.4	0.2
普通初中	人数/人	3504363	36424	2473810	963243	30136	750
	占比/%	100.0	1.0	70.6	27.5	0.9	0
普通初中体育教师	人数/人	179872	1606	119934	55448	2798	86
	占比/%	100.0	0.9	67.7	30.8	1.6	0

注：表中的0是由于只保留一位小数形成的,并不表示该统计指标是没有的。

资料来源:教育部2012年教育统计数据。

特殊学校教师中具有中学高级职称的比例为8.1%,大于普通小学的1.9%,小于普通初中的14.9%。特殊学校教师具有小学高级职称的比例为50.2%,略低于普通小学的52.5%。根据我国现行的教师职称制度,特殊学校的教师中高级职称的比例达到58.3%,整体职称水平接近我国普通学校的教师职称水平,如表3-10所示。

表3-10 特殊学校与普通中小学教师职称对比

类别		总计	中学高级职称	小学高级职称	小学(中学)一级职称	小学(中学)二级职称	小学(中学)三级职称	未定职称
特殊学校	人数/人	43697	3549	21916	12902	1352	98	3880
	占比/%	100.0	8.1	50.2	29.5	3.0	0.2	8.9
普通小学	人数/人	5585476	103437	2929897	1928523	186585	14168	422866
	占比/%	100.0	1.9	52.5	34.5	3.3	0.3	7.6
普通初中	人数/人	3504363	523172	—	1504325	1176614	72541	227711
	占比/%	100.0	14.9	—	42.9	33.6	2.1	6.5

资料来源:教育部2012年教育统计数据。

根据教育部2012年的统计数据进行分析,研究发现我国特殊学校教师的整体学历水平层次和职称比例都与普通中小学近似。而由于目前缺少整体上的关于特殊学校体育教师的学历、职称水平的数据统计,所以对于特殊学校体育教师的整体情况还难以把握。然而,依然有较多的研究对部分地区的特殊学校体育教师情况进行了统计或抽样分析,这在一定程度上反映了特殊学校体育教师的情况。相关地方特殊学校体育教师情况的调研数据如表3-11所示。

表 3-11　部分地区特殊学校体育教师情况

类别		总计	学历					职称			
			研究生	本科	专科	中师或高中毕业	高中及以下	高级职称	中级职称	初级职称	其他
北京培智学校	人数/人	31	0	28	0	3	0	6	14	11	0
	占比/%	100.0	0	90.3	0	9.7	0	19.4	45.2	35.5	0
河南部分特殊学校	人数/人	60	0	15	12	15	18	13	26	19	2
	占比/%	100.0	0	25.0	20.0	25.0	30.0	21.7	43.3	31.7	3.3
北京、天津、上海盲校	人数/人	10	0	6	4	590	5	5	0	0	0
	占比/%	100.0	0	60.0	40.0	0	50.0	50.0	0	0	0

从这些数据中不难发现,不同残疾类型以及不同地区的特殊学校的体育教师在学历层次、职称结构比例方面都存在较大的区别。除了数据上反映出的问题,相关的调研也发现了特殊学校中普遍存在非专职、非专业教师教授体育课的情况。

从特殊学校体育教育的基本情况来看,目前存在的最主要的问题是教学文件、教材的缺乏,以及场地设施情况差异大、专业设备不足和非专职教师从事体育教学。受到特殊教育特征差异性明显,以及近年来残疾学生随班就读政策落实与发展的影响,特殊学校体育教育的指导性文件、教学文件及材料有的已经完全不适应当前的需要,有的则长期处于空白状态。这严重影响了特殊学校体育教学、学校体育工作的质量。在特殊学校的体育设施方面,近年来,随着政府投入的加大,以及一系列特殊教育扶持政策的出台和实施,特殊学校体育设施发展较以往得到了快速的发展。然而,城乡与区域经济、文化的差异导致了不同地区特殊学校体育场地、器材配备情况的差别。虽然我国有专门的规定,对不同类别的特殊学校体育场地及器材配备情况作出了要求,但是执行、监管相对较弱,适合残疾学生的体育器材、设备配备情况不容乐观。在师资水平方面,特殊学校体育教师职称结构和学历层次基本能够达到国家对于基础教育师资的要求,但是在不同类型的残疾学校基础教育中,普遍存在着非专业、非专职教师代课的现象。体育教育在特殊学校的定位模糊导致部分学校对于体育教师的重视程度不够;此外,经费、资助投入的不足也在一定程度上制约了残疾人学校体育教育的发展。

二、随班就读教育环境下的体育教育

随班就读是自 20 世纪 80 年代开始,在特殊教育领域,根据我国国情探索、实施的特殊教育安置形式。从本质上看,随班就读的特殊教育形式就是融合教育在我国的具体实践,它的出现改变了长期以来对于残疾人隔绝的、机构化的单一教学安置形式。随班就读的出现更多的是基于解决残疾人教育的普及问题,而随着文化和经济的发展,现在整个社会对残疾人教育的态度是更加重视残疾人教育权利的保障以及有质量的教育发展。当前我国的随班就读,或者说是融合教育还存在着许多问题,与西方严格意义下的融合教育之间还存在着很大的差距。

(一)教学安置

根据相关的调研发现,大多数随班就读的残疾学生可以与其他健全学生一起上体育课。郝传萍和卢雁(2009)在研究中对北京的部分体育教师进行了调查,结果发现,96.5%的随班就读学生可以跟班上体育课,仅有 3.5%的随班就读学生不能跟班上体育课。吴雪萍(2013)的研究中,对我国部分地区体育教师进行了问卷调查,结果发现,87.3%的随班就读学生能和健全学生一起接受体育教育,12.7%的随班就读学生则不能跟班上体育课。不能跟班上体育课的学生在体育课期间的活动主要有在体育场外休息、家长陪同做康复活动、在资源教室进行学习、学习其他课程、进行其他不同的练习。也有研究指出,在经济不发达的地区,器材与场地缺乏、教师资源不充分,导致随班就读学生的体育课处于放任的状态,客观上造成了残疾学生在体育课上的"随班就看",以及被排斥于体育教学之外的情形。

随班就读的体育教育与西方的融合体育教育起点不同、理论基础不同、实施对象不同。随班就读下的体育课更多的是一个安置的形式,也就是要求残疾学生被置于健全学生的环境下,共同接受体育教育,且被安置于普通环境的对象限于三类残疾。因此,大多数的调研会发现随班就读学生可以与健全学生一起上体育课。

而西方融合体育教育的起点是人的属性与权利,理论上追求的是教育的公平权,实施对象包括残疾学生和健全学生,强调的是有教无类。在相关的专著中都强调了残疾学生仅仅是融合体育教学的一部分,教学要重视体育的社会功能,促进残健积极交流。

同其他课程的随班就读一样,随班就读学生在体育课上的融合程度没有衡量标准,与健全学生进行接触的过程都是在无序状态下进行的,并没有安排特定的学生支持来促进残疾学生的学习过程。学校关心的仅仅是残疾学生有没有与健全学生一起上体育课,而很少有对教学质量的过问。因此,现有的大多数调研发现,随班就读的残疾学生大多数能够同健全学生一起在同样的场所上体育课。对于教学质量的考评、教学中的残健交流，以及相关社会关系的促进则很少有研究涉及。

（二）教学目标和内容设置

相对于特殊学校的基础教育而言，普通学校的体育教育在课程标准发展方面要更加完善，包括教学标准体系、教学纲领性文件、教材在内的教学文件建设要更加系统、规范。近年来，随着我国《义务教育体育与健康课程标准》的修订和完善，体育课的课程性质、课程理念、课程设计以及课程标准不断体系化和规范化。小学体育与健康课程标准中将体育课程目标分为五个方面：运动参与、运动技能、身体健康、心理健康与社会适应。1994年颁布实施的《关于开展残疾儿童少年随班就读工作的试行办法》中对随班就读残疾儿童少年的教学目标和内容设置提出了一般性要求，第12条规定："学校应当安排残疾学生与普通学生一起学习、活动，补偿生理和心理缺陷，使其受到适于自身发展所需要的教育和训练，在德、智、体诸方面得到全面发展。"第14条规定："随班就读的残疾学生使用的教材一般与普通学生相同（全盲学生使用盲文教材），轻度智力残疾学生也可以使用弱智学校教材。学校可以根据学生的实际情况，对其教学内容作适当调整。"从以上规定中，我们不难看出，残疾学生随班就读的教学目标和内容设置都应该主要以健全学生的目标和内容为主，根据残疾学生的特点作适当调整。体育教育对身体的基本运动能力和身体素质具有要求，对于残疾学生而言，由于其自身的局限性，必然会在某些运动能力或运动素质上有别于健全学生。因此，在体育课上，教学目标和教学内容的调整就成了对残疾学生进行体育教学必然要面对的问题。

相关的研究发现，大多数随班就读教师要对随班就读教学目标的设置、教学内容的安排进行调整。在教学目标的调整上，大多数教师主要会通过强调基础性目标，根据残疾学生的实际水平降低目标要求或参照残疾学生的个别教育计划进行调整。在教学内容的安排方面，部分教师会不做任何调整，直接采用普通学生的体育教学内容，而大多数体育教师则会根据残疾学生的残疾类型、实际水平或参考残疾学生的个人教育计划进行内容调整，调适的方式大部分以删减难度高的内容、调整复杂内容为主。进行调整的策略大多数是以感性的经验主义方式对随班就读学生的实际身体情况进行判断，在主观评价的基础上，对内容或目标做出调适。对于残疾学生的个别教育计划的参考却不受重视，只有部分教师能够根据残疾学生的个别教育计划选择或调适教学目标和教学内容。

(三)教学方法和实施

《关于开展残疾儿童少年随班就读工作的试行办法》(以下简称《办法》)第十五条规定:"对随班就读的残疾学生应当贯彻因材施教的原则,制订和实施个别教学计划。应当采取多种形式和方法,激发残疾学生的学习兴趣,挖掘其学习潜力。各科教学应当结合本学科的特点,在教授文化科学知识的同时,注重对残疾学生适应社会生活能力的培养和心理、生理缺陷的矫正、补偿。"第十六条规定:"教师在随班就读班级的课堂教学中,要处理好普通学生与残疾学生的关系,应当以集体教学为主,并对残疾学生加强个别辅导。"《办法》中明确了残疾学生的教学实施要根据其特点进行个别化调整,同时又强调了在教学过程中以集体教学为主、个别辅导为辅的教学要求。这说明,我国在实施以随班就读为主的融合教育时,虽要重视残疾学生,但也不应该过分特别化,教师面对的每一个学生都是其教学的对象,不能顾此失彼,而应该在个别化的基础上,重视集体性的要求,以促进残健关系的积极发展。虽然《办法》强调了集体教学和特别调适的理念,但是在执行方面,由于缺少可依据的、操作性强的具体策略与手段,所以教师在教学中更多的是根据残疾人的类型、特点,主观地进行调整,难以控制教学方法的效果。

在体育教学中,残疾学生的身心特征会更多地影响技能的学习,因此体育教师在面对有随班就读残疾学生的班级进行体育技术教学时,常常会采用不同的教学方法尽可能地促进残疾学生运动技能的学习。

相关研究发现,体育教师在教学过程中会鼓励健全学生陪伴与帮助残疾学生学习、练习技能,会用相对多一点的时间对残疾学生进行单独指导,会对完整动作的要求做出一定程度的降低,让残疾学生逐渐通过反复的练习掌握动作和技能。体育教师对随班就读残疾学生的指导会更耐心,更多地采用鼓励和表扬等积极反馈引导残疾学生的学习。这些调整大部分是体育教师根据残疾学生的特点自主做出的,然而,由于缺乏有章可依的科学性指导和规范,不适当的调整有时会影响健全学生的学习过程,并在一定程度上降低了体育教学活动的效果和效率。根据随班就读其他学科的教学经验和研究,一旦健全学生明显感觉到学习、活动过程因为残疾学生的介入而受到了影响,他们对于残疾学生的消极态度和行为就有可能出现。教师过多地对残疾学生进行单独指导会向健全学生传达明显的差异信号,也会让健全学生更多地关注随班就读残疾学生的身份特征,这样的结果阻碍了残健交流的平等环境的构建,影响了教学所期待的社会行为的出现。

(四)师资情况

无论是体育教学还是别的学科教学,无论是国内还是国外,教师在随班就读残疾学生或者是融合教育中的残疾学生是否能够有效地接受教育这一问题中起到了非常关键的作用。我国融合教育领域著名研究学者邓猛(2004)在研究中对我国小学教师对于随班就读的态度进行了调查,发现在我国无论是农村教师还是城市教师,都对特殊学校教育持赞成态度,同时对全纳教育也十分支持。

就体育教师而言,大多数体育教师虽然在面对随班就读学生时做出的各种调整是被动的,但是对于随班就读意义的认识还是比较积极的。笔者在对部分体育教育专业高年级学生对融合体育教育的态度调查中发现,体育教育专业高年级学生对于融合体育教育的态度受到性别、与残疾人接触的情况、教学能力水平及自我认知的影响。他们对于融合体育教育可能带来的积极影响表示认同,但对于残健在共同的环境下进行体育教育的意愿水平相对较低。随班就读的体育教师一般主要面对的是普通班级的健全学生,并且大学所学的体育教学相关学科也少有涉及残疾人的内容。

第四节 我国残疾人融合体育教育质量 提升的理论探索

在我国,融合体育教育的理论研究刚刚起步,这些为数不多的研究大多是基于当前我国随班就读环境下的体育教育进行的。然而,我国的随班就读本身就存在着定义模糊、缺少实践指导、政策内容滞后、教育目的不明、监管权责不清等问题。因此,对于随班就读是否可以等同于融合体育教育的争论在学界一直存在。随班就读变成随班就座、随班就玩的现象非常普遍,随班就读学生的班级成员身份认同度低,存在受到排斥的现象。

邓猛(2004)对我国的随班就读与国外的融合教育进行了比较,指出西方特殊儿童安置模式体系完整、层次多,我国特殊教育以随班就读为主体的安置模式格局简单、层次少,西方融合教育面向的是全体学生,目的是为所有儿童提供高质量教育。因此,他认为我国的随班就读是西方融合教育的形式与我国特殊教育实际的结合,是一种实用主义的融合教育模式。

作为融合教育的一个分支,融合体育教育起源于西方社会,是基于西方文化、政治、经济体制出现的教育形式。无论是被翻译为全纳体育教育还是融合体育教育,其所关注的是学生个体,其教学对象是所有学生,而不仅仅是残疾学生。受到不同国家与地区经济、文化的影响,融合体育教育表现出各种形式,其实施的目的、意义、功能、形式亦表现出多样性的特点。到目前为止,无论是欧美发达国家还是发展中国家,融合体育教育并没完全实现有教无类地向所有能力不同的学生普及,但是,欧美发达国家在融合体育教育实践和理论体系的研究工作方面却始终处于世界领先地位。我国残疾人教育的随班就读政策的逻辑起点和指导理念与欧美的融合教育无异,虽然在实施对象、接纳程度、理论建设方面相对滞后,但这为我们广泛推行融合体育教育研究奠定了良好的基础。

本部分主要对当前融合体育教育的理论进行分析、归类,结合我国当前的实际情况初步提出我国融合体育教育实施的理论模式。

一、融合体育教育的理论模式

(一)最低限制环境模式

伴随着西方人权运动的发展,在教育领域中出现了回归主流的思想及实践。然而,回归主流的教育虽在理念上得到认同,但在理论体系的建设上遇到了瓶颈。其他学科简单地把残疾学生置于一般教学环境下,然后给予部分帮助的教学方式无法在体育教育中复制。真正意义上在体育教育领域中有组织、有体系的融合模式应该是基于最低限制环境教育的模式。

1.最低限制环境模式下的残疾学生教学环境设置

最低限制环境原则规定,基于学生的残疾性质和程度,只有当普通教室的支持和服务确实不能满足其需要时,才能将学生安置于特殊班级、学校或普通学校与班级之外的其他环境。在体育教育中,依照最低限制环境原则,有着多样的实践策略和方式。就体育教育而言,最低限制环境模式是一个具有连续性的体育教育环境选择过程。融合体育教育最低限制环境模式的范例如表 3-12、表 3-13 所示。

表 3-12　最低限制环境体育教育模式范例

选项	安置方式及内容
A	全部时间都是在一般体育教育环境中接受教育,不需要任何其他支持
B	全部时间都是在一般体育教育环境中接受教育,需要调适(如翻译、调适器材、特别的指导方式)
C	在一般教学环境中提供适应体育教育。残疾学生具有其独特的教学任务、教学目标以及特别的调适,但这些调适都是可以在一般教学环境中进行的

续表

选项	安置方式及内容
D	适应体育教育专业人员在一般体育教学环境中提供直接的支持。适应体育教育专业人员对残疾学生进行指导，帮助其完成特定的教学目标和任务
E	适应体育教育专业人员一部分时间在一般体育教学环境中进行指导，一部分时间在特殊体育教学环境中进行指导
F	适应体育教育专业人员在普通学校中开设特殊体育教育班级，为残疾学生提供教学
G	适应体育教育专业人员在特殊学校提供的医院、居家地、康复中心进行体育教学

资料来源：Block M E. A Teacher's Guide to Including Students with Disabilities in General Physical Education (3rd Edition). Paul H Brookes Baltimore，2007.

表 3-13　最低限制环境体育教育模式（改良）范例

选项	安置方式	内容
A	全部时间由普通体育教师在一般体育课环境中进行	· 在最理想的情况下这是最融合的设置。所有不同能力的学生经过必要的调适在统一的环境中参与体育课 · 可以通过使用不同的器械或对规则进行调整，从而使某一学生参与到某一项活动中 · 这种简单的调适可能更适合那些不需要特别服务的残疾儿童 · 体育教师可能需要向一些专业人员咨询（如特殊体育教师、身体康复师等），从而为所有学生创造出融合的环境 · 所有学生都应该在教学中获得成功体验并得到挑战，从而提高他们的技能
B	全部时间由一般体育教师教学，适应体育教师协助	· 适应体育教育或特殊体育教育是教学方式而不是安置场所。这就意味着适应体育教育可以在不同的环境下提供。因此可以在一般教育环境下提供 · 适应体育教育专业人员在一般教育环境中对课程进行适当的调适，其所考虑的不仅仅是残疾学生，也包括健全学生，要使课程适合所有学生，因此他必须紧密地与一般体育教育教师进行合作 · 适应体育教育专业人员既可以在体育教学活动中提供现场支持，也可以完全围绕某一残疾学生，帮助其进行体育课的学习
C	一部分由一般体育教师在一般体育教育环境中进行，一部分由适应体育教师在特殊体育教育环境中进行	· 适应体育教育可以在不同的环境下提供，残疾学生也可以在不同的体育教育环境下接受教学。如一个学生一周可以在有调适的一般体育教育环境下接受两次体育教育，在适应体育教师指导下在特殊体育教育环境中接受三次体育教育 · 教师有职责在体育教学环境中实现融合教育的理念。所有学生都应该能够进行体育活动，并在参与体育活动的过程中体会到自身的价值、他人的尊重以及班级成员的认可

资料来源：Kasser S, Lytle R. Inclusive Physical Activity：A Lifetime of Opportunities. Human Kinetics，2013.

表 3-12 中的选项 A 到选项 G 提供了一整套从完全融合的一般体育教学环境到完全分隔的体育教学偶尔环境的连续安置的设置。残疾学生在根据包括体育教师、特殊体育教师、医师、康复师等在内的专业团队测评后,被安置于合适的教学环境中。但这种安置并不是一成不变的,在学生经过一段时间的学习后,如果被认为是可以适应更融合的环境的,那么他可以到更融合的环境中接受体育教育。这样的连续性的安置选项看上去结构非常清晰,并且能够根据残疾学生的特点,有效地安排最佳教学环境。

然而,这一模式在实施中却出现了很多问题。第一,最低限制环境传达了一个信息,即强调了限制,这样会让评价过程更多地考虑应该如何限制。人们会思考隔离的体育教育是否比融合的体育教育更加适合残疾个体。第二,似乎在隔离的环境中,残疾学生在体育教育方面能够得到更多的关注和指导,而在融合的体育环境中,残疾学生得到的指导较少。第三,这种动态的安置环境似乎暗示了残疾学生应该通过学习和适应向更融合的体育教学环境发展。第四,被动选择的影响较大,残疾学生在体育教学环境选择上存在个体缺失情况,即体育教师会联合团队进行判断,决定残疾学生的体育教育环境。第五,动态的环境设置变化,本身是为了使体育教育过程更加适应残疾学生的特点,从而提高残疾学生的融合程度,然而频繁地进行环境迁移会影响残疾学生固定的同伴关系。第六,不是每个学校都能按照这样的选项提供等级分明的体育教育环境,这会导致更多的学生被置于分隔的环境中。最低限制环境体育教育模式是以最低限制环境为原则设计的,而这种设计本身就存在着对于安置场所的区分设计。因此,如何在体育教育中更大限度地融合残疾学生成为该模式改良的主要目的。

为了保障残疾人不被排斥于教育之外,并尽可能地被主流教育接纳,美国在相关立法中也将最低限制环境作为特殊教育的重要形式写入法案。立法者的初衷是基于教育的设计是符合个人特点和需要的,并且即使是那些无法在传统学校体系下接受教育的学生,也应该确保其有足够合适的公共教育部分。基于这样的立法思想,完全隔离的教育不应该出现在最低限制环境教育中,而应当作为一个选项来进行。最低限制环境教育改革发展基本上也遵循了这一思路。

表 3-13 是改良的最低限制环境体育教育融合模式,该模式简化了选项,将原有的从融合到分隔环境的多项选择简化成了三项主要基于融合的体育教育环境下进行体育教育的选项。并且对于每项选择的内容、要求作出了相对明确的陈述。传统的最低限制环境体育教育模式既允许轻度残疾的学生由普通体育教师在一般的体育教学环境下进行教育,同时也允许一些特定残疾的学生在隔离的环境下接受体育教育。这就导致了融合体育教育向隔离的转化。尽管将残疾学生融合于体育教育并不是总能有效实现的,但是融合教育的理念应该贯

穿于任何模式的融合体育教育中,而不应该有孤立、隔离的指向。因此,最低限制环境模式的融合体育教育改革发展应更多地促进融合,而不是促进复杂的分层。

2.最低限制环境教学模式的教学内容选择

最低限制环境的教学内容选取主要是依托发展性的方式、理论确立的。发展性方式是根据动作技能、身体体适能发展规律进行划分的,在对残疾学生进行评定的基础上,按照技能水平、技能掌握情况进行体育教育的融合。这种模式是严格按照青少年儿童技能发展规律设定的,认为低水平运动技能的发展掌握是高水平运动技能掌握的基础。残疾学生的技能测评在体育教育之前进行,一般来说,与该学生年龄段相当的教学目标和教学任务已经设定好,残疾学生可以直接测试这些项目。这些项目的测试情况则会作为主要的信息来决定该学生是否需要特殊体育教育服务的支持和调适。在北美和加拿大地区,有一系列较为有效的工具能对学生的运动能力、技能进行较为准确的测定。例如粗大运动技能测试量表(简称 TGMD-Ⅱ)、Peabody Development Motor Scales 等。通过这些量表测量得出的信息通常可以直接转化为体育教育中学生的练习任务和目的。例如:根据 Peabody Development Motor Scales 测试得出某学生跳远能够达到 24 英尺,那么该学生应该以跳远 30 英尺作为他的跳远目标;或经布尼氏动作熟练度测试后发现某学生单脚平衡站立能力不强,则该学生应该将单脚站立平衡能力的发展作为其体育教育的目标。这些测试结果的准确性较高,并且符合青少年儿童身体发展特点,因此,根据不同儿童的特点、水平,将具有相似体育运动能力发展目标的学生进行组合,从而有助于更有针对性地开展专门的体育教育。

3.最低限制环境教学模式的问题

最低限制环境的融合体育教育实践是在欧美国家非常典型的,并且依然广泛使用的系统的融合体育教育实践模式,该模式源于在特殊教育领域推行的最低限制环境教学模式。然而,该模式在融合体育教育过程中的发展、实践却存在着一些明显的问题。

第一,即使是改良后的最低限制环境体育教学模式,也存在不同形式的教学安置选项,如为普通学校的残疾学生体育课设立的不同安置场所选项会打乱传统的教学班级设置。频繁、动态地转换教学环境不利于稳定、牢固的同学关系的形成。

第二,教学内容过分教条不利于学生运动功能的发展,若学生所学习到的运动技巧或其身体能力的提高不能有效地转化为特定体育运动、游戏的技能,则不利于学生保持长久的体育习惯,持续参与社区的体育活动。

第三,不同类别残疾学生的身体机能、运动能力会受到限制,如果按照运动能力发展来编排体育内容,则有的学生可能会花费大量的时间来练习、提升某一项身体运动能力,但仍无法形成该身体运动能力,造成其无法进一步接受体育教育新的教学内容的后果。

(二)生态学模式

1.生态学模式的设计理念

生态学模式反映的是学生个体与其发挥功能或将要发挥功能的环境之间的互动关系。就体育教育而言,生态学模式要以与今后学生所需要的体育技能相关的个人能力和兴趣为起点进行设计。这些体育技能将在体育教育环境中、社区娱乐环境下、朋友同伴交流中得到发挥和应用。

生态学体育教育模式对于融合体育教育发展指导的意义是非常大的。体育教育突破了以往的仅仅关注学生身体发展规律而设定的教育内容,转而向学生所在环境需要的技能倾斜。从整个社会对残疾人认知的发展来看,生态学的体育教育模式也与当今的功能、残疾、健康分级模式在理念上达到了高度的一致,重视残疾人个体与其所在环境及功能发挥之间的动态关系。融合体育教育生态学模式是一种从上下置的设计模式,其教学设计始于对于学生所处环境中的体育活动需求以及今后的体育教育项目需求。对于中小学的残疾学生而言,进行体育教育的目的应该包含以下两个方面:一是应该有助于学生在其所在学区附近的体育场所应用;二是应该有助于学生参与到符合其年龄特征的社区体育娱乐项目中。对学生的测评则是在教学任务设置确定后,根据教学任务要求进行相关评定。

2.生态学模式的内容

融合体育教育的起点来源于对学生所处生态环境及主客体关系的评估,如图 3-2 所示。

在综合考虑学生个体兴趣、需求,学生未来体育技术需求,家长兴趣,同伴兴趣,社区情况等条件下,对学生所需的体育技能进行确定,最终设定残疾学生的长期和短期体育课教育目标及任务。

在任务确立的基础上,对其所在学校的一般体育教育进行分析和环境调适。在某一个体育课教学单元之前,应该做好针对该单元的内容进行适当的调整或修改的准备。融合环境应当是教学的主线,因此,在大多数情况下,教学指导会在融合的环境下进行。与残疾学生个体发展计划目标相关的活动可以进行调适,这样能够保证教学在最安全的环境下进行。有时候,一般体育教育的内容会与残疾学生的个体发展计划不相符合,但在融合的环境下通过采用一些代替性的活动就可以达到想要的效果。在某些情况下,融合的环境可能不是最适合残疾学生的,那么这时就要考虑代替的环境。

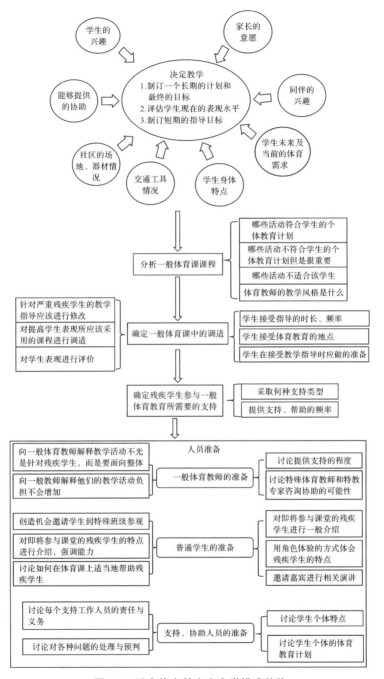

图 3-2 融合体育教育生态学模式结构

在对一般体育课内容进行分析并做出调整,以及根据融合的残疾学生特点对教学环境进行设定后,就应该让将会面对残疾学生融合环境的相关人员进行预先的准备,包括让体育教师、同学以及相关提供支持的人员进行准备。然后根据残疾学生的特点,在课堂上按照要求提供合适的支持。融合体育教育的支持类型分为以下五种。

一是资源支持:包括提供体育教师、同学、可察觉的物体(调适的器材,例如可以发出声音的球)、资金支持、信息支持(关于社区体育项目和夏令营活动的资料)、人力资源。单一的资源支持不能满足融合体育教育活动的需要,因此团队成员必须利用各方面条件。

二是心理支持:是指一对一的接触,在这一过程中,提供帮助的人员能够认同体育教师对融合体育教育的认知,并且可以与残疾学生形成互相认可的关系,合作处理具体的问题。

三是技术支持:帮助体育教师寻找有针对性的策略、手段、方法、思路促使融合体育教育更好地进行,具体的帮助包括培训、人员发展活动、现场协调、同伴教授、示范等。技术指导应该是非常个体化的,并且更加针对体育教师。技术支持在每年的某些阶段来说可能更加重要,例如,新学期开始时,体育教师和班级的健全学生要接纳一个新加入班级的残疾学生。

四是评价支持:是指在信息收集方面给予体育教师支持与帮助,以便更好地管理、协调支持服务。例如,一个特殊体育教师可以采用观察法来分析、确定残疾学生是否融入了体育教育过程。评价支持可以帮助团队来分析支持对班级成员、家庭成员和其他参与者产生的影响。

五是建立友谊:还有一种对于融合体育教育非常有效的支持类型就是建立友谊。例如,建立友谊是指体育教师和同班同学可以做任何事情来帮助残疾学生更好地融入体育课,使其感觉到自己是体育课的一部分。一个体育教师可以通过与残疾学生交流,指导残疾学生练习,努力尝试调节练习使残疾学生感受到他是整个班级的一个部分。同伴则可以通过与残疾学生互动,接受残疾学生加入小组,在他遇到困难的时候给予帮助,从而成为他的朋友。在各类支持中,成为朋友可能是最简单、最经济,同时也是对融合体育教育最重要的一种方式。

3. 生态学模式的问题

融合体育教育的生态学模式是具有现代残疾认知观的残疾人体育教育模式。生态学模式从教学目标的选定开始就充分体现了对残疾学生的个体尊重,并结合残疾个体所处的生态环境互动影响来确定技能为先的教育任务。在此基础上,从一般体育教育课程分析到涉及人员的准备安排,逐步形成了非常系统化的体育教学过程。

然而,融合体育教育的生态学模式尽管在理念以及操作上都有非常先进的思想和价值体系作为支持,并且各个环节都有具体的执行指导,但其烦琐的操作过程、相对庞大的教育团队设置以及过多的工作内容是很多学校无法实现的。

此外,生态学模式强调以学生所在环境和主体的动态关系为核心,确立学生体育教育的教学任务、目标、内容,但在执行过程中,过分地强调学生的需要则有可能打乱长期体育教育的系统性,降低教学的质量。并且在很多国家的基础教育中,体育教育有系统的课程任务、内容安排,这种按需设计教学内容的方式会在实践中遇到非常大的操作性困难。

二、适合我国融合体育教育模式的探索

虽然对于残疾人在何种教学环境下接受教育的争论一直伴随着残疾人教育的发展,但是融合教育的理念已经在全球范围内达成了共识。同其他国家一样,我国的残疾人教育也包括隔离化的机构教育和融合环境下的教育两种类型,但如上文所讨论的,我国当前的融合教育是实用主义的融合(即随班就读),其政策在制定伊始强调的是残疾人的教育公平与普及,而非西方社会的回归主流与人权文化孕育环境。

就体育教育而言,在当前随班就读环境下,对于如何有效、系统地开展融合环境下的体育教育尚未有适合我国模式的探索和研究。相关学者尚未深入探索国外相对丰富的实践和理论对我国有效开展融合体育教育的意义。前文分析最低限制环境融合体育教育模式与生态学融合体育教育模式对于我国融合体育教育(随班就读的体育教育)模式的构建有着非常重要的借鉴意义。

(一)融合体育教育的对象

《关于开展残疾儿童少年随班就读工作的试行办法》第四条规定:"残疾儿童少年随班就读的对象,主要是指视力(包括盲和低视力)、听力语言(包括聋和重听)、智力(轻度,有条件的学校可以包括中度)等类别的残疾儿童少年。"第九条规定:"在普通学校随班就读的残疾儿童少年每班以1—2人为宜,最多不超过3人。"

该办法对我国融合教育中残疾学生的类型、程度和数量进行了明确的规定。随着社会融合理念的发展,以及社会融合条件的不断成熟,未来我国对于融合对象和人数的设定也许会发生变化,可能会有更多类型、更深程度的残疾学生被接纳于普通学校,但到目前为止,这样的设定基本上确定了融合体育教育中残疾学生的情况。

融合体育教育的教育对象是班级内的所有学生,他们的差异应该被重视但不能被强调。体育教师不仅要关注健全学生的需求,而且要注意视力(包括盲和低视力)、听力语言(包括聋和重听)、智力(轻度)等类别残疾学生的特点。

(二)融合体育教育的安置环境选择

我国的随班就读工作办法实际上已经对残疾学生进行了前期筛选,并不是所有类别、所有程度的残疾学生都可以被普通学校所接纳。因此,普通学校接纳的残疾学生的体育教育应该是在融合的环境中进行的。这样一来,在所有相关的融合教育模式强调的分层中,与隔离相关的环境都可剔除,所要考虑的应该是根据教学内容、课程目标的特点,并结合残疾学生个体教育计划进行分析,确定支持和协助方法,以及如何对教学内容进行合理的调适,如何选取合适的教学手段与方法。

(三)教学目标、任务、内容选择与设定

我国的《全日制义务教育体育与健康课程标准》(以下简称《标准》)是教育部制定的中小学义务教育中关于体育教育的规范化文件,其强调了尊重教师和学生对教学内容的选择性,注重教学评价的多样性,使课程有利于激发学生的运动兴趣,养成坚持体育锻炼的习惯,形成坚韧不拔的意志品质,促进学生在身体、心理和社会适应能力等方面健康、和谐地发展,从而在提高国民的整体健康水平的过程中发挥重要作用。地方学校体育教育的纲领性文件必须按照该《标准》进行制定与设计。

《标准》设定的是一个发展性的方式,即基于学生身心发育特点而确定的相应年龄所应该具有的运动能力、运动技能和体育技能。但是《标准》在提出相对应的发展水平和要求的同时,又强调了教师和学生的自主选择性,在一定的空间内给予学生和教师以生态学目标设定方式来选取教学内容的自由。教师则可以在《标准》以及地区实施方案的精神下,根据学校、社区及残疾学生的实际情况,结合健全学生的教学目标,对残疾学生的阶段、学年、学期、教学目标进行设定。目标、任务、内容选择和调适以学校的具体体育教学文件为主,体育教师先分析班级集体情况和残疾学生个体的个人教育规划,在分析融合的残疾学生个人特点以及个人教育计划与普通体育教育的计划过程中会出现以下三种情况,如图 3-3 所示。

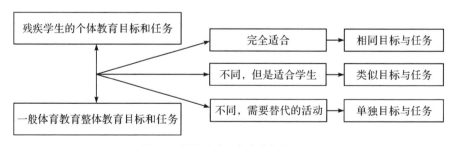

图 3-3 课程任务、内容分析与处理

再采取不同的措施进行调整。根据《标准》规定,学习领域运动技能水平二

的标准如表 3-14 所示。

表 3-14　《标准》对于水平二的学习领域运动技能设定

	普通学生标准	弱视学生标准
获得运动基础知识	说出所做简单运动动作的术语 达到该水平目标时,学生将能够: • 说出所做身体各部位简单动作的术语,如转头、侧平举、体侧屈、踢腿等 • 说出所做简单的全身动作的术语,如蹲起、踏步、滚动、跳跃等	完全适合
学习和应用运动技能	会做简单的组合动作 达到该水平目标时,学生将能够: • 做出多项球类运动中的简单组合动作 • 做出体操的简单组合动作 • 做出武术的简单组合动作 • 做出舞蹈或韵律活动中的简单组合动作 • 做出地域性运动项目中的简单组合动作	不同,但适合学生;部分需要替代活动。 会做简单的组合动作 达到该水平目标时,学生将能够: • 做出足球运动中的简单组合动作(足球加入铃铛) • 根据声音较为准确地判断球的位置 • 提高基本运动动作的熟练程度 • 做出体操的简单组合动作 • 做出地域性技巧类项目的简单组合动作
安全地进行体育活动	知道如何在运动中避免危险 达到该水平目标时,学生将能够: • 知道不按规则运动和游戏会导致身体受到伤害 • 知道在安全的环境中运动和游戏 • 知道水、冰等潜在的危险因素及避免危险的方法	完全适合

假设在融合一名小学二年级的同年龄低视力学生于普通体育教学后,则可根据该标准进行分析并提出调适。在这样的标准设定基础上,结合普通学生的教学安排,可对该弱视学生进行如图 3-4 所示的教学内容安排。

九月	学习规则;介绍一般的运动概念
十月	一些基本运动模式的介绍
十一月	翻滚、投掷
十二月	踢、传、接球
一月	平衡、控球
三月	韵律操、组合控球
四月	体操、组合控球与射门
五月	体操组合技术、控球与传切
六月	体操组合技术、控球、传球、接球、射门组合

图 3-4　弱视学生融合体育教育内容安排

接下来就要对每次课进行计划分析,决定残疾学生个体发展目标和任务融入的时机,预测在哪些内容的练习中学生可能会遇到困难,并提出相关的对策进行协助。生态学融合体育教育模式中所采用的内容检索方式为我们对每次课的教学、练习内容进行分析提供了可行的手段。根据其操作规律,对该名弱视学生的某一次教学课程的安排、设计如图3-5所示。

生态学检索分析			
学生姓名:( )		特点:(弱视)	教师:( )
教学环境:(随班就读)		教学阶段:(阶段2)	教师助手:(同伴)
活动类型	健全学生的内容	协助类型	融合的弱视学生调整
整队与集合			
活动1	找到上课地点	VP	需要同伴助手协助带领到位置
活动2	找到自己位置站好	VP	需要同伴助手协助带领到位置
活动3	位置不动并保持安静	I	不需要
热身			
活动1	10次跳跃运动	V	同伴可以给予提醒,协调拍上下肢跳跃
活动2	下肢拉伸	I	不需要
活动3	10次仰卧起坐	I	不需要
活动4	10次俯卧撑	I	不需要
活动5	不间断3分钟跑步	VP	同伴给予提示,带领运动,他可以走、跑结合
足球技术			
活动1	找到自己的队和练习点	VP	同伴给予提示
活动2	练习射门	VP	他在更近的距离射门,在球中加入铃铛,球门后有同伴击掌,给予射门位置提示
活动3	等下一次练习	I	不需要
活动4	到下一个练习点	VP	同伴给予提示并带领
活动5	练习传球	VP	他可以站得更靠近同伴,用带有铃铛的球,传球速度要慢,接他传球的同伴保持静止
活动6	等下一次练习	I	不需要
活动7	到下一个练习点	VP	同伴给予提示
活动8	练习运球	VP	采用气不足、带有铃铛的球,直线运球而不设任何障碍,先走,然后慢跑运球
活动9	等下一次练习	I	不需要
活动10	回到原来的队伍	V	同伴给予提示并带领
整理放松			
活动1	集合整队	VP	同伴给予提示
活动2	放松运动	V	同伴给予提示,助手可以给予协助

注:I为独立完成,V为语言提醒,P为教师助手协助

图3-5 生态学检索分析范例

(四)支持、协助的安排与选择

在融合体育教育中,支持和协助对于体育教育而言有着非常重要的作用,是开展和实施体育教育所必需的条件,不同的帮助支持设置和安排会产生不同的影响。根据大量的国外研究和实践操作可知,典型的融合体育教育支持来源主要有以下几个方面,如表 3-15 所示。

表 3-15　融合体育教育支持的来源

类型	内容
协助同伴	是指在体育教育中,由同学对融合于一般体育教育的残疾学生提供协助,这些同学一般年龄相仿,并接受过基本的培训
教师助手	残疾人护理专业人士,主要是为有较为严重残疾的学生提供帮助。教师助手在一般情况下会全程陪伴残疾学生,协助教师对残疾学生进行指导和帮助
特教教师	包括特殊体育教师、特殊教育专家等在内的从事残疾人教育的专业人员。他们采用现场或非现场的指导,对融合环境下接受体育教育的残疾学生进行支持、帮助
手语人员	主要是对听力残疾类别的学生提供必要的交流支持
学生家长	由残疾学生监护人全程参与,在体育教育中对残疾学生提供必要的协助

每种不同的支持人员都有其适应的教育要求以及优点和缺点。Rainforth (1997)认为,教学助手的选取要根据学生在完成练习内容时所面临的困难而确定。这些挑战包括认知和学习的、交流和互动的、身体和运动的、意识的、健康的,以及现在和未来生活所需的,如表 3-16 所示。

表 3-16　学生困难情况和支持人员选取

学生遇到的困难类别	困难内容	支持的人员
认知/学习障碍	课程/指导的调适	体育教师、特殊教育教师、语言康复师、职业康复师、视觉或听觉康复师、同学
	组织练习和计划	体育教师、特殊教育教师、语言康复师、职业康复师
交流/社会交往障碍	非语言交流	语言康复师、特殊教育教师、家庭成员、同学
	与同伴的社会交往	语言康复师、特殊教育教师、心理学家、同学
	行为方式	一般教师、体育教师、心理学家、语言康复师、同学
感官/感觉	视觉	视觉专家、职业康复师
	听觉	听觉专家、语言康复师
健康	进食困难	职业康复师、语言康复师、体育康复师、特殊教育教师
	医疗	护士
	其他健康需要	护士、其他相关专家

续表

学生遇到的困难类别	困难内容	支持的人员
现在和未来生活需要	职业追求	职业教育专家、特殊教育教师
	休闲需要	特殊教育教师、职业康复师、体育教师、特殊体育教师、娱乐活动者
	来自家庭和社区	社工、特殊教育教师、一般教师

资料来源：Rainforth B，York-Barr J. Collaborative Teams for Students with Severe Disabilities：Integrating Therapy and Educational Services（2nd ed）. Paul H. Brookes Publishing Co.，1997.

虽然该选择方式贯彻了融合体育教育生态学的思想，考虑到个体与环境的关系，但是这种支持的选取与提供不仅对于我国当前的教育环境来说不现实，而且在欧美发达国家中也不可能得到如此丰富的教育团队和教育人力资源的支持。并且依当前我国的融合体育（随班就读）开展的现状，以及未来发展分析，在今后一定时期内并不会有大量重度残疾的学生被融合于一般教育中，三类残疾学生依然会是融合教育中残疾学生的主要来源，融合体育教育中的支持并不需要非常庞大的人力资源体系。

在 2014 年的全国特殊教育工作电视电话会议中，时任国务院副总理刘延东提出："教育是残疾人打开幸福之门的基础途径，特殊教育是一项神圣事业。要推行没有排斥、没有歧视的全纳教育理念，加快构建布局合理、学段衔接、普职融通、医教结合的特殊教育体系，促进残疾孩子快乐成长、实现人生价值。要多措并举提高特教学校培养能力，扩大普通学校随班就读规模，努力使每一个残疾孩子都能接受合适的教育。"[1]以特殊教育学校为中心，在对应区域内提供特教协助咨询服务的融合体育教学支持在我国有较大的可行性，我国融合（随班就读）体育教学人员关系如图 3-6 所示。

融合体育教育中的支持和帮助应该主要来源于特殊教育教师、协助同伴、学生家长三个方面。其中，特殊教育教师应该更多地发挥咨询的作用，在必要或特定的时间提供现场指导和帮助。协助同伴则是主体执行方，是指在体育教育、教学过程中，真正在课堂上对残疾学生提供协助和支持的人员。残疾学生家长是补充，而普通体育教师则是融合体育教育能否有质量进行的核心。

---

[1]全国特殊教育工作电视电话会议召开. (2014-03-07)[2016-04-18]. http://www.gov.cn/zhuanti/2014-03/07/content_2632753.htm.

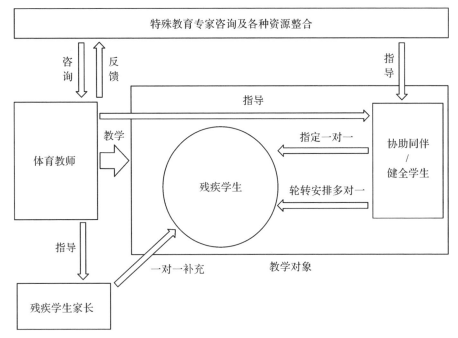

图 3-6 我国融合(随班就读)体育教育教学人员关系

三、小结

　　最低限制环境融合体育教育模式与生态学融合体育教育模式是欧美国家融合体育教育实践的经典模式,虽然不能完全应用于我国的融合教育,却是我国在提高融合体育教育质量时可借鉴的教育实践与理论。

　　我国的融合教育法规明确了随班就读是一个融合的环境,因此,在所有的融合教育模式强调的分层中,关于隔离的环境都可剔除,体育教学组织过程中考虑的是如何调适以更好地促进融合并保持质量。我国《全日制义务教育体育与健康课程标准》的设置既遵循了最低限制环境理论的体育课程设置的发展性方式,又体现了融合体育教育生态学的课程设置思想,是我国融合体育教育内容安排可行的标准。

　　在我国融合体育教育模式中,随班就读残疾学生的教育起源于其个体体育教育方案与一般体育教育方案的对比,规划于年度教学任务安排,具体于每堂课教学内容的生态学检索分析。随着特殊教育学校的封闭式运营壁垒逐渐被打破,在我国融合体育教育模式中,特殊教育教师将发挥咨询作用,协助同伴则是协助的主体执行方,是体育教育、教学过程中,在课堂上对残疾学生提供协助和支持的主要人员,残疾学生家长是补充,体育教师则是整个教学的核心。这种模式是一种集约型的融合体育教育实践模式,在我国随班就读的基础上,汲取了融合体育教育的最低限制环境经典模式与融合体育教育生态学模式的理念和操作。

第五节　集约型残疾人融合体育教育的实证研究

集约型的融合体育教育思想强调从教学准备到教学评价的各个阶段必须向适应体育教育(特殊体育教育)专家或教师进行咨询,并整合各种资源。这种思想是针对普通学校不配备特殊体育的情况所实施的一种较为高效的融合体育教育思路,要求体育教师和适应体育(特殊体育)教师保持较为密切的沟通。在教学前期要有对残疾学生运动能力的评估,在体育教师和特殊体育教师及家长的合作下,确定其长期和短期的运动培养目标。而在教学过程中,体育教师具体负责教学实施过程,在教学前根据情况对教学材料、器械、规则、组织进行最低限度的调适,从而确保教学既能满足健全学生的整体需求,也能最大限度地满足残疾学生的特殊需求,对教学中出现的特殊情况在课后向特殊体育教育专家进行远程咨询,特殊体育专家仅仅是偶尔提供一些现场指导,在教学过程中根据需要确定协同帮助体育教师对残疾学生进行教学的助手,包括同学、家长或者是实习生。早期的残疾人融合体育教育服务 PAPTECA 模型如图 3-7 所示。

本书尝试构建的残疾人融合体育教育实施的模式其实也是一种集约型的融合教育模式,但是在该模式中汲取了经典的最低限制环境融合教育实施模式与融合体育教育生态学模式的实践内容,因此从理论上看,这是一种基于我国随班就读环境下的现代的集约型融合体育教育模式。

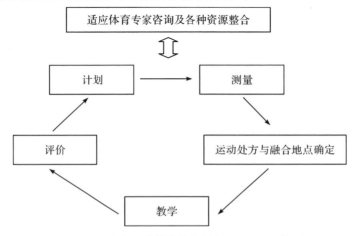

图 3-7　残疾人融合体育教育服务 PAPTECA 模型

一、融合体育教育教学介入

(一)调查对象与融合体育实践介入对象

介入班和非介入班的学生来自杭州市某小学三年级的两个教学班。他们的体育课由同一个体育教师教授。经过家长同意并且没有缺席问卷调查的学生最终作为调查对象参与了本书研究,融合体育教育实施时间为 2012—2013年第二学期。

介入班级包括 30 名学生(12 名女学生和 18 名男学生),包括一名 12 岁的被诊断为轻度智力障碍的学生。实验前该学生的医师、教育团队对该学生进行了全人教育评估,诊断结果如图 3-8 所示。

主要问题	心理不安全感与紧张情绪影响动作、能力发展与学习意愿 骨盆、下肢屈曲,本体觉及肌力不足影响粗大及精细动作控制 比目鱼肌与腓肠肌张力影响稳定蹲姿	
训练计划	个案学习模式:指令听从型 1.以个案所属增强物转移专注及诱导 20 度摆位椅、坐楔形垫以增本体感觉 2.俯趴姿做背部触觉刺激 3.长坐姿仰卧起坐 50～100 个 4.加沙袋右脚 4kg 100 个下蹲 5.蹲姿压关节、玩游戏	
	短期目标:能独立蹲姿	长期目标:能独立蹲走
训练摘要	创造个案个别喜好增强物及活动模式(个别化视觉、听觉、嗅觉、味觉及手部活动刺激) 尊重动作自主学习意愿,多量多次、循序渐进及由简单到复杂的学习要求 营造轻松学习情景,以动作示范取代口头指令要求	

图 3-8　轻度智力障碍学生全人教育评估

非介入班包括 31 名学生,其中 1 名学生没有完成问卷调查,因此该班 30 名学生参加了研究(14 名女学生和 16 名男学生),非介入班班级没有残疾学生,他们的体育课由同一体育教师教授。

(二)教学调适

1.教学任务、内容调适

该学期教学内容主要是素质类的立定跳远和技术类的排球的教学。根据研究提出的集约型融合体育教育模式的操作,体育教师、特殊体育教师对内容进行了评估和讨论,认为这两个教学内容都适合被融入的智力障碍学生的身体特征,且符合其个体教学计划。因此,在教学任务内容方面,没有做太多的改变。

但是针对该随班就读学生的练习难度和组织形式进行了调适,在排球基本技术的教学和练习中,降低了对残疾学生的要求。例如:在排球的垫球技术对垫练习中,残疾学生双手接住球后再自抛垫出;采用软式排球或者气球进行传球练习等。

在练习组织形式上,尽可能让残疾学生参与到每项练习中。为了促进残健交流,在练习同伴配对方面,尽量安排不同的同伴、分组以增加他与健全学生的互动。具体到每堂课,教师会根据每堂课的具体任务和组织,对教学内容进行调适和设计。

2.帮助来源与协助

根据研究提出的集约型融合体育教育模式的要求,本书采取了以同伴现场支持为主,残疾学生母亲现场协助,所在学区的培智学校特殊体育教师提供咨询的方式。特殊体育教师是来自同学区特殊学校的老师,主要负责对每堂课的内容和组织进行分析,给体育教师提供具体的意见和建议,对器材和活动提供调适的建议,指导健全学生对该学生提供必要的帮助,并在需要时到现场给予帮助。残疾学生的母亲则作为其监护人,长期在课堂上按照教师的要求,适当提供协助,帮助残疾学生听从教师的指导、组织,并按照教师的要求完成技术动作练习和学习。

3.残疾人体育讲座

为了帮助体育教师和实验班级学生对残疾同伴、残疾问题有更理性和更全面的认知。作为实验介入的一部分,在体育理论课内容中,安排了一节由残疾人体育教育专家主讲的残疾人体育的讲座。讲座内容着重强调共同性,并淡化差异,强调关注残疾学生的体育、运动能力,而淡化残疾学生的缺陷影响。选择的具体演示内容为残疾人奥林匹克运动比赛、特殊奥林匹克运动会以及国外残疾人融合性质的体育教育实践视频。

(三)问卷调查

1.问卷的组成

一是形容词量表。"Siperstein形容词量表"是用来测试青少年对待残疾学生的认知的。在该量表中有34个形容词(17个消极的和17个积极的)。受试者要选择他们认为与残疾人相符合的形容词,选择的数目不受限制。总分是选择积极的形容词的数目减去选择消极的形容词的数目再加积数20。总数如果大于20则表示积极的态度,如果小于20则表示消极的态度。量表的结构效度经过分析表明具有较高的有效性,外在一致性是经过两次试验量表使用前后对比得出的,分别是 0.81 和 0.61。

二是儿童对融合残疾学生与体育教育态度量表(修改)。马丁·布洛克教授在 1995 年发明并使用了该量表。使用该量表的目的在于测试普通学校的健全学生对融合残疾学生参与体育课的态度。但该量表对融合体育态度测量部分的内在一致性系数为 0.87,外在一致性系数为 0.78,对因残疾同伴的融入而改变规则的态度测试部分的内在一致性为 0.66,外在一致性系数为 0.56。

两个量表的翻译均采用了标准回译法。该法是专门适用于问卷翻译的。在本书中,共有三名具有博士学位和一名具有海外硕士学位的双语学者参与了相关问卷量表的翻译。首先两名学者独立地将英文版的问卷翻译成中文,在翻译前,强调翻译问卷的原则是着重翻译问卷内容所要表达的意思而不是逐字逐句翻译。在两名学者独立翻译完成以后,他们对翻译的首稿进行讨论,并做出修改。然后将修改后的中文问卷交给另外两名翻译者(这两位翻译者没有阅读过原始问卷)进行回译。回译后的问卷交给由三名学者组成的评审组,其中包括前面提到的两名学者和一名双语教授。评审组认为回译好的问卷与原始问卷相似,证明中文版的问卷可以被认为是等同于原始问卷的。

两份问卷组合到一起,再加上基本信息的提问最终组成了本书的调查问卷。对于该问卷的信度测量采用了重测法,于 2012 年 11 月及 12 月分别对某小学同年级的另外两个班进行了发放,将收集的问卷录入 SPSS 15.0 软件中进行一致性检验,翻译后的形容词量表的克朗巴哈系数为 0.82,翻译后的儿童对融合残疾学生于体育教育态度量表中对融合体育教育态度的克朗巴哈系数为 0.77,对因残疾学生的融入而改变规则的态度的克朗巴哈系数为 0.73。

2.问卷的发放回收

所有的调查对象在开学第一节体育课和体育课期末考试后分别完成两次问卷调查,问卷填写过程由体育教师和特殊体育教育专家现场进行指导与监控。问卷共发放 121 份(其中:介入班学期前发放 30 份,期末发放 30 份;非介入班学期前发放 31 份,期末发放 30 份),其中 1 份作废,回收问卷经检测,有效率为 100%。

(四)学生体育课成绩评定

体育课的考试评定采用该学校大纲规定的评定方式和评定标准,测试项目包括 50 米跑、实心球、一分钟排球连续垫球、一分钟跳绳,为尽量减少主观造成的误差和影响,测试过程都由另外一名体育教师进行测量和评定。

二、结果与分析

调查结果发现,介入班的学生中和残疾人有直接联系、直接接触的比例要明显大于非介入班,具体情况如表 3-17 所示。

表 3-17　学生基本情况(每个班的总人数为 30 人)

项目	选项	组别			
		介入班		非介入班	
		频数/人	占比/%	频数/人	占比/%
性别	男	18	60.0	14	46.7
	女	12	40.0	16	53.3
亲友中有残疾人	有	3	10.0	1	3.3
	没有	27	90.0	29	96.7
同学中有残疾人	有	27	90.0	0	0
	没有	3	10.0	30	100.0
与残疾人一起上过体育课	有	27	90.0	0	0
	没有	3	10.0	30	100.0

由于随班就读政策的实施,该学区所属的特殊教育学校每年会对其学生进行评估,将属于该学区,满足轻度智力障碍特点,并且不具有攻击行为、暴力倾向及其他精神类疾病的学生安排到研究所在学校进行随班就读。介入班的轻度智力障碍学生于二年级加入该班并随班就读。因此,除了三名刚刚调换班级的学生,其他介入班的学生均和残疾学生一起学习,包括一起接受体育教育的经历。而非介入班级的学生则没有任何与残疾学生一起接受体育教育或者其他学科教育的经历。这样的情况符合我国当前义务教育体制现状下普通学校学生的经历特征。

融合体育教育实施前对调查对象测量得出的相关态度问卷分数比较如表 3-18 所示。

表 3-18　融合体育教育实施前调查对象态度比较

		介入班	非介入班	差异
对待融入残疾人在体育课的态度	M	17.83	17.20	0.63
	SD	2.15	2.33	
对待规则改变的态度	M	21.70	20.70	1.00
	SD	2.51	2.77	
形容词态度量表*	M	20.50	27.10	−6.50
	SD	4.08	3.82	

注:M 表示均数,SD 表示标准差,* 表示当 $p < 0.05$ 时,差异具有显著性。

　　结果发现,在介入前,介入班对融合残疾学生于体育课的态度(介入班均分为 17.83,非介入班均分为 17.20)以及对待融合残疾学生导致的规则改变态度(介入班均分为 21.70,非介入班均分为 20.70)两维度的均分要高于非介入班级。然而,这个分数的差异在统计学上不具有显著性,只能说明介入班学生在这两方面的态度上有相对积极的趋势。在形容词量表得分上,介入班的学生则明显表现出对残疾学生的认知态度低于非介入班的学生(介入班均分为 20.50,非介入班均分为 27.10),并且差异具有统计学意义。造成这一情况的原因是介入班的健全学生在与残疾人接触的频率、机会、时间上要远远大于非介入班的学生。根据前期评估,在介入班随班就读的患有轻度智力障碍的学生在学习行为、交往能力方面具有一定的障碍。这些表现不仅会在体育课上出现,而且在其他科目的学习中也会出现,这就导致了介入班学生对于残疾学生异常行为的消极评价,从而强化了对残疾学生的消极态度。

　　介入后测量得出的相关态度问卷分数对比如表 3-19 所示。

表 3-19　融合体育教育实施后调查对象的态度比较

		介入班	非介入班	差异
对待融入残疾人在体育课的态度	M	16.67	15.93	0.74
	SD	1.67	3.11	
对待规则改变的态度*	M	22.40	20.20	2.20
	SD	1.96	3.08	
形容词态度量表*	M	21.90	26.73	−5.83
	SD	4.86	3.66	

注:M 表示均数,SD 表示标准差,* 表示当 $p<0.05$ 时,差异具有显著性。

　　结果显示,在介入后,介入班学生对融合残疾人于体育课的态度(介入班均分为 16.67,非介入班均分为 15.93)和对因残疾学生加入而改变规则的态度(介入班均分为 22.40,非介入班均分为 20.20)均高于非介入组,并且对于规则改变态度的差异在统计学上具有显著性。这说明融合体育教育实践在处理融合残疾人的调适规则方面不但没有对健全学生造成消极的影响,反而强化了健全学生对规则调适的积极态度。虽然根据形容词量表的得分来看,介入班的学生与非介入班的学生在态度上的消极差异还具有统计学意义,但是这一消极差异已经有所缩小。这在一定程度上反映了融合体育教育实施能够使健全学生对于残疾人的态度发生积极的变化。而对于非介入班学生在形容词量表方面表现出的较高得分可以解释为他们对残疾人的不了解。他们对残疾学生的行为、特征没有体验,缺少和同龄残疾学生的接触,而仅仅基于从众和向善的思想做出了选择和判断。这种态度是非理性的,并且很容易被影响。介入班的学生,由于随班就读政策的实施,长期和一名具有轻度智力障碍的学生一起接受教育,因此对于残疾学生的行为、意识、个性特征的认知更为全面。在这种情况下,虽然他们对于残疾的认知态度得分不高,但是均分在 20 分以上,依然表现出了积极的态度。根据社会心理学理论,这种在理性认知基础上形成的态度更具有稳定性。

介入班学生在介入前后相关态度的比较如表 3-20 所示。

表 3-20　融合体育教育实施班级调查对象态度比较

		介入后	介入前	差异
对待融入残疾人在体育课的态度*	M	16.67	17.83	−1.16
	SD	1.67	2.15	
对待规则改变的态度	M	22.40	21.70	0.70
	SD	1.96	2.51	
形容词态度量表	M	21.90	20.50	1.40
	SD	4.86	4.08	

注:M 表示均数,SD 表示标准差,* 表示当 $p < 0.05$ 时,差异具有显著性。

结果显示,介入班的健全学生在介入后对融合体育教育的态度发生了消极的变化,并且这种变化在统计学上具有显著性的差异(介入前均数为 17.83,介入后均数为 16.67)。出现这种结果主要是因为融合残疾学生在一般体育课上或多或少地都会影响整个教学过程以及游戏的对抗性、趣味性。特别是经过调查发现,在以往的体育教学中,介入班的残疾学生基本上处于分隔的状态。有时候残疾学生会被安排在教室里学习文化课,而有的时候则是自己进行一些其他的体育活动,并没有对其进行专门的容纳。体育和游戏的很多项目都是以竞争、竞赛、取胜、对抗为目的的,而根据融合体育教育的理念,必须降低对抗性质,增加合作性质才能更好地促进残疾学生在体育课上的融入,并且促进健全学生相关态度的积极改变。但是在很多体育项目中,降低对抗性就意味着趣味性的降低,特别是对于那些竞技水平高的同伴而言,当前可以直接利用的调整体育竞技性质为合作性质的范例很少,因此在教学、练习、游戏中还是会影响原有的教学趣味性,导致学生不愿意接纳残疾学生。对待规则改变的态度和形容词态度量表的得分则出现了积极的变化,虽然这种体现在均数上的变化差异不具有统计学意义,但是能在一定程度上说明介入班学生在这两方面的态度有积极变化的趋势。介入前后健全学生对于融合体育教育相关态度具体题目的得分比较如表 3-21 所示。

表 3-21　融合体育教育实施班级调查对象态度变化具体题目分值均数比较

	介入后	介入前	差异
a1 是否愿意让残疾同伴参与体育课	3.80	3.87	0.07
a2* 残疾同伴的参与是否会让游戏变慢	1.90	2.70	−0.80
a3 是否愿意与残疾同伴在一组或一队	3.70	3.73	0.03
a4 残疾同伴的加入会让体育课更有趣	3.50	3.63	−0.13
a5 是否愿意和残疾同伴成为朋友	3.77	3.90	−0.13
a6 在排球比赛中是否愿意帮助残疾同伴	3.80	3.90	−0.10
a7 是否愿意传球给残疾同伴	3.72	3.70	0.02
a8 是否允许残疾同伴双手接球	3.70	3.47	0.23
a9 是否愿意一起用软气球比赛	3.70	3.37	0.33
a10 是否愿意降低排球网的高度	3.83	3.70	0.13
a11 是否愿意残疾同伴在近网处发球	3.67	3.57	0.10

注：* 表示当 $p < 0.05$ 时，差异具有显著性。

题目 a1 到题目 a5 测量的是健全学生对融合残疾学生参加体育课的态度，题目 a6 到题目 a11 测量的是健全学生对于因残疾学生的加入而做出的体育项目规则调整的态度。根据题目具体得分的比较发现，除题目 a2 残疾学生参与会导致游戏变慢的得分差异具有统计学意义外，其他题目的具体的得分差异均没有统计学意义。从均值得分在介入前后的分差来看，还是能够发现健全学生对融合残疾学生于体育教育的态度题目得分大部分发生了消极变化，而对因残疾学生加入而改变比赛规则的态度发生了积极的变化。

介入组与非介入组两个班级学生的期末体育成绩比较如表 3-22 所示。

表 3-22　调查对象期末体育成绩分值均数比较

组别	跳绳/个	实心球/米	排球/个	50 米跑/秒
介入组	140.20	5.28	5.06	20.45
非介入组	142.10	5.20	5.70	21.55
残疾学生	54.00	3.00	1.00	29.12

两个班的期末考核成绩的差异在统计学上不具有显著性。融合体育教育的实施并没有对两个班的学生的教学考试成绩产生影响，这在一定程度上说明了融合体育教育实践没有影响介入班的体育教学质量。从表 3-22 中，我们也可以发现，被融入的残疾学生在测试的四个方面的成绩均低于均值，说明其在身体素质以及体育技术学习掌握方面还是不同于其他健全同伴。

三、讨论与思考

(一)学校体育的精英思想与融合体育教育的尊重和成功体验思路的矛盾

根据介入数据及结果发现,介入班在有组织地实施融合体育教育前后,对待融合残疾学生于体育课的一般态度发生了消极的变化,并且这种变化具有统计学意义。这样的研究结果明显不同于欧美类似研究的结果。在 Hutzler 和 Levi(2008)的研究结果中发现,通过融合体育教育的实施,使健全学生对接纳残疾学生的体育教育融合的态度发生了积极的变化,而在对因残疾学生的加入而导致的规则、设备、器材改变态度方面却出现了消极的变化,并且这种差异在统计学上不具有显著性。

造成这种差异的原因可以是多方面的,研究认为最重要的原因是我国学校体育教育中的精英思想与融合体育教育所蕴含的尊重和成功体验思想的矛盾。

从体育教育课程目标来看,中美两国的小学、初中体育教育目标的对比如表 3-23 所示。

表 3-23　中美两国中小学体育教育课程目标

中国	美国
·增强体能,掌握和应用基本的体育与健康知识及运动技能	·具备参与多项体育运动的基本运动技能和身体素质
·培养运动的兴趣和爱好,形成坚持锻炼的习惯	·在参与或学习体育运动时能够表现出对运动概念、原则、战术的理解
·具有良好的心理品质,表现出人际交往的能力与合作精神	·定期地参与体育运动
·提高对个人健康和群体健康的责任感,形成健康的生活方式	·达到并保持一定的健康水平
·发扬体育精神,形成积极进取、乐观开朗的生活态度	·在体育活动中表现出有责任的社会行为,有较好的自尊水平,并且尊重他人
	·重视体育运动的健康、娱乐、挑战、自我释放以及社会交往功能

从表 3-23 中,我们可以发现,两国在青少年体育教育课程目标上的异同。美国的中小学体育教育目标强调了尊重行为、社会责任行为的培养,而这一点在我国的义务教育体育教育课程目标中是没有体现的。

当进一步对发达国家体育教育实践进行分析时,笔者发现,国外的中小学体育教育对于个体发展的公平性的重视,以及对领导能力和成功体验实践的关注。2004 年,美国运动与体育教育组织在美国体育教育标准中强调了应该保证对所有青少年儿童都能提供日常高质量的体育教育。体育教育对于所有青少年儿童而言,应该在教学指导和发展上都是适合的。其下属的青少年体育教育委员会在 2000 年和 2001 年分别发行了小学、中学体育教育指导方案。在方案中呈现了很多针对对体育有兴趣的学生和对体育没兴趣的学生的体育教育实践,具体涉及课程设置、学习过程、体能练习、体质测试、高科技使用、分组策略、竞赛安排和其他。

在具体的教学实践案例呈现中,既包括了正面案例也包括了反面典型,相关案例如表 3-24 所示。

表 3-24 体育教育实践案例(分组)

实践的合理性	具体操作
合理	以确保每个学生的尊严水平和自尊为前提进行分组。例如,教师可以根据学生穿着衣服的颜色、接近的生日,以及喜欢的运动情况进行分组
不合理	采用学生队长公开选择分组的方式。由学生队长选取自己的队员,这样会造成学生队长抢先挑选技术能力好的队员,导致最后被挑选的队员处于尴尬的状态 以性别来分组。以男女的性别区别进行分组会导致强调性别的差异

体育课教学过程中的分组案例反映出了在美国中小学体育教育中,对于个体的尊重和对平等、公平的重视。希望通过合适的分组,降低学生的受挫感,保证学生个体的尊严和尊重,从而保证学生在练习、游戏中的平等机会以及成功体验。

为了确保残疾人能够在学校体育教育中获得平等的权利,美国运动与体育教育组织早在 1995 年就发布了融合残疾学生于体育教育的文件和细则,对残疾学生在融合的环境下接受有质量的体育教育进行了规范。我国自 1989 年国家教育委员会试行在全国开展随班就读工作至今,对于随班就读政策意义的评价无论在社会上还是在学界方面都是非常高的。因为这一政策是符合世界卫生组织的《世界残疾报告》中残疾人教育事业发展方向的。

就体育教育而言,残疾学生在随班就读过程中能够多大程度地被融于体育教学,这个问题没人能回答。本书所研究的介入班学生已经和他们班的残疾学生有了一年的接触经历。然而,当我们真正落实、采用特定的模式较为系统地融合残疾学生于体育教育后,却发现健全同伴对于融合体育教育态度的消极变化。

我国体育课程新课标的实施体现了国家、社会对于学生体育教育功能认知的全面化，更加重视健康体质以及体育教育对于人的全面发展的作用。然而，我们的教育体制长期受到应试教育的影响，强调优秀、精英理念，依然把更多的精力放在升学、学业成绩上。在体育教育中，体质达标、项目技能评定等方面又是体育教育关注的重点，量化的、标准化的考试更容易评定学生的体育成绩，而对于其他方面的评定则存在主观化和缺少执行标准的情况，如此势必会造成学生对于优秀的追逐，不利于创造融合体育教育所需要的包容、强调个体成功体验的教育环境。

（二）融合体育教育实践过程中助手对教学及交流的消极影响

融合体育教育实施过程中，必须要有来自助手的支持和帮助。根据国外相关的实践，助手可以来源于同学、助教、残疾人特殊体育教师等。在提供帮助的频率安排上分为间歇性的按需提供（根据残疾学生的需要提供帮助）、分时段的集中提供（当在固定内容讲授、学习过程中残疾学生遇到比较大的困难时，集中提供帮助）、全程提供（专门给残疾学生提供全程帮助），不同类型的帮助以及来源于不同人群的帮助都会对教学效果产生一定的影响。

根据当前我国的特殊教育和一般教育学校情况，学校不可能提供长期、固定的一名特殊教育教师全程在融合的环境中给予残疾学生帮助和支持。因此，上文提出，在集约型融合体育教育模式中，把特殊教育教师或专家作为咨询人员，仅在学期固定的几节课上到现场给予帮助和建议，其他时间则通过远程联系、沟通，在教学设计、运动处方制定、教学评价等环节提供支持服务。

介入组的残疾学生长期由其母亲陪同接受教育，国外也有过关于学生家长给残疾学生提供随堂帮助的介绍，因此本书中安排学生家长给残疾学生在体育课上提供协助。然而，作为融合体育教育教师助手，该家长有时候却会对教学和交流产生消极影响。在介入前，该残疾学生很少和其他同伴一起接受体育教育，因此该残疾学生的母亲对于融合体育教育的介入是非常支持的。她认为自己的孩子喜欢跑跑跳跳，喜爱运动，并且对有些体育项目还是有一定兴趣的，但是同时她也表示了对其安全的担心，因为该学生曾经在玩耍时不慎从二楼跌下，导致小腿骨折并休学半年。因此，她主动要求配合介入工作，作为其子的监护人，在介入中对其进行协助。

尽管在介入前我们曾多次跟她沟通，要求她尽量在教师需要的时候再给予协助。然而，随着后期排球技术教学难度的增加，该学生家长经常会在练习的大多数时间陪伴残疾学生进行练习。分组练习以及很多集体性活动由于残疾学生家长的介入阻隔了学生的交流，导致其他健全学生不会主动去和残疾学生进行交流,学生同伴的作用就难以发挥出来。

本书所研究的残疾学生属于轻度智力障碍,并且伴有一定的行为障碍。在考虑其具体特征后,我们让其母亲作为教师助手提供协助,虽然能够减轻教师的负担,帮助教师维持课堂秩序,但是家长在教学过程中阻断了残健交流,一定程度上导致了学生接纳态度的消极发展。因此,在以后的介入或者实践中,还是应该把教师助手的选取重点放在残疾学生的同伴上,通过一定的培训、讲座,在保证残疾学生能够得到有效支持的基础上,提高残健沟通的顺畅性。

(三)对我国残疾人学校体育发展改革的启示

在教育领域,随着随班就读政策的不断落实,越来越多的三类残疾学生进入普通学校,在融合的环境中接受教育。而学校体育教育对于随班就读的残疾学生而言,依然属于尚未融入的领域。我国的《义务教育法》和《残疾人保障法》都明确表明学生应该接受适合的体育教育,而不应该因为个体差异被剥夺接受体育教育的权利。但是体育教师在面临有残疾学生的班级时,常常无法有效控制教学过程,而更多的体育教师则是以"安全第一"的思想,让残疾学生进行简单的、与其他学生不同的体育基本活动,有时甚至会安排残疾学生在教室学习文化课。并且对健全学生教授的技术类体育活动则不会向残疾学生作要求或指导,残疾学生因此常常被孤立于学校体育之外。

在这部分实证研究中,还有许多方面的结果是非常令人欣慰的,并给我们充分的理由相信,在实践中是可以以集约型的融合体育教育模式有效地促进融合体育教育的积极结果出现的。

第一,健全同伴对于融合残疾学生而做出的体育项目调适的态度在介入前后不但没有发生消极改变,而且还有积极变化的趋势,这说明有组织、有计划地对体育课活动进行适当调适并不会对健全学生参与的积极性产生影响。特别是当融合轻度智力障碍的残疾学生时,很多内容甚至不需要进行专门的调整就可以满足残疾学生的需求。

第二,介入班学生对于残疾学生的认知态度在介入前后发生了积极的变化。介入后测量介入班级对残疾人认知态度的均分要高于介入前,这说明融合体育教育的实施在一定程度上对健全同学对待残疾人的态度产生了积极影响。根据特拉菲莫和谢兰的认识,形成态度的重要信息之一是认知信息,即人们对态度客体的了解程度,也就是人们对态度客体事件的观念。一旦对态度客体的评价性总结形成,就会成为人们对客体的认知体现。对客体态度的思考越频繁,态度和客体之间的联系就越紧密。这样会产生三种结果:一是这种联系越紧密,我们就越容易在想到该客体时更自然地产生相关态度;二是这种联系程度越深,我们的态度就越容易成为我们所看到、所感觉到的客体的简单替代;三是这种联系越深,形成的态度就越难受到可获得信息的影响。

对于介入班而言,他们和残疾学生接触的机会较多,因此他们对残疾人的态度也较为稳定且不易改变。根据态度改变的接触理论分析,融合体育教育环境提供了一个地位平等、合作、友善的奖励性的接触平台,这种环境能够促进频繁接触的人互相之间态度的积极变化。

第三,研究结果发现,融合体育教育的介入并没有对学生的考核结果产生影响,介入班和非介入班的考核成绩差异不具有统计学意义。在一个复杂环境下,对学生能力、水平特征情况差异明显的教学班级进行体育教学,必然会给教师带来很多的困难。特别是在本书的研究中,体育教师要有意识地将一名轻度智力障碍并伴有学习行为障碍的残疾学生融合在教学、练习中。如果顾此失彼,就容易造成教学进度慢,教学质量降低,体育成绩达不到预期的情况。然而,在本书的研究中,经过整合、调适,残疾学生的融合并没有使介入班学生的成绩明显落后于非介入班,这说明系统、科学的融合过程既能较为有效地融合残疾学生,又能确保其他健全学生的学习质量。

2011年6月10日,世界卫生组织发布的《世界残疾报告》第九章中提出,残疾人要回归主流且不应该被孤立,而应该与健全人一起共享社会文化发展的成果,并与健全人一起平等共享教育、健康、工作、社会公共服务。虽然残疾人在一些公共服务、社会医疗、学习教育方面有着一些特定的需求,但这些需求应该能够在主流的项目和服务中得到满足。

作为《残疾人权利公约》的批约国和履约国,我们国家未来残疾人事业的发展需要在各个领域落实社会融合、回归主流的思想。学校体育教育也需要朝着残健融合的方向发展、改革。特别是在我国当前义务教育现状下的残疾学生早期学校体育教育融合,应该是我们研究和实践的重要方向。在借鉴舶来理论的基础上,需要以务实的态度,严谨的科研方法,进行系统的理论研究和实证研究,从而丰富我国残疾人学校体育教育理论,更好地指导实践工作,促进残疾人学校体育教育融合的实现。

第四章　社区融合下的残疾人群众体育发展模式探索

第一节　我国残疾人基本体育权利保障的现状与问题

一、公民体育权利与残疾人权利发展

(一)公民体育权利

关于体育权利的概念解释非常丰富,大量学者从不同的角度对什么是体育权利作出了定义,这种百家争鸣的研究极大地促进了体育权利体系的发展。学者根据研究、实践的需要,选取不同的角度对什么是体育权利进行定义。但无论如何定义体育权利,其必然会涉及权利的五个要素:利益、主张(要求)、资格、权能、自由。学者可以从五个要素中的某一点切入,对体育权利进行定义。笔者认为,对体育权利的定义一定要基于权利的内容,在定义中明确积极权利所应体现的体育方面属性。《体育概论》中对狭义体育的定义为身体教育的过程,是教育的组成部分,而广义体育则是由狭义体育、竞技运动、身体锻炼和身体娱乐四个部分组成。我国的《体育法》明确将体育划分为社会体育、学校体育、竞技体育。因此,在对体育权利进行定义时,不应该失之偏颇,过分强调某些内容而忽略其他内容。

联合国教科文组织前法律顾问卡雷尔·瓦萨克博士在1979年提出了"三代人权"理论:第一代人权形成于美国和法国大革命时期,即从自然权利运动提供理论准备,到把人权理论上升为一种政治主张的美国《独立宣言》,以及将政治理念固定为法律文件的法国《人与公民权利宣言》(即《人权宣言》),主要是指公

民权利和政治权利;第二代人权形成于俄国革命时期,主要是指经济、社会及文化权利;第三代人权是对全球相互依存现象的回应,主要包括和平权、环境权和发展权。他把第一代人权定性为消极的权利,第二代人权定性为积极的权利,第三代人权定性为连带的权利。根据其对权利的分类,体育权利显然属于第二代人权。

(二)残疾人权利

弱势群体在社会中处于劣势、边缘的地位,在人类社会文明程度低、经济水平差、生存条件恶劣的历史阶段中,他们连最基本的生存权利都得不到保证。纵观东西方人类社会,残疾人的生存环境也是从原始的生命剥夺逐渐发展到重视残疾人各项权利保护的。这也就是为什么很多学者指出一个社会文明发展的重要标志是这个社会对残疾人的接纳与保护。

作为一个动态的概念,残疾人权利的内容也是随着政治、经济、文化的发展而不断扩充、改变、调整的。当今世界人类社会文明整体发展很快,从残疾人权利的立法保障来看,无论在发达国家还是在发展中国家,几乎所有国家都对残疾人权利设定了立法保障,如表4-1和表4-2所示。

表4-1 美国残疾人权利的相关法规

年份	相关法规名称	内容特点
1958	《国防教育法》	授权大学培养为智力障碍人士服务的专门人员。标志着关于残疾人权利的联邦立法的开始
1961	《特殊教育法案》	目的在于为听障儿童教育教师提供专业准备
1963	《国防教育法修正案》	所有的残疾类别都需要特殊教育
1964	《公民权利法案》	对公民权利进行保护
1965	《基础教育法》	国家和地方学校必须要对经济弱势儿童提供专项基金专设教育项目
1966	《基础教育修正案》	残疾人教育部的出现
1967	《基础教育修正案》	强调了要提供体育训练、休闲娱乐、体育教育等项目
1968	《排除对肢体残疾建筑障碍研究》	第一个针对建筑障碍的联邦法案
1970	《残疾学生教育法案》	影响产生《所有残疾儿童教育法》的重要法案
1973	《康复修正案》	残疾人不能因为残疾被联邦政府资金支持的项目或法案排除
1974	《儿童虐待保护法案》	建立保护儿童不被虐待的体系
1975	《所有残疾儿童教育法》	对于3~21岁的残疾人都能受到免费且适当的教育。对于儿童的教育必须是在最低限制环境中,个人教育计划必须设定,连续教育场所服务必须提供,资源与服务必须提供,分隔教育的原因必须充分,并且首次提到了体育教育必须安排

续表

年份	相关法规名称	内容特点
1977	《发展性残疾辅助权利法案》	更新了发展性残疾 1970 年和 1975 年的立法
1978	《业余体育法》	残疾人体育组织是美国奥林匹克结构中的部分,并且要得到资金支持
1979	《教育组织部门法案》	将隶属于健康、教育和社会医疗办公室的教育办公室单列为新的教育部门
1983	《所有残疾儿童教育法修正案》	要求地方收集关于残疾儿童服务期望的诉求信息。鼓励地方为残疾婴儿和学前儿童提供服务
1986	《残疾儿童保护法》	规定了对于残疾儿童家长关于其儿童教育安置和合理教育服务问题的法律服务的支持
1987	《少年儿童保护法新授权》	强调开展对于虐待儿童致残的研究
1988	《对残疾人提供科技支持法案》	对地方政府提供支持与协助,为每个地方政府发展、建立残疾人科技协助的供需互动综合项目提供设计与开发
1990	《残疾人教育法》	过去用的"残缺"一词被取代为"残疾"。服务的范围拓宽

资料来源:Auxter D. Principles and Methods of Adapted Physical Education and Recreation (11nd). McGraw Hill Higher Education,2009.

表 4-2　世界范围内部分国家的残疾人权利的相关法规

相关法规名称	年份	国家	条款主要内容
《教育法案》	1981	英国	有特别需要的儿童应该在融合环境中接受教育
《残疾人保护法》	1982	厄瓜多尔	保护残疾公民的社会融合,保障其在文化、教育、健康、工作、住宿、休闲、体育方面的平等权利
《残疾人 180 法律》	1992		保护残疾人的社会权利
《法律 7600—哥斯达黎加残疾人平等机会法》	1996	哥斯达黎加	对于残疾公民的平等机会提供保障与指导
《残疾人国家行动计划》	1992	捷克	不是正式立法,而是国家采取手段去增加社会对残疾的认知,保障残疾人的平等权利
《减少残疾消极影响行动计划》	1993		
《残疾人平等机会国家行动计划》	1998		
《残疾人保护法》	1995	格鲁吉亚	强调社会上层建筑、医疗、工作、康复、教育、专业准备、社会发展以及体育运动中残疾人的平等权利
《乌兹别克斯坦共和国残疾人社会保障法》	1991	乌兹别克斯坦	提出了发展残疾人康复项目以及专门体育活动的条款

续表

相关法规名称	年份	国家	条款主要内容
《公共教育法》	1998	匈牙利	允许残疾人在特殊的或融合的教育环境下接受教育,确保没有一个残疾人因为残疾而失去教育机会
《残疾人生存权利和平等机会权利》	1998		是对平等机会权利的补充,强调给残疾人提供平等的社会机会
《残疾人劳动保障法》	1998	毛里求斯	要求雇主必须给残疾人提供就业机会,让其为国家发展做贡献
《残疾人信任基金法案》	1998		向残疾人青少年和成人提供职业训练基金
《建筑法案(修改)》	1999		有关部门要在必要的场所改善建筑物的无障碍情况
《残疾人就业与康复法令》	1981	巴基斯坦	要求公共或私人机构必须有1%的残疾人雇用率
《残疾人法案》	1992	菲律宾	促进残疾人融合于主流社会
《无障碍法》	1992		强调建筑设施的可进入性

无论是美国、欧洲国家,还是发展中国家,对残疾人权利的立法保护都是普遍存在的,对于残疾人权利的立法也表现出显性和隐性、专门和从属的区别。

我国从残疾人权利保障入宪后,一系列关于残疾人权利保障的行政、部门、行业、地方性法规不断出台、更新、修改,极大地促进了残疾人权利的保障。特别是作为联合国《残疾人权利公约》的倡导国和起草工作组的成员国,在北京承办的21个亚太国家和地区的公约政府会议期间,通过了《北京宣言》,于2008年正式批准了《残疾人权利公约》。与其他各国立法相似,我国的残疾人立法涉及残疾人社会、文化生活的各个层面,对残疾人权利的立法保护是非常重视的。法律法规形式既包括专门的残疾人法律法规,也包括从高阶到低阶的一系列立法、规定,如表4-3所示。

表 4-3　我国残疾人权利的相关法规

相关法规名称	主要内容
《宪法》	第四十五条第三款规定:"国家和社会帮助安排盲、聋、哑和其他有残疾的公民的劳动、生活和教育。"
《残疾人保障法》	是我国第一部关于残疾人各项权利保障的专门立法
《残疾人教育条例》	第二条第一款规定:"国家保障残疾人享有平等接受教育的权利,禁止任何基于残疾的教育歧视。" 第三条第一款规定:"残疾人教育是国家教育事业的组成部分。" 并且从学前教育、义务教育、职业教育、普通高级中等以上教育及成人教育等方面对残疾人教育作出规定

续表

相关法规名称	主要内容
《教育法》	第九条规定:"中华人民共和国公民有受教育的权利和义务。公民不分民族、种族、性别、职业、财产状况、宗教信仰等,依法享有平等的受教育机会。" 第三十八条规定:"国家、社会对符合入学条件、家庭经济困难的儿童、少年、青年,提供各种形式的资助。"
《城市道路和建筑物无障碍设计规范》	为方便残疾人的出行,对城市道路、公共建筑、设施的无障碍建设进行了统一的规范
《残疾人就业条例》	对残疾人就业在立法宗旨、指导方针、政府职责、社会支持和残疾人就业工作的组织实施、用人单位责任、法律责任、社会支持等问题进行了解答
《残疾人保障法》(2018 修正)	第一条规定:"为了维护残疾人的合法权益,发展残疾人事业,保障残疾人平等地充分参与社会生活,共享社会物质文化成果,根据宪法,制定本法。" 并且总结了康复、教育、就业、社会保障、文化生活和无障碍环境建设六个方面的内容

二、残疾人体育权利

(一)残疾人体育权利的内容

2006 年,由联合国颁布的《残疾人权利公约》对于世界范围内残疾人权利的发展有里程碑的意义,它强调了所有人类无论其残疾与否,都能享有所有的人权和基本的自由。该公约的第三十条"参与文化、休闲、体育生活"中强调了残疾人进行身体活动和参与体育竞技的权利。其具体内容如下。

为了促进残疾人能够在平等的基础上参与娱乐、休闲和体育活动,签约国应该采取合适的措施。

第一,鼓励并促进参与,最大可能地促使残疾人参与各种水平、形式的主流体育活动。

第二,确保残疾人与健全人一样具有平等的机会去组织、发展、参加与其残疾特征相适应的竞技体育、休闲体育活动,并获得合适的指导、训练以及资源。

第三,确保残疾人能够进入体育、休闲以及旅游场所。

第四,确保残疾儿童能够与其他健全儿童一样有平等的机会参加游戏、娱乐、休闲、体育竞技活动,包括学校系统内的体育活动。

第五，确保残疾人能够得到娱乐、旅游、休闲、体育活动的组织平等服务的机会。[①]

公约第三十条规定了体育场所、建筑的无障碍设置必须保障残疾人能够进入场所、建筑参与游戏、体育活动。相关人员应该能够在体育教育和训练活动中得到合适的训练指导。公约贯彻了融合的思想，指出残疾人应该被融合于各类体育活动中。

(二)残疾人体育权利的分类

体育权利的分类根据选择标准的差异可以有不同的分类形式，例如：将体育权利作为自由权利可以分为"生命权和健康权的下位权利""体育中的受教育权和文化权利""体育工作者、职业运动员的劳动权与工作权"；将体育作为社会权利可以分为"体育经济权""体育社会权""体育文化权"；"中国公民体育权的宪法权利"包含了"基本人权""身体健康权""公平竞赛权"和"受教育权"；根据基本法与普通法律规定的不同，可以将体育权利分为基本体育权利和普通体育权利。基本体育权利是宪法所规定的人们在国家政治生活、经济生活、文化生活和社会生活中的体育根本权利。普通体育权利是宪法以外的普通法律所规定的体育权利。根据体育权利性质的不同又可以分为选择性体育权利和豁免性体育权利等。在本书中，根据残疾人权利内容的指向及属性特点，残疾人体育的功能性质以及基本人权的内容，残疾人体育权利可以分为以下几个方面，如表 4-4 所示。

表 4-4　残疾人体育权利内容分类

权利内容	解释	表现
残疾人体育人身权利	残疾人体育的人身权利体现的是人权的自然属性，是体育的生命和健康属性，是一切其他体育权利内容的基础	残疾人参与的具有健康性质的体育锻炼、康复性体育活动、竞技类体育项目以及休闲体育活动等
残疾人体育教育权利	残疾人在学校环境中接受体育教育和在学校环境外接受指导，是残疾人体育权利教育属性的体现	残疾人接受体育教育、社会体育指导、获得体育信息等
残疾人体育经济权利	残疾人进行相关体育活动过程中产生的经济行为受到保护的权利，是残疾人体育权利经济属性的体现	残疾人参与体育工作，得到体育劳动报酬，有偿参与体育活动、组织、俱乐部，退役残疾运动员经济保障等

①Community-Based Rehabilitation CBR Guidelines. (2014-07-06)[2016-08-05]. http://www.who. int/disabilities/cbr/en/.

续表

权利内容	解释	表现
残疾人体育文娱权利	残疾人具有选择满足自身需要的体育娱乐文化的权利,是残疾人体育权利文化属性的体现	残疾人观看体育赛事,享受体育科技成果,参与体育组织,进行体育研究及文化创造等
残疾人体育政治权利	残疾人能够平等参与、影响体育政治生活的权利,是残疾人体育权利中社会公正和正义属性的体现	残疾人进行体育管理,参与听证、诉讼、申诉、仲裁等相关政治活动

从残疾人体育权利的内容分类来看,残疾人体育权利内容具体到一般权利的各个层面,涵盖了各种形式的残疾人权利。然而,作为特殊群体、弱势群体的权利,残疾人体育权利首先基于的是对于残疾人平等、公平的保障。残疾人受到其身心特征的影响,其体育权利在实现、保障过程中必然会表现出特殊性。由于体育权利本身的属性特征,残疾人体育权利与其他基本人权、公民权利之间存在错综复杂而又相互影响的关系。

(三)我国残疾人体育权利的立法保护情况

与很多国家一样,我国残疾人体育的法律法规既有显性的也有推导的。虽然没有专门的残疾人体育立法,但是相关的内容却出现在地方法律法规以及行政部门的规章文件中,涵盖了残疾人体育活动的各个方面,如表 4-5 所示。

表 4-5　我国残疾人体育权利的相关法律法规

相关法律法规名称	内容
《宪法》	第四十五条第三款规定:"国家和社会帮助安排盲、聋、哑和其他有残疾的公民的劳动、生活和教育。" 第四十六条规定:"中华人民共和国公民有受教育的权利和义务。国家培养青年、少年、儿童在品德、智力、体质等方面全面发展。"
《体育法》	第二十三条规定:"全社会应当关心和支持未成年人、妇女、老年人、残疾人参加全民健身活动。各级人民政府应当采取措施,为未成年人、妇女、老年人、残疾人安全参加全民健身活动提供便利和保障。" 第二十五条第一款规定:"教育行政部门和学校应当将体育纳入学生综合素质评价范围,将达到国家学生体质健康标准要求作为教育教学考核的重要内容,培养学生体育锻炼习惯,提升学生体育素养。" 第八十四条规定:"公共体育场地设施管理单位应当公开向社会开放的办法,并对未成年人、老年人、残疾人等实行优惠。免费和低收费开放的体育场地设施,按照有关规定享受补助。"

续表

相关法律 法规名称	内容
《残疾人保障法》	第四十一条规定:"国家保障残疾人享有平等参与文化生活的权利。各级人民政府和有关部门鼓励、帮助残疾人参加各种文化、体育、娱乐活动,积极创造条件,丰富残疾人精神文化生活。" 第四十二条规定:"残疾人文化、体育、娱乐活动应当面向基层,融于社会公共文化生活,适应各类残疾人的不同特点和需要,使残疾人广泛参与。" 第四十三条规定:"政府和社会采取下列措施,丰富残疾人的精神文化生活: (一)通过广播、电影、电视、报刊、图书、网络等形式,及时宣传报道残疾人的工作、生活等情况,为残疾人服务; (二)组织和扶持盲文读物、盲人有声读物及其他残疾人读物的编写和出版,根据盲人的实际需要,在公共图书馆设立盲文读物、盲人有声读物图书室; (三)开办电视手语节目,开办残疾人专题广播栏目,推进电视栏目、影视作品加配字幕、解说; (四)组织和扶持残疾人开展群众性文化、体育、娱乐活动,举办特殊艺术演出和残疾人体育运动会,参加国际性比赛和交流; (五)文化、体育、娱乐和其他公共活动场所,为残疾人提供方便和照顾。有计划地兴办残疾人活动场所。"
《全民健身 计划纲要》	第十四条规定:"广泛开展残疾人体育健身活动,提高残疾人的身体素质和平等参与社会活动的能力。丰富残疾人体育健身方法,培养体育骨干,提高残疾人体育运动水平。"
《特殊教育学校 暂行规程》	第二十六条规定:"特殊教育学校应重视体育和美育工作,学校要结合学生实际,积极开展多种形式的体育活动,增强学生的体质。学校应保证学生每天不少于一小时的体育活动时间。" 第三十条规定:"特殊教育学校应加强活动课程和课外活动的指导,做到内容落实、指导教师落实、活动场地落实;要与普通学校、青少年校外教育机构和学生家庭联系,组织开展有益活动,安排好学生的课余生活。学校组织学生参加竞赛、评奖活动,要执行教育行政部门的有关规定。"

三、我国残疾人体育权利保护存在的问题

(一)残疾概念认知的缺失

公民权利的保障和实现情况会非常明显地受到社会意识形态的影响。从我国残疾人体育的立法来看,当前对于残疾的认知依然主要是基于医学生物模

型的认知。残疾概念的医学模式是典型的以人的个体差异进行分类的。我国2018年修订的《残疾人保障法》总则第二条规定:"残疾人是指在心理、生理、人体结构上,某种组织、功能丧失或者不正常,全部或者部分丧失以正常方式从事某种活动能力的人。残疾人包括视力残疾、听力残疾、言语残疾、肢体残疾、智力残疾、精神残疾、多重残疾和其他残疾的人。残疾标准由国务院规定。"

早在2001年开始,世界卫生组织对于残疾、残疾人的定义已经以功能、残疾、健康分级的方式,从人与社会的动态关系进行解释(详见第一章)。2006年的《残疾人权利公约》中对于残疾的定义也是以功能、残疾、健康分级的方式进行解释,从社会层面对残疾人权利的保障进行分析和约定。

遗憾的是,在我们国家的一系列残疾人立法中,对残疾的定义完全是以医学模式进行的。基于这样的残疾认知,立法会过多地将残疾人的身体、心理差异夸大,而忽略了社会给残疾人造成的影响,所有的调适和保护成为一种在"正常之外"的关爱行为与额外工作。

具体到残疾人体育权利方面,由于显著的医学模式色彩,人们对于残疾人参与体育的诉求过多地集中在康复类的身体活动上。一切的社区体育、健身体育都完全被植入了康复思想,而对于残疾人体育其他权利的诉求则不够重视。

(二)体育两级管理、交流沟通不畅

中国残疾人联合会(简称中国残联)在1993年6月29日召开会议,签发了《中国残疾人联合会会务会议纪要》。接着,中国残联和国家体委于1993年7月16日签发了《关于理顺中国残疾人体协工作关系,进一步加强残疾人体育工作的磋商纪要》(以下简称《纪要》)。《纪要》中强调,残疾人体育工作的重点转移到中国残联,这是体育改革的需要,是我国残疾人体育发展的大势所趋。根据《纪要》决定,中国残联成立了体育处,在国家体育工作方针指导下,在中国残联的领导下,完成了体协一切手续。至此,残疾人体育工作移交于中国残联管理。在中国残联的领导下,残疾人体育事业发展迅速,特别是在国际重大比赛上,我国的残疾人运动员取得了较为卓越的运动成绩。地方残联也普遍把残疾人竞技体育的发展作为一项长效工作,有条不紊地进行并不断推广。

近年来,随着整个社会对于群众性体育活动诉求的不断提升,我国政府越来越重视公民体育权利的保障和实现,社区体育服务、群众性体育活动等一系列与广大人民群众切身利益密切相关的健康、休闲体育发展成为当前研究和实践的重点。随着政府职能向服务型转变,作为精神文明、物质文明建设载体的社会最基本生活单位,社区的功能受到了普遍的关注和重视。社区也成了公民体育权利实现、公共体育服务的落脚处。

然而,在健全世界逐渐推广和研究的公共体育服务,对于残疾公民来讲还处于发展初期。由于对残疾人体育权利认知的全面性和先进性不够,社会对残疾人进行体育服务的意识还相对淡薄。特别是当前的管理机制在一定程度上也造成了残疾人与健全人公共体育服务发展缺乏协调规划的问题。

发达国家普遍把残疾人体育服务作为公共体育服务的一部分,在制定发展规划以及实施策略时,由体育部门统一规划,通过体育服务网络逐层递进,最后落实于社区。在我国,与残疾人相关的体育事务主要由中国残联承担,中国残联体育部负责以下事项:研究、拟订残疾人体育工作的政策法规和发展规划并实施监督;指导并开展残疾人群众性体育活动,协助配合有关部门和单位承办重大国际残疾人体育赛事;指导中国残联主办、主管的体育机构的业务工作。与竞技体育相比,社区体育、公共体育服务的特点决定了管理层面必须要有一致性的规划、实施,因为其受众面更为广泛,情况更加复杂。仅仅靠中国残联或者体育职能部门单独完成这一庞大的、涉及最广大公民群众体育权利保障的服务构建,是无法得到有效实现的。

(三)体育权利诉求渠道不畅通

残疾人体育权利的保障和诉求表达机制的缺失、断层现象非常明显。随着残疾人体育权利意识的上升,涉及体育权利诉求的数量不断增长,范围也不断扩张,不再仅局限于康复性质的体育活动,还涉及了一系列社会文化、休闲健康类的体育诉求。

然而,不光是残疾人体育诉求,健全人体育诉求的表达机制和渠道的断层、缺失现象也是当前我国公共体育服务所必须解决的重要矛盾。对于残疾人而言,虽然我国非常重视残疾人权利的法律救济,包括从宪法救济制度、行政救济制度、司法救济制度三个方面做出改变或酝酿改变,但是就体育权利而言,残疾人体育权利诉求表达的成本较高以及个体意识程度偏低,严重阻碍了残疾人体育权利诉求的表达。

首先,残疾公民对于体育权利的整体意识水平偏低,权利保护意识不强;同时,行政和司法效率不高,造成了残疾人权利诉求表达的成本较高。其次,《关于残疾人世界行动纲领》指出:"社会对残疾人的态度可能是取得平等权益的最大障碍。"整个社会对于残疾人体育权利的认识、态度情况还不容乐观。虽然北京残奥会、广州亚残运会以及一系列残疾人运动展示活动的开展提高了社会对于残疾人体育的认识,但是对于残疾人一般体育权利保护的认知还无法摆脱医学模式,残疾人体育权利更多地被限制在医学康复领域,而其他方面的内容则不被重视。最后,整体而言,我国的残疾人法律保障实施相对欧美等发达国家较弱,这也显著地体现在体育权利保障方面,相关法律责任规定内容不具体,执法方、责任方、处罚类型及形式都不够明确,操作性不强,这直接导致了当残疾人体育权利受到侵害时,找不到相应的责任机构、部门以寻求合法的体育权利保障。

第二节　美国残疾人体育服务的特征及启示

在残疾人权益的保护方面,我国社会和西方社会之间既存在相似之处,又表现出明显的差异。就残疾人体育权利的保护而言,西方社会更多的是把涉及最广大残疾公民的基本体育权利诉求的实现融于健全社会的健康公共服务建设中,通过政府与社会组织共同协作,在一系列项目的基础上,实现残疾人体育权利的保障以及残疾人体育服务的供给。

近年来,随着我国政府向服务型政府的转变,一系列涉及最广大人民基本利益的服务工作成为政府工作的中心。政府发布的各项文件也向我们传达了今后涉及残疾人健康的基本体育权利的保护和实现将成为残疾人体育发展的重要导向,而政府也会更多地将体育作为健康服务的重要组成,采用多种形式促进社区体育公共服务的实现。

伴随着政府转型期一系列社会变革和行政职能的发展,我国残疾人群众体育发展也必然面临着指导思想、运行方式、管理体系的调整。欧美国家的残疾人体育服务供给模式可为我国残疾人群众体育改革提供参考。

美国有很多的政府部门以及非营利组织对残疾人的身体健康状况进行了相关研究。患有严重精神疾病的人比健全人群的寿命预期值要少 25 年;残疾成年人肥胖的比率要比健全成年人高 50%;根据估算,每年关于残疾人健康问题的医疗花费接近 44 亿美元;与健全成年人相比,残疾成年人的健康状况普遍不良。[1] 因此,美国政府在一系列健康促进文件和规划中都把残疾人作为一个不可缺少的部分。

美国健康与人类服务部于 2008 年制定的美国公民身体活动指导方案对六岁以上的不同年龄的青少年儿童提出促进身体健康的合适的运动指南和要求。该指导方案是美国公民身体活动的重要指导参考方案,美国州政府和地方管理机构都会对方针的执行情况进行评估。其中,有专门的条款针对残疾人提出身体活动的要求,具体如下。

---

[1]Disability and Health.（2014-08-14）［2017-04-18］. http://www.cdc.gov/ncbddd/disabilityand-health/relatedconditions.html.

残疾成年人一周应该完成中等强度负荷的运动累计 150 分钟或高强度负荷、有氧身体活动 75 分钟，或总量相关的中等强度和高强度有氧活动的组合。有氧活动每个片段应该至少持续 10 分钟，并且应该贯穿于一周。

残疾成年人应该进行中等强度或高强度的肌肉力量性的身体活动，锻炼的部位应该涉及主要肌肉群，活动时间应该达到每周两天及以上。这些活动能够带来更多的健康利益。

当残疾人无法达到这一指导方案的要求时，他们应该根据他们的能力从事有规律的身体活动。

残疾人应该咨询他们的健康指导员，选择合适的身体活动类型及总量。[①]

尽管有国家性的指导方案和文件，但是美国残疾人的体育活动情况与健全人相比还有很大差距。2011 年 7 月 21 日，美国举办的残疾人身体活动与运动论坛将一系列残疾人的健康问题与体育活动相联系，对美国残疾人体育服务的情况进行了分析。其大会会议纪要指出了美国残疾人体育活动的状况以及造成这些问题的主要原因[②]，如表 4-6 所示。

表 4-6　美国残疾人体育活动状况及造成这些问题的主要原因

残疾人体育活动状况	主要原因
残疾人因久坐缺乏锻炼的人数比例是健全人的近三倍（29％和 10％）	缺乏相关政策
大约 56％的残疾人不参加任何体育活动，而健全人的这一比例为 36％	缺乏对残疾个体的指导训练
接近 150 万有身体残疾的学生在公立的中小学被排斥于运动竞赛之外	中小学和大专院校缺少融合体育活动与专门的残疾人体育活动项目
残疾人更有可能经历态度、社会、项目安排障碍，这些障碍会影响残疾人在体育活动、体能锻炼、休闲及体育教育等方面的融合	家长和残疾青少年对残疾人体育权利的意识与认知淡薄
健康行为对于促进残疾人健康和提高幸福感的重要性与健全人一样，然而，残疾人却通常被置于健康促进服务之外	缺少残疾人代表对立法者与体育项目管理者的持续宣传
许多休闲设备、户外空间以及体育器械是残疾人无法获取或进入的，这使得残疾人参与体育活动变得非常困难	

①Physical Activity Guideline for Americans. (2014-08-13)[2019-07-26]. http://www. health. gov/paguidelines/.

②FAPTA Physical Activity and Sport for People with Disabilities：Symposium and Strategic Planning. (2014-08-17)[2018-09-25]. http://incfit. org/files/Physical％20Activity％20Proceedings. pdf.

　　为了推进残疾人体育权利保障,促进残疾人的社会融合,美国有很多组织进行了许多长期的实践,这些实践普遍以项目为依托。美国融合体适能联盟是由美国超过150个组织结成的联盟,通过一系列活动和项目向社会宣传残疾人参加体育活动的权利,通过协调各组织关系对环境、政策进行改造,从而减少社会、环境障碍,促进残疾人体育的参与。该联盟负责提高体育场所的可进入性、场地器材的安全性、项目的全纳性,从而在休闲体育、体能促进活动中增加残疾人的参与性,改变残疾人久坐、缺乏运动的生活习惯。

　　美国运动医学学院设置的融合体育体能训练师专业认证项目通过一系列的资源提供、网络课程以及在线测试,对在融合环境下能够进行专业的残疾人体能训练指导提供支持。作为一个非营利组织,其联合相关的政府组织以及国家健康管理部门,共同设计了教学、实践、培养方案,从而保证具有其认证的训练师有着较高的指导残疾人进行体能训练的能力。如上文所述,有很多国家的政府以及民间组织,从不同的角度设计、实施特定的国家层面或地区、区域层面的身体活动及体育锻炼项目,独立或协调合作进行资金筹备、服务提供等。由美国疾控中心发起的全美健康社区项目是美国健康、体育服务的典型项目,而基于该项目进行的一系列残疾人社区体育、健康服务的供给成为美国一系列残疾人群众体育服务提供的重要方式,并得到了推广。

一、健康社区项目

　　2003年10月,在美国基督教青年会的协作下,美国疾控中心开始在美国范围内资助社区进行健康促进活动。通过五年的合作,美国疾控中心汲取经验,扩大其资助社区的范围,在2009年1月正式创立了健康社区项目。全美已经有超过300个社区通过美国疾控中心的审核,受资助并按照要求建设社区健康环境、政策、体系。通过与州立和地区健康部门、国家合作伙伴的紧密合作,健康社区计划促进了健康生活文化的形成,同时为可持续的健康环境变化建立了国家网络体系。

　　健康社区运动是一个全球性的运动,其强调通过对地区、州县乃至国家体系和环境做出持续积极的改变、调整,努力提高家庭和个体的健康与幸福感。在美国,数以万计的社区合作落实了健康社区运动在公民学习、工作、生活场所的实践。除美国疾控中心外,这一运动还包含了医院、健康医疗体系、州立地方健康管理部门、社区、宗教组织、学校系统、商业系统、媒体组织、国家政策组织以及社会组织网络体系。

　　健康社区项目可以直接联系州政府与社区管理机构。通过社区健康环境改革行动、健康社区先驱项目,美国疾控中心与一系列组织建立了合作关系,包括美国国家慢性病指导协会,美国郡县、城市官员联合会,美国休闲公园协会,公众健康教育协会以及美国基督教青年协会。

每一个健康社区项目都包含以下元素:协调全国范围内的工作网络对社区提供技术和训练指导支持;对政策性的策略设计提供资助;与社区管理领导者联系,提供如何有效实施相关策略的培训;传播这些有效的策略,培养合作伙伴和更多社区;监控、评价这些策略的实施,探索新的实践方式。

通过这些工作,健康社区项目及其合作伙伴应该促进以下目标的实现:促进社区居民在其生活、工作、游戏、学习场所的健康行为;采取行动解决社区健康问题;形成可促进、保持健康和生活质量的政策与稳定环境;形成对于预防慢性疾病和相关危险因素的社区预防行动;总结经验,预见性地处理未来的健康挑战。

随着健康社区项目的不断发展,越来越多的社区加入了该项目,并得到资助,在地方政府的协调配合下,不断推进健康行为的形成以及体育活动的参与。在这一过程中,项目制定者注意到了相同社区内的个体差异情况和不同社区的个体差异情况会影响项目的执行情况,这就要求健康、体育服务供给从设计层面到执行层面都需要进行细致的思考,在充分考虑个体差异的情况下,服务于社区的所有个体。美国疾控中心的研究发现,残疾人和患有慢性疾病的人由于他们健康情况造成的结果会影响他们所在的社区,而社区有责任去思考如何提高体育、健康设施场所的无障碍性从而减少不同人群的健康差距。社区作为体育服务供给的单元,是美国一系列残疾人群众体育服务的实施场所,而融合则成为残疾人社区体育活动的重要形式。因此,从 2011 年开始,作为健康社区项目的补充和发展,社区可持续健康融合指导规划开始在原有的和新的健康社区项目中广泛实施。

二、融合环境下的残疾人体育健康服务的价值理念

(一)融合

融合意味着基于社会公正的原则,所有社区的成员都是有能力的,能被社区接纳并且有价值体现,能和他的同伴共同参与社区活动,并和其他成员有稳定的社会关系。

就健康社区体育服务而言,融合参与应该体现在以下两个层面。

第一,物理环境的可进入性。对于所有体育活动参与者而言,所有的外界

物理环境都是合适的、可进入的,并不需要特殊的协助。例如,不需要为残疾人开设另外的入口,因为公用的入口适合每个人。器械、练习设备的位置留有足够的空间让那些使用轮椅和拐杖的残疾人也可以自由移动。

第二,体育锻炼项目的可进入性。物理环境以及语言交流的资源、形式丰富,能够满足不同能力个体的需求。但为了能够促进残疾人的参与,在体育锻炼项目中可根据需要适当安排支持。除可以及时使用体育器材设备、进入体育场馆外,体育锻炼的可进入性还包括推广、促进、宣传,从而确保所有的社区健全成员能够接纳残疾成员,并且残疾成员能够积极地参与到社区体育锻炼项目中。

(二)全纳设计

美国残疾人与高等教育联合会研究发现,过去一段时间里在专业服务领域出现了不仅针对个体可进入性,而且关注可持续应用的环境设计。以全纳设计的方式提供服务能够促进融合环境的形成,降低对个体安置的特定需求,从而为提供服务的人员创造合作性的、更有意义的环境。这种全纳设计的概念可以应用于家庭、学校、工作场所、医疗健康系统和社区。

北卡罗来纳州立大学全纳设计中心将其定义为:"最大可能地促使产品或环境适用于每个个体,而不论他的年龄、能力和特点的理念。""全纳设计的原则是以同样的产品或环境提供给所有的人,从而避免隔离的情况出现。"该理念来源于早期的无障碍思想,且容纳了更广阔的可进入运动,调适、辅助科技的思潮组成了其核心价值。随着生命预期时间的增加,以及现代医疗水平的提高,患有严重疾病、损伤和先天疾病的个体的生存率大幅度提升,整个社会对于全纳设计的重视程度也越来越高。

就健康社区的体育服务而言,全纳设计的理念对于实践者实现融合环境下残疾人和健全人共同参与体育活动有着重要的意义。专门的和排他的器械、环境、装备如果仅适用于残疾人个体,则很有可能造成残健的隔离。因此,在设计体育锻炼项目与选择或调适体育设施时,服务提供者要考虑如何贯彻全纳设计的原则,在活动、政策和环境上提高所有社区成员的参与性。

(三)可持续性

在健康社区项目中,可持续性在于一个社区能够不断地集合相关力量和资源,建立、推进、落实有效的健康策略,从而提高社区居民的健康和生命质量。

（四）可持续融合

可持续融合就是指以融合与全纳设计的理念制定相关政策，改善服务体系与环境，从而提高社区内所有个体的健康水平与生活质量。

（五）可持续融合社区

可持续融合社区是指提高社区所有居民的健康程度和促进健康平等，通过一系列的政策、系统和环境的调整，服务到每个个体。在健康促进过程中，体育活动是必不可少的重要组成。因此，可持续融合社区必然包含了一系列与残疾人相关的体育活动的融合和参与。通过多种形式减少障碍以及推进可进入诉求的实现，包括提高体育服务费用的可承担性，提高体育场馆、场地设施的可进入性等。

三、可持续的残健融合健康、体育社区服务组织

有研究发现，对于残疾人的社会孤立情况在社区是非常明显的，这种孤立会导致抑郁和因缺乏运动而出现的慢性疾病。在一系列生活、社会障碍中，影响最大的就是残疾人缺少及时的社区联系互动。当人们有意识地去融合残疾人于健康社区项目和相关活动时，这种社会障碍的影响将会减小，并且对于社区的整体健康和幸福情况都会有促进作用，最终会提升健康社区建设的效果。

有效、持续地融合残疾人是健康社区服务的工作，通过社区团队努力，共同促进社区所有的居民能够进行有效身体活动和培养健康生活习惯是衡量健康公共服务的重要指标，因此，社区服务团队应该采用各种方式促进残疾人社区活动的融合，鼓励健全人主动接纳残疾人参与持续健康融合规划，促使社区能够给社区的所有成员提供健康服务、体育活动、营养以及其他服务，社区成员能够共同享受这些服务。这就要求健康社区项目更进一步发展，无论在建设还是调整健康社区服务时都要注意以下几点。

第一，健康活动对于所有社区成员而言都是可进入的。

第二，制定公共健康政策时必须考虑残疾人。

第三，社区在制定和实施健康、体育服务计划时必须要有来自社区的残疾人代表参与。

无论是一个可持续健康社区计划的资助单位，还是具有独立健康服务的团队，必须按照其相关的政策执行方式基于融合的理念重新进行调整。在对每一个工作进行思考的时候，需要考虑以下几个问题。

一是需要采取哪些措施促使健康社区服务团队及合作伙伴认同融合的理念?

二是服务团队是否需要对相关政策进行评估、调整,从而更好地促进融合的实现?

三是健康社区的推进策略是不是融合性质的?

四是如何扩展目前的健康社区团队,并与其他相关社区保持联系,从而促进融合?

根据社区可持续健康融合指导规划,所在社区健康团队需要以下十步来审视社区的健康服务工作、计划以及实践中的残疾人融合情况。

第一步:建立可持续的认同。要让社区居民以及相关利益者在健康社区服务团队、合作伙伴的目标和认识上达成一致,这样才能让他们在日常生活中以融合的观念来思考。

第二步:设定融合健康社区团队计划。社区健康团队要负责讨论相关问题、做出决定、实施可持续健康规划。无论这个团队的规模有多大,成员有多少,只要尽可能多地要求他们在计划制订时参与,那么在以后的执行过程中团队成员内部的支持和沟通就会加强。在思考社区健康、体育活动、休闲项目服务融合环境的设定中,应该尽可能邀请以下领域的社区代表参与,包括社区官员、地区商业代表、非营利组织代表、区域政策制定者代表。

每一个涉及的领域都应该有相应的残疾机构,如:社区代表中邀请社区残疾人领导或残疾人权利保障方面的律师;社区组织可以邀请独立生活中心的代表;健康医疗领域可邀请康复医师、运动理疗师;学校教育领域可邀请特殊教育教师、残疾儿童家长、体育教师;工作职业领域邀请职业康复专家、工会领导;等等。只有在这些相关领域人员的共同参与下,制订的社区融合健康、体育活动服务计划才能够得到有效贯彻。

第三步:对团队健康服务工作进行评估与分析。鼓励团队成员对当前运行的政策、体育活动和其他以往成功与失败经验进行探讨和反思。在这些成功经验的基础上,思考如何在今后的政策制定、工作实施、规划发展中促进融合的实现。

例如圣保罗犹太社区中心的社区公共服务就是公共服务融合发展的典型。圣保罗犹太社区中心起初有专门的为残疾人提供健康、体育活动服务的机构,但是后来残疾人(特别是残疾儿童)很少参与隔离的服务项目。社区服务人员走访了残疾人家庭,发现残疾儿童家长希望自己的子女与同龄的健全人一起进行活动,接受服务。在明尼苏达大学副教授斯图尔特博士的组织下,该机构对如何让残疾人与健全人共同接受健康、体育活动服务,促进有效互动进行了讨论、规划、预研究、执行、研究,最终提出适合其所在社区的六步融合支持模式,如图 4-1 所示。

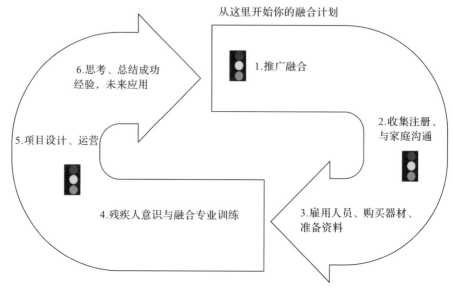

图 4-1　圣保罗犹太社区中心融合项目的六步融合支持模式①

第四步：对正在开展的和即将开展的项目进行监控。主要可以采用以下方式：使用健康社区指标对健康、体育活动项目实施阶段的融合程度进行评价；采用健康影响测量表对相关政策、环境、系统的融合程度进行测量；实施社区健康需求测量；实施新的政策，以多种形式传递相关信息，确保公共网站是无障碍使用的；实施完全街道政策，完全街道政策是指所有的道路在设计和运营上都能确保对所有的使用者，无论采用何种移动方式都是安全、舒适、可进入的；确保融合写入所有的健康社区相关的政策、规则、文件中；确保融合政策在所有公共场所落实，包括公园、社区活动中心、体育场馆等。

第五步：设计标准来评价与决定应该继续进行的工作。成功的健康社区的一个重要特点就是它能够对因为项目介入而引起的社区积极变化进行评价。系统地设计一个评价方案，使其能够对促进残疾人融合的政策、系统和环境的变化做出前后评估，并采用一些相关的科学量表进行评估。

第六步：判断哪些工作应该优先，哪些应该保持，哪些应该中止。根据设计的标准和评价情况，对项目的计划做出调整，对那些停滞的工作或无法继续执行的工作进行分析，对团队构成情况进行分析，根据这些分析寻求更多来自其

①The JCC Six-Step Process of Inclusive Programming Cycle. (2014-07-16)〔2015-03-09〕. http://www.nchpad.org/341/2007/Best～Practice～of～Inclusive～Services～～The～Value～of～Inclusion.

他社会领域的支持,如图 4-2 所示。

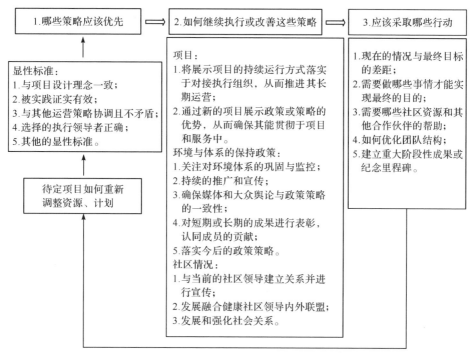

图 4-2　融合健康社区工作策略判断流程①

第七步:对确定继续执行的工作进行优化选项设计。在团队确定将要继续执行的优先项目后,要对如何更有效地协调资金、配置资源于这些工作进行设计。思考如何创造更多的机会和资源减少残健健康差距,融合残疾人于健康社区的体育活动中。优化选项设计案例如表 4-7 所示。

表 4-7　优化选项设计案例

政策方向	政策内容	资金来源策略
改造环境使其适应更多体力活动,并确保安全	采用机动车减速设备确保步行安全并鼓励步行	和社区规划发展办公室说明立场,共享资源
	在市中心设置步行指导地图和向导说明步行距离	把相关的项目列入预算
	设置城市、社区绿道、自行车道,鼓励骑行	和市政公共事务办公室共享资源

①The Sustainability Framework. (2014-08-20)[2014-12-20]. http://www.tylernorris.com/pubs/sustainability-framework.pdf.

第八步：建立一个可持续的融合健康社区规划。将以上工作的全部信息收集后，建立一个可持续的融合健康社区规划，其中包括确定来自团队成员和外界决定者的投入与采购内容，确定重要的短期和长期的方针政策，确定最佳的团队组成和结构，获取实行这些相关政策方针的资源，记录和组织已经收集的信息，包括评价情况、方针和行动清单、预算花费、评判标准指标等。

第九步：运行可持续的融合健康社区规划。

第十步：对本社区规划运行情况进行评价。要采用社区健康融合指标或其他相关的工具对残疾人在社区健康、饮食、体育活动的融合参与情况进行全面评价。

四、美国残疾人体育服务特征

(一)强调在残健融合环境下提供体育服务

《美国残疾人公法》明确要求公园、休闲项目以及服务必须在最融合的环境中提供。融合已经成为美国残疾人公共服务中的重要概念，无论在社区、学校还是其他社会领域，融合的环境都应该是首选。在针对残疾人提供体育服务的设计中也明显贯彻了这一观点。如上文提到的在融合社区健康服务中，身体活动、体育锻炼服务就是以残疾人所在的社区环境为基础，促进残健交流的融合环境下的群众体育服务，残疾人体育权利的保障也是在融合的环境下实现的。

在体育健身俱乐部、专业休闲体育组织中也有一系列相关的针对残疾人提供服务的项目，而绝大多数项目的体育服务也是在融合的环境中进行的。例如，美国运动医学学院与美国国家健康、运动与残疾中心设置的融合体能训练师项目就是主要对健身俱乐部教练员进行培训的项目，教练员在完成一定数量的课程后，会得到其联合颁发的证明，从而证明其具有在融合的环境中对残疾人进行体能、身体锻炼指导的资质。

(二)项目为主导、重视宣传

针对残疾人提供的体育服务基本上都是以项目为主导推广开来的。这些项目既有全国性质的公共服务项目，如融合健康社区项目，也有各地方、社区开展的项目，如融合社区公路竞赛等。这些项目在重视残疾人体育活动的融合环境的同时，首先考虑的是残疾人的健康情况。在美国有很多对于残疾人健康问题的科学研究,并且通过各种渠道广泛地宣传体育运动对于残疾人健康的重要作用。

无论是依托公共健康服务还是依托其他社会服务,针对残疾人的身体活动、体育服务都是通过项目和宣传来获取更多资源、关注、支持,从而进行推广、开展的。这样能够引起社会、残疾人自身对个体健康问题足够的重视,从而更加主动地参与到一系列体育、健康服务项目中去。

(三)政府部门引导、社会组织负责

在美国,无论职业体育还是业余体育,其运行都是依托社会组织进行的。在非营利组织、非官方组织高度发展、类别丰富、数量繁多的国家中,残疾人体育服务又带有特殊的性质。它既可以是政府公共服务、社会保障的内容,也可以是非政府组织的健康、娱乐活动。因此,在残疾人体育,特别是残疾人公共体育服务、群众体育促进方面表现出明显的政府部门引导,社会组织、协会、非营利组织实施的特点。

美国正义人权部、美国健康与人类服务部作为政府部门,制定的一系列政策、规划都传达了残疾人体育服务发展的融合理念,以及平等的残疾人体育权利保障要求,而具体负责的社会组织则种类繁多,比较具有规模的包括美国适应体育协会,美国盲人体育协会,美国残疾人体育联盟,美国健康、身体活动与残疾中心,等等。这些社会组织都设有专门的项目,并对其开展的项目进行监控、开发和改善,从而更好地满足残疾人各种体育权利的诉求。

(四)立足社区,因地制宜开展社区体育服务

社区作为最基层的组织,是美国落实各种社会服务的实施单位。美国的社区建设较早,民主自治性较强,在每个社区都有着较为丰富的各种非政府、非营利组织,在其社区的各个领域落实、实践着社会服务工作。

体育服务作为残疾人社会服务的一个部分,具有公共健康性质和弱势人群保障性质,在其实施、执行过程中,社区基层是重要的落实单位。美国社区种族构成复杂,亚文化丰富,社区自治情况特点鲜明,美国公民民主意识较强,这就促使残疾人服务成为社区管理者重要的工作任务。相关民间组织为了维护残疾人权益也在社区设立针对性的项目并进行开展和落实。无论是国家层面发起的,还是州政府提倡的相关残疾人体育服务项目,都必然会考虑具体社区的特点,根据社区具体情况落实残疾人体育服务。

第三节　变革中的我国残疾人体育服务

一、我国残疾人体育服务改革的背景

(一)服务型政府职能的转变

从 20 世纪 90 年代末期开始,我国从生存型社会向发展型社会过渡。在这一过程中,政府的工作重心是促进经济增长。福利国家角色不断被剥离,市场化主导了经济体制改革的发展,成为社会领域的重要特征。然而,中国的社会问题、矛盾越来越明显,特别是广大社会成员需求的全面、快速增长同公共产品短缺、基本公共服务不到位等之间的矛盾成为日益突出的阶段性矛盾。显然,我国市场经济的改革在极大推动社会经济发展的同时,也暴露了一些市场机制无法解决的问题,这些问题也是曾经在西方社会中出现过的。

在经历了短暂的"市场社会"发展后,我国也出现了波兰尼意义上的社会反向运动,即政府通过再分配的方式,对人类社会生存相关的领域进行"去商业化",让全体人民共享市场运作的成果,让社会各阶层分担市场运作的成本,从而把市场重新"嵌入"社会伦理关系之中。

2002 年,党的十六大首次把政府职能归为"经济调节、市场监管、社会管理和公共服务"①。2013 年,第十二届全国人大一次会议、全国政协十二届一次会议通过的《国务院机构改革和职能转变方案》指出:"政府职能转变是深化行政体制改革的核心。转变国务院机构职能,必须处理好政府与市场、政府与社会、中央与地方的关系,深化行政审批制度改革,减少微观事务管理,该取消的取消、该下放的下放、该整合的整合,以充分发挥市场在资源配置中的基础性作用、更好发挥社会力量在管理社会事务中的作用、充分发挥中央和地方两个积极性,同时该加强的加强,改善和加强宏观管理,注重完善制度机制,加快形成权界清晰、分工合理、权责一致、运转高效、法治保障的国务院机构职能体系,真正做到该管的管住管好,不该管的不管不干预,切实提高政府管理科学化水平。"②

①江泽民在中国共产党第十六次全国代表大会上的报告.(2008-08-01)[2015-11-08].http://www.gov.cn/test/2008-08/01/content_1061490_5.htm.
②国务院机构改革和职能转变方案.(2013-03-15)[2015-11-08].http://www.gov.cn/2013lh/content_2354443.htm.

一系列政策、法规、决定的出台及落实,特别是近年来具体的机构改革和职能转变方案的落实,充分彰显了我国政府深化改革,落实民生,关注公民个体全面发展的理念。国家财政支出用于教育、卫生、医疗、就业等与民生密切相关的领域的比例快速增长,公共财政支出结构调整明显。各项社会事业得到迅速发展,覆盖城乡的社保体系已经初步建立,义务教育已经基本实现,基层医疗卫生服务水平得以提升。

(二)基市公共服务均等化发展

政府职能的服务型转变要求政府在社会保障、公共服务领域投入更多的精力和财政支持,在公平、公正的原则上,创新公共服务供给机制,理顺公共服务诉求、反馈渠道,建立公共服务有效评价体系,从而更好地探索、实施适合我国的公共服务。郁建兴和高翔(2012)在研究中发现,与中央政府对公共服务长效机制建立的规划相对的是地方政府在公共服务实践中的创新。相对高层级的政府,地方政府在公共服务提供时具有高效率、高效益和回应及时等多方面的优势。我国幅员辽阔,城乡差异明显,地方政府在承担中央委托的基本公共服务供给职责以外,还因地制宜地创新了公共服务供给方式,调动了市场、社会力量共同参与公共服务的提供。政府不再是公共服务的唯一供给方,市场、社会、政府三方结合的公共服务供给形式已经逐渐开始在地方出现,政府购买、外包、协同治理等多方工作成为一系列公共服务制度创新的表现。

公共服务从本质上讲是对市场自由调节产生的消极后果的积极补救。对每一个国家而言,公民诉求与政府公共服务的有限提供之间一直存在着矛盾。

社会政策要托底。群众对生活的期待是不断提升的,需求是多样化、多层次的,而我们的国力、财力是有限的。因此,政府要保障和改善民生就必须发挥好保基本、兜底线的作用。也就是说,要在义务教育、医疗、养老等方面提供基本保障,满足人们基本的生存和发展需要,同时对特殊困难人群进行特殊扶持和救助,守住他们生活的底线。要多做雪中送炭的工作。"知屋漏者在宇下。"为群众办好事、办实事,要从实际出发,尊重群众意愿,量力而行,尽力而为。群众生产生活遇到了什么困难,要千方百计加以解决,能解决的要抓紧解决,暂时不能解决的要创造条件加以解决。不要搞那些脱离实际、脱离群众、劳民伤财、吃力不讨好的东西。[1] 基本公共服务均等化工作更多的

---

① 习近平系列重要讲话读本:让老百姓过上好日子——关于改善民生和创新社会治理.(2014-08-22)[2018-10-28].http://opinion.people.com.cn/n/2014/0710/c1003-25264271.html.

是公平保障的"托底",主要内容包括：一是基本民生性服务，如就业、社会救助、养老保障等；二是公共事业性服务，如公共教育、公共卫生、公共文化、科学技术、人口控制等；三是公益基础性服务，如公共设施、生态维护、环境保护等；四是公共安全性服务，如社会治安、生产安全、消费安全、国防安全等。

从决策层和执行层来看，群众体育工作的落实紧密结合于我国当前进行的公共体育服务体系的建设。在体育领域的各层级领导部门都把公共体育服务的发展、建设作为其重要的工作任务，在规划、设计、执行方面不断探索适合的路径。

(三)我国残疾人服务体系建设

郑功成(2011)在《中国残疾人事业发展报告》总序中指出，中国残疾人体育事业有了快速的发展，无论在法治建设与政策推进方面，还是在残疾人权益具体落实方面，均取得了很大的成就。然而，目前的残疾人事业更多的是基于同情而不是基于平等，是基于人道而不是基于正义。尽管人道主义是各国残疾人事业发展的共同基石，但这一事业若不能上升到基于正义的平等并被法律所规范，则残疾人的权利将很难得到全面保障，残疾人要想正常地融入社会仍会异常艰难。

近年来，随着我国政府职能转变以及残疾人理论研究的发展，残疾人事业发展越来越多地与世界先进理念接轨。《中共中央 国务院关于促进残疾人事业发展的意见》明确要求，健全残疾人社会保障制度，加强残疾人服务体系建设，营造残疾人平等参与的社会环境，缩小残疾人生活状况与社会平均水平的差距，实现残疾人事业与经济社会协调发展。

残疾人的服务体系建设成为与残疾人社会保障体系建设同等重要的工作。残疾人的服务体系建设正是基于社会公平和正义的思想进行的服务工作。中国残联发表的《加快推进残疾人社会保障体系和服务体系建设》进一步明确了在残疾人事业发展中，服务体系建设的重要意义和落实路径。残疾人是社会保障和公共服务的重点目标人群。残疾人两个体系建设是国家社会保障和公共服务体系的重要组成部分。加快残疾人服务体系建设，提高为残疾人服务的能力和水平，要进一步加强残疾人服务体系建设的总体规划和制度创新，积极探索更加公平、更有效率的制度安排；要以专业机构为骨干，社区为基础，家庭、邻里为依托，有效整合各方资源，统筹发展残疾人康复、教育、就业、扶贫、托养、无障碍、文化体育、维权等各项服务；要加强服务机构设施和人才队伍建设，加强科技创新和应用，严格行业管理，不断扩大残疾人服务体系的覆盖面，全面提高为残疾人服务的能力和水平。要重视发展残疾人文化事业,切实保障残疾人参与社会文化生活的权益,满足他们的精神文化需求。

中国残联在开展的一系列残疾人服务体系建设工作中,非常重视项目的落地和实施。2014年为中国残联基础管理建设年暨开展全国残疾人基本服务状况和需求转向调查年。为搞好这项工作,国务院残工委与中国残联、国家统计局、国家发改委、财政部等十个部门共同印发了《关于开展全国残疾人基本服务状况和需求专项调查的通知》。这表明抓好这项工作不仅是残联组织的工作,更是政府部门的任务。抓好专项调查工作是落实基本公共服务兜住底、补短板措施的必然要求。完成这个任务,首先要做到底数清、情况明。底数不清、情况不明,措施制定就缺乏针对性,服务落实就缺少有效性,提出的要求也就缺乏充分的依据。做好把底兜住的工作,落实好基本服务项目的托底服务,不仅要搞清兜底服务的具体项目,也要搞清最需要托底的人群底数以及最需要托底的项目底线,不能乱拍脑袋、盲目估计。要推进政府部门做好托住底的工作,前提是我们要提供出准确的需求和实在的具体数字。[①]

从中央政府到地方政府,从中国残联到地方残联,残疾人服务体系的建设工作成了当前残疾人事业发展的工作重点。而这样的工作重点变化以及执行的特点都与当前大环境下我国政府职能转变、基本公共服务均等化发展有着密切的联系。残疾人事业发展更多的基于社会正义和公平的思想,从以保障基础、基本服务实现为重点的层面进行落实。这些变化都为残疾人体育的发展、改革带来了新的思考,残疾人体育权利保障、残疾人群众体育落实会更多地向公共服务、权利保障的途径发展。

二、我国残疾人群众体育发展简史

根据中国残疾人体育协会编写的《中国残疾人体育发展概览(1949—2005年)》,以及近年来我国残疾人群众体育发展的特点,笔者将残疾人群众体育的发展大致分为以下三个阶段。

(一)残疾人群众体育形成初期(1949—1978年)

虽然从历史上看,我国是最早有残疾人体育活动记录的国家,但是直到

---

①鲁勇在全国残疾人基本服务状况与需求专项调查工作会议上讲话(摘要).(2014-11-22)[2016-11-24].http://www.gddpf.org.cn/ztjj/jsnh/sfw/content/post_588295.html.

新中国成立后,我国才逐渐出现自发的、有组织的一系列具有现代意义的残疾人群众性体育活动。这些体育活动以竞技体育项目比赛为组织者,以特定环境的残疾人为参与者进行。有的以特殊学校学生为单位,组织各种体育课外的体育项目活动,如《苏南日报》记载的1950年无锡市举办的无锡聋哑学校邀请常州聋哑学校进行友谊比赛,哈尔滨盲童小学进行的各类体育小组活动。有的则以工厂、合作社为单位,组织残疾工人进行体育锻炼活动,如天津盲人草绳生产合作社的盲人从1954年开始进行灵敏、机巧的体育活动。随着有组织的盲人体育运动的开展,在体委、盲人福利联合会、教育系统的组织下,盲人竞技运动会在此基础上逐渐成形。各类盲人体育比赛的开展加速了专业体育人才培训的出现,如1958年北京举办的全国盲校体育教师培训。

与其他类型的残疾人群众体育运动相比,针对聋人举办的残疾人体育运动起源较早,各项工作较为领先。早在1958年,中国聋人体育协会就已经建立,并开始规划包括群众体育性质的各种体育活动、竞赛。许多地市也成立了聋人体协,进行地方聋人体育活动的规划和工作,各地开展了多种多样的聋人体育比赛,并为聋人群众体育活动购置器材、设备。如天津的南开、新华等体育场每周为聋人提供两次固定时间的活动,天津的聋人拔丝场为聋人购置了一系列健身器材。

这一时期的残疾人群众体育活动除聋人体育活动有专门的体育组织对接、执行外,其他的群众体育活动基本上是由相应的福利会牵头,联合体委和地方政府共同组织的;除盲、聋外,其他类型的残疾人群众体育活动发展滞后,很少有肢体、智力残疾的群众体育活动的相关记载;群众体育活动起源于比赛性质的体育项目,然后迅速发展成为竞技比赛,已有专门的代表队参加国际性质的竞技比赛,这为我国残疾人竞技体育的发展奠定了良好的群众基础;群众体育活动还处于摸索阶段,专业性的指导人员还比较少,更多的是依托学校的专业体育教师从事在校学生的体育指导。

在残疾人群众体育事业方兴未艾、初见效果的时候,同我国其他社会事业一样,"文化大革命"对其造成了严重的影响。从1966年开始,当时主管体育工作的国家体委就停止了工作,相关残疾人事业部门,例如民政部、共青团、相关社会福利协会也无法进行正常的工作,残疾人群众体育活动基本没有组织,处于无序、停滞的状态。

(二)残疾人群众体育发展期(1979—2008年)

"文化大革命"结束后,随着改革开放政策的落实,残疾人事业逐渐恢复并得以发展。1983 年,借伤残人体育邀请赛举办之际,包括国家体委在内的九部委成立了中国伤残人体育协会,并发布了《关于积极地、有计划地开展伤残人体育活动的通知》。该协会是国家层面首次成立的涵盖多残疾类别的残疾人体育组织,负责组织协调残疾人体育事业、群众体育工作的发展和规划。1991 年,中国伤残人体育协会更名为中国残疾人体育协会,并定义为为截肢者、脑瘫患者、脊髓损伤者和视力残疾人设立的体育组织。中国残疾人体育协会是由各省、自治区、直辖市及计划单列市的肢体残疾人、视力残疾人体育组织自愿组成的非营利性群众体育社会团体,接受中国残联、国家体育总局、民政部的业务指导和监督管理。

1985 年,中国弱智人体育协会(现称中国特奥会)成立。该协会在中国残疾人联合会、国家体育总局、民政部的领导下,鼓励、帮助智力残疾人参与特奥活动、康复健身,改善和增进他们平等参与社会生活的能力,弘扬奥林匹克精神,推动特奥运动发展。

1986 年,中国聋人体育协会成立。该协会是在中国残联和国家体育总局领导下,负责组织、帮助聋人参与体育运动和康复健身的机构。至此,中国残疾人体育工作的主要三大体育协会成立,他们与国家体育总局紧密联系,分别就自己对应的服务人员,进行各项体育运动的组织活动。1993 年以后,国家体育总局将相关残疾人体育工作归口移交至中国残联后,中国残疾人联合会成立了宣传文体部体育处,负责协调各方面关系,指导残疾人群众性体育活动,以及负责大型比赛的组织和外联。

在残疾人体育管理组织关系理顺后,我国残疾人体育事业步入了有序发展阶段。由于残疾人国际性比赛影响力大,以及我国长期以《奥运争光计划》作为体育发展的主要导向,残疾人群众体育的开展也受到了竞技思想的影响,以一系列比赛为引导进行。从 1985 年开始,地方性、全国性的残疾人体育竞赛越来越多,参加的运动员人数也逐渐增多,而大部分运动员来源于厂矿、学校等单位。在这一时期,全国性质的残疾人体育竞赛在一定程度上促进了群众体育活动的发展。

在残疾人体育意识相对淡薄,社会对残疾人体育运动认知相对滞后的情况下,四年一届的全国残疾人运动会(简称残运会)以及不断举行的地方残疾人运动会不仅是对残疾人体育运动意义的展示,也是让社会改变对待残疾人的态度和行为的重要形式。进入 20 世纪 90 年代后,群众体育活动出现了多样化、娱乐化发展的趋势,开始出现以俱乐部为单位进行练习和比赛组织的形式。大型的国有企业成立了残疾人体协,开展了一系列针对职工特点进行的群众体育活动。

伴随着特殊奥林匹克运动一系列项目的发展,我国除举办世界特殊奥林匹克运动会外,还开展了一系列融合体育项目、特奥领袖项目、亲子项目、雪上项目。以体育锻炼为平台,促进智力残疾人的身心发展和社会融合程度的提高。伴随着北京残奥会的举办,一系列结合残疾人奥林匹克运动进行的社会宣传和群众体育活动得以实施,残奥校园活动以及相关的残疾人运动展示活动随之进行。在宣传残疾人竞技体育的同时,这些活动促进了社会对于残疾人参与体育活动态度的改善。

在此期间出台的一系列法律法规中也涉及了残疾人群众体育发展的内容和条款,如上文所介绍的《体育法》《残疾人保障法》等。在国家上位法律精神以及行业体育协会的发展规划下,一系列相关的发展纲要、发展设计中也出现了残疾人群众体育的相关内容。如国家体育总局印发的《2001—2010年体育改革与发展纲要》对今后十年体育运动的发展进行了详尽的阐述和规定。其中第11条规定:"关注老年人、残疾人体育。老年人、残疾人是一个弱势群体,各类体育组织应当为他们参加体育活动提供帮助。新建体育场馆要照顾老年人、残疾人的特点。体育组织要为老年人、残疾人参加体育活动进行科学指导。"[①]《中国残疾人事业"十一五"发展纲要(2006—2010年)》指出:"发展残奥、特奥和聋奥运动。组织动员各类残疾人参加残健融合、康复健身的体育活动。开发、研制适合残疾人的体育器具,开展残疾人体育科学研究,抓好特殊教育学校体育教学和活动;有条件的体育院校、师范院校和各级体校要招收、培养一定数量的优秀残疾人运动员。全民健身路径要充分考虑残疾人参加体育锻炼的要求,适当增加相应的设施。"[②]

这一时期的残疾人群众体育发展与竞技体育相比,是相对不协调、滞后的。首先,这与我国举国体育体制下,体育强国战略对于《奥运争光计划》的高度重视有关。金牌、奖牌数量作为衡量竞技体育甚至国家体育发展的重要指标,同样作用于残疾人体育事业发展。

改革开放以来,我国竞技体育发展迅速,越来越多的运动员在世界舞台上取得了优异的成绩,特别是在奥运会赛场上,我国的运动健儿们取得了一次又一次的突破。而随着国际奥委会与国际残疾人奥林匹克委员会的紧密合作,残疾人奥林匹克运动竞技水平也成为《奥运争光计划》的重要组成部分。2008年北京奥运会和北京残奥会的举办,以及我国运动员在奥运会、残奥会上的优异

①2001—2010年体育改革与发展纲要.(2018-12-29)[2019-03-30]. http://www.zjtjw.com/newsinfo/723442.html.

②中国残疾人事业"十一五"发展纲要(2006—2010年).(2008-11-14)[2017-06-17]. http://www.gov.cn/test/2008-11/14/content_1148895_6.htm.

成绩成为我国竞技体育的一个里程碑,标志着我国竞技体育水平无论在健全人世界还是在残疾人世界都达到了体育强国的水平。

残疾人竞技体育为先的发展也与残疾人体育本身的发展战略有关。"残疾人"这一词语的消极性质给人们和社会以虚弱、不能独立生活等印象,人们看待残疾人多从人道主义的角度出发,而忽略了残疾人的自决和个体发展。而残疾人体育竞技则是对这些消极印象、偏见的视觉冲击。残疾人在竞技场上表现出的运动能力更容易让人们认识到残疾人的能力而不是他们的缺陷,从而改变社会对于残疾人以及残疾人参加体育活动的偏见。这一时期的残疾人体育竞技为先的发展思路也是基于这样的理念的。

在这一时期,世界范围内的残疾人体育竞技赛事、组织发展迅速,各类别的竞赛在不同地区进行,国际性质的残疾人体育组织也把较多的工作重心放在竞技体育发展上。因此,我国在进行残疾人体育事业发展规划时,也考虑了残疾人体育的国际环境特点。

(三)残疾人群众体育发展转型期(2009 年至今)

2008 年北京奥运会和残奥会举办后,我国体育发展逐渐开始转变重心。在残疾人体育领域,这一变化也非常明显。北京奥运会结束后的第二年,中国残联、国家体育总局、教育部、民政部四部委下发了《关于切实加强新时期残疾人群众体育工作的意见》,该意见指出:"参加体育活动,是残疾人依法享有的权利,是残疾人康复健身、增强体质、融入社会、实现自身价值的一个重要途径。北京残奥会的成功举办,极大地激发了广大残疾人的体育热情,残疾人参与体育活动的需求日趋提高。但是,我国残疾人体育发展还不均衡,残疾人群众体育活动总体水平不高,基层残疾人群众体育活动不够活跃,适合残疾人群众体育活动和健身的场所、设施、器材很少,残疾人群众性体育活动还不能适应形势发展和残疾人健身康复的需求。"[①]这标志着我国残疾人体育的发展重点开始转向最广大残疾公民切身利益相关的体育权利保护和促进上。

中国残联在《关于贯彻落实〈全民健身计划〉推进残疾人体育健身工作的意见》(以下简称《意见》)中落实了残疾人群众体育发展的主要导向。《意见》指出:"全面实施《全民健身计划》将进一步推进基本公共体育服务体系建设,有利于残疾人共享公共体育服务的积极成果。落实大力推进残疾人体育的各项措施,提高残疾人参加体育健身活动保障能力和服务能力,推进残疾人'两个体

---

①切实加强新时期残疾人群众体育工作的意见.(2011-12-24)[2016-05-28]. http://www. suichuan. gov. cn/xxgk-show-602634. html.

系'建设,对于维护残疾人参加体育健身活动的基本权益,促进残疾人康复健身、享受体育健身带来的健康快乐,提高残疾人参与社会生活能力具有重要意义。"①

残疾人的公共体育服务体系建设既是当代我国残疾人事业发展要求的服务体系建设内容,也是残疾人体育事业发展的时代需要,与我国当前在体育事业发展方面的公共体育服务均等化要求保持了高度的一致性。国家体育总局、教育部、中国残联等六部委联合下发了《残疾人体育工作"十二五"实施方案》,在该方案中对"十二五"期间残疾人体育的发展和工作进行了针对性的布置,其中提出了三大发展残疾人群众体育的主要措施:"依托公共体育服务体系,全面推进残疾人群众体育""贯彻《全民健身计划(2011—2015 年)》,实施'残疾人自强健身工程'""改革创新,不断提高残疾人体育运动水平"。②

自"十二五"开始,残疾人群众体育发展成为残疾人体育工作的重点,其发展紧密结合了我国推进的公共服务事业改革以及体育领域的公共体育服务均等化工作。以中国残联为牵头单位,在与国家体育总局、民政部等有关单位的共同合作下,进行了一系列残疾人群众性体育展示活动和示范基地、示范点建设。以点带面,以改革探索先行,残疾人群众体育工作开始有条不紊地进行。

第四节　社区融合下的残疾人公共体育服务供给实践探索

残疾人体育公共服务的落脚点是社区,要开创残疾人体育工作的新局面,必须着眼于现代的理念和实践,将较为成熟的残健融合体育活动模式,因地制宜地落实到我国的社区当中。由于我国不同地区文化、环境、经济的差异很大,因此,以个体能力情况为基准来评判、开展残疾人体育活动是国家近年来残健融合体育活动运行的基础。

一、能力本位的社区融合体育服务模式的理论基础

能力本位的社区融合体育服务模式是以美国学者提出的身体活动的能力

---

① 关于贯彻落实《全民健身计划》推进残疾人体育健身工作的意见.(2022-03-23)[2022-04-11]. https://www.cdpf.org.cn/hdjl/gjflfg1/xcwhtylzc/7ac1b0a0717c4fc6bcf42ea811d86006.htm.
② 关于印发《残疾人体育工作"十二五"实施方案》的通知.(2012-02-27)[2015-12-03]. http://www.zgmx.org.cn/newsdetail/d-47515.html.

融合模式为基础,贯彻当前对残疾定义的国际功能分级模式解释,以能力表现为本位,并综合个体所属社区的体育环境以及个体的身体情况而设计的体育服务供给模式。该模式明确了如何在社区体育活动服务中融合残疾人。该模式关注了融合体育活动环境下个体能力发挥影响的各个方面,提供了对于提高能力、运动表现以及参与程度的策略,如图 4-3 所示。

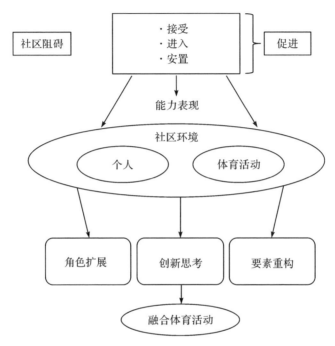

图 4-3　能力本位的社区融合体育服务模式

资料来源:Kasser S,Lytle R. Inclusive Physical Activity:A Lifetime of Opportunities. Human Kinetics,2013.

在残健融合的环境下,体育锻炼者进行体育活动既受到个体健康情况的影响,也受到个体所在社区环境的影响。在能力本位的社区融合体育服务模式中,关于个体健康情况以及身体功能的信息在选择、安排体育锻炼活动的过程中非常重要,但首先,所谓的残疾标签需要被移除,个体价值要受到尊重并获得平等。在该模式中必须考虑个体评价、社会心理的结果预期,因为这些因素会影响个体的被接受程度以及参与者的自我决定行为。该模式注重个体发展以及成就取得,考虑并规划体育活动中的社会环境以及自然环境,从而促使这些因素能够积极地影响所有个体进行体育活动。

由于以国际功能分级的残疾解释为指导思想,能力本位的社区融合体育服务模式不强调关注个体差异,而是重视在任何特定的体育项目设计、指导中,融合所有个体，强调努力设计、创造一个普适的体育锻炼环境，满足所有人的需求，从而促进功能的发挥。

不同于以往的融合体育模式，能力本位的社区融合体育服务模式以重要的哲学价值观落实于实践中，以促进所有个体体育活动的有效参与为最终目的。该模式提供的思考方式以及针对策略是以促进社会接受残疾人是健康、有活力的个体认知为前提的。通过克服一系列社区环境障碍，为残疾人建立参与体育活动的平等机会。然后再通过一系列调适来解决残疾个体的安置问题，从而达到积极、有效的融合。

过去为了促进残疾人向身体活动更积极、生活方式更积极的方向发展而提出的一系列建议常常会因为缺少系统的对于影响问题的认知和探讨而失败。因此，对具有不同能力和健康情况的个体所在的社区生态环境进行分析是任何群众性体育健康活动有效开展的第一步。

（一）能力本位的社区融合体育服务模式相关哲学价值思想

能力本位的社区融合体育服务模式主要涉及两个关于体育活动的哲学理念。第一个是关于个人、活动以及所在环境的动态相互作用关系，它与能力差异相关；第二个是能力的动态属性，即能力转移。

1. 个体能力

个体能力不能仅仅根据其个体生物功能而作出评价，必须考虑所要执行的特定任务以及所处的环境。与上文的残疾医学模式的假说不同，失能或残疾不应该被认为是个体在任何环境中都会表现出的属性。事实上，表现的情况是个体生物功能，是所要完成的特定任务或运动技能属性以及完成任务时与所在环境之间的动态相互作用。例如，一个下肢肌肉萎缩的患者在穿过某一个房间时会遇到困难，然而在游泳池内，借助水的浮力他则可以相对高效地移动。因此，对某个残疾人定性为在任何环境下的失能有可能是不正确的，功能的发挥会受到个体、任务以及环境的影响。

2. 能力转移

个体完成某个体育运动技能的能力改变会因以下三个方面的改变而发生：个体技能水平、完成任务的环境以及任务本身。对于能力转移思想的认同，促使该模式能够通过关注提高个体能力水平、改变任务本身以及环境的综合影响从而促进融合的实现。这也是能力本位的融合体育模式的中心价值理念。在操作中，如果一个平衡能力欠缺的儿童在站立状态下难以接到向他传来的篮球，那么观察者可能会认为该学生手眼协调性差，不能有效地接球。然而，如果让他坐在椅子上，在同样的距离传、接球，他则能够较为有效地接住来球。在这种情况下,通过改变儿童的体位,促使儿童完成某项体育技能,并且能够发展他的手眼协调能力。

(二)影响个人能力表现的因素

1.个体相关的影响因素

在国际功能分级体系中,个人健康情况被描述为影响个人身体活动表现以及能力和区分失能的重要因素。在能力本位的融合体育活动模式中,与个人相关的健康状况、急性的或慢性的疾病、功能紊乱、生理伤病以及疼痛会影响个体的能力。这些不同的健康情况与不同的身体系统功能会相互影响。依据国际功能分级体系的身体功能分析如表 4-8 所示。

表 4-8 国际功能分级体系的身体功能分析

类别	功能状况
精神	意识、时空定位、智力、睡眠、注意力、记忆、情感功能、认知、语言
感觉以及疼痛	看、听、前庭功能、疼痛
声音和演讲	声音
心血管、免疫、呼吸系统	心脏、血压、血液、免疫、呼吸
消化、内分泌、新陈代谢系统	消化、排便、体重控制、内分泌腺
生殖、排泄系统	排尿功能、性功能
骨骼神经以及运动相关系统	关节活动范围、肌肉力量、不自主运动
皮肤以及相关结构	再造、修复、温控、感觉

资料来源:WHO. The International Classification of Functioning, Disability and Health (ICF). World Health Organization,2001.

基于国际功能分级体系对处于不同健康状况的个体进行功能判断,如表 4-9 所示。

表 4-9 与健康状况和损伤相关的身体功能案例

功能类别	案例
精神功能	唐氏综合征与智力障碍 多种硬化症与认知过程速度减慢 孤独症与温度调节紊乱
感觉功能	视觉丧失 听力困难和听力丧失 中枢神经损伤与热调节失衡
声音与语言功能	脊髓灰质炎与语言障碍

续表

功能类别	案例
心血管、免疫、呼吸功能	四肢瘫痪、血压与心律失常 哮喘与呼吸障碍
消化、内分泌、新陈代谢功能	糖尿病与锻炼的耐受性
生殖、排泄功能	神经中枢损伤与排尿困难
骨骼神经以及运动相关功能	脊髓灰质炎与痉挛 帕金森疾病与平衡能力
皮肤与相关结构功能	瘫痪与压迫痛

资料来源：Rimmer J H. Use of the ICF in Identifying Factors That Impact Participation in Physical Activity/Rehabilitation Among People with Disabilities. Disability & Rehabilitation,2006(17):1087-1095.

尽管根据该分类体系，不同的健康状况可以被归类，但是某一健康问题可能会影响多种系统的功能。例如，脊髓灰质炎可能被认为是一种神经疾病，然而有些患者会在精神功能、语言功能上受到影响。

虽然这样的分级能够提供对于开展融合体育活动有用的一般信息，但是这些信息不能完全决定个人在体育活动中的能力表现。所完成的任务与所在的环境会非常明显地影响表现的结果。能力本位的融合体育活动模式事实上已经超越了国际功能分级体系下的参与观，其考虑的是现实的功能发挥，不仅会被个人能力影响，而且会受到机会和选择的影响。

2.环境相关的影响因素

许多环境影响因素能够影响表现能力以及体育活动的融入状况。这些环境的因素包括个体在进行体育活动时的生理、社会、态度因素。国际功能分级体系中包含的环境因素既可以是参与的促进因素，也有可能成为阻碍因素。具体包括产品、科技、自然与建筑环境、支持和关系、态度、服务、体系与政治。

新型产品设备以及科技的改革设计发展对于人类的能力发展产生了非常大的影响。例如，有些特殊设计的跑步机，有支撑带和低速运动的调整，从而有利于下肢力量较弱的个体进行锻炼。另外，通过对活动的环境进行调节也可以提高个体的能力表现。例如，对于在沙滩上进行体育锻炼活动的轮椅使用者来说，如果在沙滩上铺上特定的草坪垫，则能够提高他们的移动能力。

3.任务相关的影响因素

特定活动的属性、特点也可以影响个体能力和表现的成功性。例如，特定身体活动的过程的复杂性、动作的速度、运动开始的信号（个体或外界信号）、运动的连续性等都会影响结果。例如，儿童在第一次篮球练习中，完成双手接球时双手运球反弹的动作的能力表现情况要明显好于其完成原地单手运球、接球时的能力表现。

二、能力本位的社区融合体育服务模式的实践

能力本位的融合体育服务模式在社区体育指导人员开发、思考及采用合适的手段促进融合环境下,为体育活动有质量地实现提供了基本的理念。具体到实践中,主要有以下三种策略来将该理论模式转化为实际工作。

(一)团队角色扩展

在传统的群众性体育活动指导、安排、设计中,相关人员各司其职,交流渠道不顺畅,对于残疾人体育活动诉求的传达和反馈存在断层。为了创造融合的社区体育活动、体育服务环境,相关人员需要打破传统的工作领域界限,共同思考、解决为社区内所有不同能力的社会成员提供基础体育服务、指导的方式,并以此为责。

从事面向公众提供体育活动指导的人员要接受培训,从而能够适应不同能力的体育锻炼、休闲娱乐活动者的特点。通过不同专业以及体育活动锻炼者的共同合作、交流,从而在真正意义上达到体育锻炼的目的。

对于不同健康情况的个体而言,进行社区体育指导工作会变得非常复杂,一个社会体育指导员或者社区内的体育俱乐部教练不可能像专家一样能够对不同能力的个体进行指导。然而,大量的国外研究和相关指导性教材中都肯定了可以通过建立合作团队,协同创新,设计出能够满足不同能力特点及需求的体育服务项目(Cook & Friend,2010)。

但是团队合作并不意味着团队效率。造成团队合作效率不高问题的一个重要原因是每个团队成员个体都有其特定的认知和意见,这些认知和意见是基于团队成员个体以往的经历、信念、价值观、教育、专业而形成的,表现出其特定的对于残疾人的态度和对其他参加体育的锻炼者的态度。如果在没有进行有效讨论和分析的情况下,就做出判断、设计,那么残疾人社区融合体育的开展效果必然会受到影响。

在这种情况下,角色扩展或者是角色释放就成为团队协作有效性提升的重要手段。每个团队成员都要接受其他成员的价值以及其对团队做出的贡献,并且乐意接受自己领域的意见被其他成员修改或质疑。例如,康复医师可以对体育锻炼指导者提出残疾人运动前要进行热身牵拉的要求,语言康复医师可提出将一些语言康复练习融入社区体育活动中的建议。在这种角色扩展的情况下,

各个领域的专家可以有效提高项目的质量和效果。

1. 团队组成

团队是由两个或两个以上人员组成的相互独立又协调合作的小组,成员通过有效的沟通、清晰的程序来完成一个共同的目标。在这部分研究中,该目标就是为社区内的居民,包括残疾人提供有质量的体育项目服务。

团队成员是根据体育活动参与者的需求、所处的自然和建筑环境以及将参与的体育活动、项目决定的。团队成员包括体育锻炼者、家庭成员、运动康复师、语言康复师、特殊体育活动专家、社区医师或护士、义工、社区管理者、社会体育指导员、体能教练员、专业项目教练员。团队的每一名成员对于想要了解和参加体育锻炼的残疾人来说都能提供各自有效的信息,如表 4-10 所示。

表 4-10　社区融合体育活动团队成员及作用

团队成员	作用
参与锻炼的残疾个体	①提出自己体育锻炼的想法、需求以及期待 ②提供自己的基本信息 ③提供自己的身体素质、体能、健康基本情况信息
残疾人的家庭成员	①提供锻炼者的家庭信息以及医疗信息 ②提供他们对于参与者锻炼的期待与想法 ③提供体育锻炼者的体育爱好以及家庭的体育活动项目
运动康复师	①提供运动领域相关的由残疾人人身特点造成的身体、功能等问题的信息,如移动、平衡、姿势、协调、日常活动情况 ②提供可应用于体育锻炼中的一些辅助设备支持 ③结合体育康复,为体育指导者提供必要的咨询和建议 ④在体育康复工作结束后,提供残疾人进行体育锻炼、保持运动能力的信息与要求
语言康复师	①提供相关的交流信息 ②提供将语言康复的目的结合于体育锻炼过程的建议 ③提供体育运动促进语言能力的建议
社区护士、医师	①提供运动参与者进行体育锻炼所必须注意的医疗信息 ②提供必要的针对体育锻炼者运动过程中突发问题的急救信息以及手段
社会体育指导员	①提供具体的体育指导工作 ②整合各方面信息,根据本社区特点开展体育锻炼活动 ③调适指导过程、方法、手段,结合分组教学与个体教学,满足所有锻炼者的基本健身需求 ④做好信息收集与反馈,及时与其他团队成员沟通,提高协同效率,促进残健有效沟通

续表

团队成员	作用
特殊体育活动专家	①提供针对残疾人进行体育锻炼活动的要求、信息以及操作手段 ②提供及时的咨询、评价与建议 ③对场地、器材、设备进行调适以及安全隐患信息提供 ④必要时提供现场指导、协调和帮助
体能教练员	①进行体能相关的健身活动指导 ②对器械的安全性和适应性进行检查,帮助残疾人完成体育锻炼 ③所进行的准备、放松活动要适应残疾人的特点和需求 ④提供个体健康、营养、体重控制目标和需求信息
专业项目教练员	①负责基层的运动员日常训练、体育锻炼活动 ②对运动员的体能进行监控,对其体重和饮食进行监控 ③合理地安排一般训练活动
社区管理者	①牵头组织、规划社区内的融合残疾人的体育服务工作 ②协调各方面人力资源,组建团队 ③协调社区内体育场地、设施、器材资源的整合 ④协调制定管辖区域内体育健身俱乐部的扶持政策,对区域内开展融合残疾人的体育健身活动俱乐部、社团提供多种支持 ⑤收集整理材料,总结经验,定期汇报,理顺上下关系,争取扶持

当团队成员对于其他成员和自己角色的认知明确,并能够进行有效沟通和相互借鉴时,团队的效率就会达到最佳(Brehm & Kassin,1996)。

对于在社区开展体育服务而言,无论是残疾人还是健全人,社区居民的年龄、身体特征、运动能力、社会阶层都是非常丰富且复杂的。提供社区体育服务的来源可以是政府提供的基本公共体育服务,也可以是个体、营利组织提供的会员制体育服务。无论是哪种类型的体育服务,当有残疾人参与时,一个有效团队的构成是能力本位的社区融合体育服务模式运行的基础和必要条件。

团队的构成要因人而异、因地制宜,有的轻度残疾的人并不需要太多的调适就可以融于某个体育健身项目中;相反,有的健全人受到身体健康状况的影响反而会在参加社区健身活动中遇到很大的阻碍。因此,基层社区体育活动的复杂性要求基层社会工作者、社区管理人员要牵头建立一个成员固定而管理又相对灵活的社区体育服务团队,在有残疾人加入时可适当增加团队成员,以适应需求。有效的社区体育团队既有清晰的责权,又善于相互沟通与借鉴,既相互尊重,又相互支持,并且认同团队的目标,有着较为顺畅的沟通。社区工作人员可以通过以下方式保持或最大限度地促进团队沟通,如图4-4所示。

> **能力本位的社区融合体育服务团队沟通策略**
> - 联系社区、学区内的特殊教育学校,请求特殊体育教师的协助与咨询服务
> - 联系社区或所在城市开设残疾人体育、体育教育或社会服务等专业的大学,联系专家进行实践、科研工作
> - 联系社区医院寻求当地康复领域专家、医师、护士的协助
> - 定期与残疾锻炼者的家庭进行沟通
> - 电子邮件或者致电残疾人的医生,获取年度健康信息
> - 邀请团队成员组织讲座或实践展示
> - 邀请团队成员现场指导与协助
> - 邀请上级单位主管部门参观并提出建议
> - 通过网络、电话等通信工具进行远程交流
> - 获取社会体育指导员、健身俱乐部教练等实际体育指导服务人员的反馈信息
> - ……

图 4-4　能力本位的社区融合体育服务团队沟通策略

2. 团队协作过程

团队协作过程可以使所有接受社区内体育服务的人员受益,他们既可以受益于不同专家个体也可以受益于专家协同作出的决定。对于团队内来自不同专业的人员而言,思想的交流过程可以促进成员获取更多、更新的知识,并且增加团队凝聚力,减少专业隔离。

团队如何协作发挥最佳功能有不同的理论,也受到不同领域的影响。就能力本位的融合体育活动模式的特点以及团队人员组成的特征而言,有效的团队协作基本上由以下六步组成,如表 4-11 所示。

表 4-11　能力本位的社区融合体育服务团队工作步骤

步骤	具体内容
第一步:个体差异析因	①对具有明显个体差异的残疾人参与某个体育活动时影响其能力表现的因素进行分析,对阻碍能力发挥的困难进行解析 ②根据参与者的年龄、参与体育活动的环境、体育活动的特点,残疾人个体、单个团队成员或团队集体可提出残疾个体在融合的环境下的体育锻炼需求
第二步:数据收集	①团队尽可能地探寻丰富的信息,从而对残疾个体进行能力的整体评估。可采用标准化的测试以正式或非正式的方式进行 ②具体的形式可以有标准化测试,对教师、亲属、参与者进行相关访谈,以及收集残疾人的健康报告等各种方式,尽可能多地采集参与者的相关信息

续表

步骤	具体内容
第三步:解决选择	①首先对所有收集到的相关信息进行梳理、分析 ②进行头脑风暴,讨论各种信息反映的情况、问题以及解决的途径与方式 ③对所有提出的解决途径、支持方式进行评估,经过讨论选择最有效的方式进行调适,最终提出解决手段 ④解决手段可以是任何形式的调整、变化,如指导体育运动教学调整、练习环境调整、器材和设施调整等 ⑤问题解决的方式和方法仅仅受限于团队的创造性
第四部:实施	①解决的方法选定后,就开始付诸实践,实践包括服务的起始和项目的运行及调整 ②实践过程不需要整个团队参与,可以是团队的一个或几个成员参与指导。在融合体育服务时,提供服务的人员、协助人员可以是社会体育指导员、社区内的体育俱乐部教师、特殊体育专家、体育教练员、语言指导助手、家庭成员等
第五步:评价	①通过实时评价和总结评价帮助实践者分析实践、策略、思想的运行情况 ②任何单独的数据是没有意义的,团队必须要对所有的数据进行分析,从而决定评价结果
第六步:记录	①团队必须掌握整个过程采集的信息,要规范地记录整个过程 ②信息采集可以来源于团队的各个成员,也可以指定人员做工作记录 ③文件记录可以是日常观察记录、工作日志、系统的行为观察等

团队角色扩展对于在社区开展融合残疾人在内的体育服务而言有着非常重要的意义,因为只有这样才能促进参与者有效参与体育活动,确保不同能力的社区居民有质量地进行体育锻炼,保障残疾人体育权利的实现。团队角色扩展关注团队成员的有效交流、平等价值、平等地位以及相互尊重,从而最有效地实施在社区融合环境下的残疾人体育锻炼活动,满足不同能力公民的体育锻炼诉求。

(二)工作思路

与学校体育不同,社区的体育服务对象情况要更加复杂,因此,对于设计融合所有不同能力水平个体的体育活动项目而言,实践操作人员必须擅长预判问题,必须具有解决实际问题的应变能力和创新思考,必须以积极的态度接受所有参与者参与他们的体育指导活动,并且能够不断调适对他们的指导。

Kasser 和 Lytle(2013)提出了融合不同能力个体进行体育指导工作的实践要求,即准备、反思、再尝试,具体如图 4-5 所示。

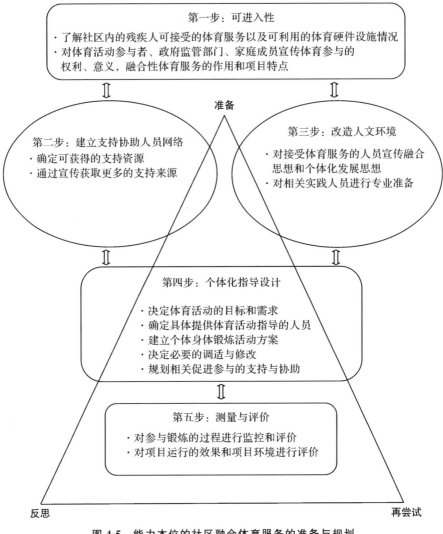

图 4-5　能力本位的社区融合体育服务的准备与规划

第一，对于实践指导者来说要重视基础，要为所有参与锻炼、体育活动的人进行准备工作。要协同合作，获取必要信息来帮助他们了解参与体育活动人员的个体能力情况，再依此设计出对于每一个个体来说是最有意义和效果的项目。

第二，要重新思考项目以及体育项目的参与者，思考项目参与者在体育实践中的长期目标以及项目的质量。要根据他们观察到的情况、实践中出现的问题以及新的想法，重新设计、思考、指导活动计划。

第三，实践指导者要根据修改的规划，整合资源，在实践中进行调适，从而促进参与者更好地融入体育锻炼活动。只有通过不断地重复准备、反思、再尝试的循环过程，才能让体育活动项目的融合程度提高。

在整个过程中，由于每个社区中的个体情况不同，残疾人的特点差异很大，所处的社区体育环境不同，社区文化也各具特点，特别是能力本位的社区融合体育服务模式本身就是一个突破传统体育服务认知理念的实践，因此，在整个设计、执行过程中必须要有创新思考，要对实际情况进行分析，处理好实际矛盾。社区体育服务工作中，所有居民对于体育的健康、幸福功能认知还是比较一致的，但在具体的实践操作中仍存在诸多矛盾。这就需要基层工作者和管理者进行细致的工作，不断对操作进行反思，从而逐渐摸索出最适合本社区的融合体育服务，保障社区居民，包括残疾居民的基本体育权利。

1. 可进入性准备

对于残疾人而言，在设计社区体育服务或对个体进行体育指导时，可进入性环境的构建意味着减少影响个体参加体育锻炼的阻碍。这些阻碍包括环境阻碍以及认知情况阻碍。

第一，无论是公共体育设施、场馆，还是个体体育设施、场馆，接受体育服务的对象必须能进入这些场所。对于残疾人而言，一些老旧社区公共设施的无障碍情况并不理想，而老旧建筑无障碍设施的缺乏就会影响残疾人参与体育活动、接受体育服务。因此，任何为残健融合提供体育服务的项目、活动或模式都要考虑的第一个问题就是锻炼环境、场所的可进入性，要对社区内的体育设施、场地的环境阻碍进行评估和分析。

第二，残疾人自身对于体育服务项目的认知情况也是其拒绝体育锻炼的原因。应该让残疾人了解自己有权利参加、接受社会体育指导，进行社区内体育锻炼。对于社会体育指导员而言，基层的工作就显得尤为重要，要主动配合社区内的街道办事处宣传体育服务对残疾人开放，提供指导的政策、项目与安排。可以做一些展示、讲演或发放宣传单，或者利用现代化的网络服务平台、即时交流工具加强宣传。社区内的个体健身俱乐部也应该主动在宣传中明确为残疾人提供指导、服务的项目信息，从而满足残疾人参与体育锻炼活动的需求。

2. 建立支持人员网络与改造人文环境

人员网络就是上文中能力本位的社区融合体育服务团队。不同的人员会对残疾个体参与融合环境下的体育活动提供不同的见解、信息以及注意事项。通过整合团队建议、信息能够最大化地促进体育活动在指导、练习、环境处理等方面的调适。

无论是具体进行体育指导工作的社会体育指导员还是俱乐部教练员，有效地融合残疾人于社区、俱乐部体育锻炼活动，在很大程度上需要所有参与者和相关工作人员的积极态度与行为支持。因此,项目参与者前期做的准备工作对于在社区融合环境下实现残疾人体育服务有着重要的意义。

项目参与者在残疾人参与体育活动前的准备工作主要包括让他们了解活动环境的情况,增加他们对于参与的体育服务项目的信心。在残疾人参与社区体育活动之前提高他们对于体育活动项目的熟悉程度以及舒适感能够提高体育活动的效率。缺少有组织的体育项目以及适合残疾人的体育活动一直是影响残疾人进行体育锻炼的重要原因之一。因此,在进行融合环境下的社区体育服务时必须让残疾人对即将开展的项目感兴趣,并且认同在体育活动中有很好的参与可能。为了达到这一目的,可以采用多种手段。

第一,发放关于融合残健的社区体育服务介绍宣传册。

第二,邀请社区的残疾人、健全人观看体育活动实践,并相互交流。

第三,通过网络上传一些相关的影像资料、介绍,供社区内的残疾人、健全人观看。

第四,提供固定的联系人信息,便于社区居民直接联系。

第五,提供部分参与者的电话,便于社区居民共享信息。

第六,建立即时联络的网络群,共享相关信息。

对于支持工作人员而言,首先要帮助所有将参与体育服务协助或工作的人员理解融合环境下体育服务的思路和目标。然后,他们要了解体育服务的对象是具有不同能力的个体,他们的工作是为这些个体提供有效的帮助,促进他们的参与。这些帮助可能会包括辅助器械的使用、不同的指导方式等。

通过各种手段,社区体育指导者、社区工作者共同建立起包容和平等的环境,形成社区融合的人文氛围,体育活动参与者就会变得更加积极。在这样的条件下,参与者对体育活动项目质量的认可方式将发生变化,更关注所有参与者在体育活动中的需求满足情况。

3. 个体化指导设计

社区体育指导者、社区服务工作者对于本社区居民情况有着基本的掌握。在对所在社区居民开展融合残疾人的公共体育服务项目指导时,除了对健全体育锻炼者设置一般计划,还应对参与体育活动的残疾人进行个性化设计。而体育俱乐部或盈利的社区体育组织本身就要求提供针对每个人的个性化体育锻炼设计。

西方的社区结构、功能经过长期发展,已经成为发挥政府功能和民间组织功能的基层实践单元,效率较高,社区义工体系较为完整,因此,在一些发达国家的社区中,社区管辖内的非营利组织或体育公共服务实施者可以对社区内参与不同体育锻炼项目的人员制定相对个性化的体育锻炼目标和内容。

我国目前处于转型期,传统的街道、居委会管理服务正在向社区管理的方向转变,相对于组织丰富、管理人员梯队建设完善的欧美国家社区,我们国家社区的工作任务重,且人员紧张。在社会体育指导、公共体育服务方面不可能像西方社会一样完全做到个性化指导。因此在融合的环境下,对部分有特殊需要的人进行较为个体化的设计是符合实际情况的。残疾人在接受体育指导时,必然会有个性化的需求。具体的实践者应该考虑以下几个方面,如表 4-12 所示。

表 4-12　融合环境下个性化设计的因素及具体实施手段

因素	具体实施手段
参与者体育活动的目标和首要问题	• 要综合考虑残疾人体育锻炼的需求以及其亟须发展的能力 • 练习的技术应该有利于其今后参与社区体育活动,并且能够长期坚持 • 残疾人的兴趣
决定谁将具体指导体育锻炼	• 有的情况下,一名社区体育指导员就可以完成对所有不同能力参与者进行体育活动的指导 • 有的情况下,需要经过训练的专业人员提供帮助 • 有的情况下,即使在团队讨论后依然无法有效融合部分群体,则需要选择一些替代活动进行指导 (无论如何安排,必须考虑尽量在融合的环境下进行)
制订个体体育锻炼计划	• 结合目标设定和首要解决的问题与一些规范化的健康性文件的要求,对残疾人个体锻炼计划进行设定
确定必要的支持	• 在社区环境下参与体育锻炼人员的能力和需求不同,因此,单个社会体育指导员不可能满足参与锻炼的所有人的个性化需求。综上所述,必须分析提供支持的类型、程度,从而促进融合环境下的社区体育项目的实现

创新的实践常常伴随着对传统的社区体育活动的相关要素的重新调整、构建。对于融合不同能力、需求、兴趣、经历的个体于体育活动项目而言,必须对传统的体育活动指导内容以及实践进行改良或调适。以不同能力、不同活动、不同项目来规划和组合体育活动的传统策略,必须重新以所有参与对象可参与的近似水平活动的思路来分析、选择。

Kasser 和 Lytle(2013)提出的体育运动调适的功能性策略,通过连续的四步,根据能力差异对个体进行调适,从而为所有参与者提供有意义的成功体验。该策略指导所有的实践者思考所有影响运动技能或任务结果的因素,包括参与个体能做什么,如何构建体育活动环境,体育活动目标任务的本质属性等,如图 4-6 所示。

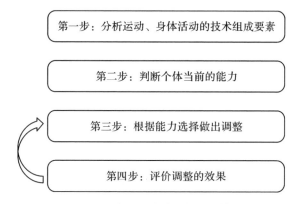

图 4-6　运动经历的功能性调整策略

资料来源:Kasser S, Lytle R. Inclusive Physical Activity: A Lifetime of Opportunities. Human Kinetics,2013.

第一步:提供融合环境下的社区体育活动服务时,首先要对所选择的体育项目、锻炼活动的技能特点进行分析。每种特定的体育锻炼项目或者活动虽然各有特点,但是都由以下基本功能要素组成,包括力量、柔韧、平衡、协调、速度、灵敏、耐力、理解、自我控制、注意力、感觉。这些要素是进行任何体育活动所必需的,无论是简单的单个身体活动,还是复杂的组合身体活动。无论是简单到接住传来的篮球,还是复杂到集体的广场舞活动,都会涉及这些要素。在进行融合环境的体育锻炼活动选择时,必须对将要完成的运动所涉及的功能性因素特点、程度、要求进行分析。

第二步:对于社区体育指导者而言,个体能力的判断不能以标签或者组群分类(残疾人、运动员、孤独症等)来判断,而是要以参与体育活动个体的实际情况进行判断。个体的特征会影响其完成某个具体身体活动、运动项目的情况,如经历、年龄、性别、基因、医疗情况、个人身体素质等。因此,社区体育指导者要对个体的这些具体能力结合项目需求进行分析。

第三步:个体能力和表现可以随着运动参与者练习时长、所在环境以及完成运动动作组成本身的变化而发生改变。为了帮助身体残疾的个体有效地在融合环境中完成某项体育活动,指导者应该综合考虑这三个方面的因素,积极进行调整。以投篮为例的特定任务与改变调适分析如表 4-13 所示。

表 4-13　特定任务与改变调适(以投篮为例)

能力要素	个人练习	环境	任务
力量	力量练习	增加或降低篮筐高度	双手或单手将球投进篮筐

续表

能力要素	个人练习	环境	任务
柔软	特定的柔韧、拉伸	选择重量轻的或者小号的篮球	自下而上发力,从腰部出手投篮,而不是传统的肩上投篮
协调	手、脑协调性活动	选择不同半径的球篮或调整球篮角度为垂直	自下而上发力,从腰部出手投篮,而不是传统的肩上投篮
理解	对技术的解释、示范以及传授	语言、感官、动作等方面的提示和刺激	分解投篮技术,分用力顺序进行练习,然后再完整练习
平衡	平衡能力的相关练习	增加或降低球篮高度	在坐姿下投篮

调整的策略多种多样,例如改变个体能力、调整体育活动任务、改变运动目标、改变锻炼环境、调整组织和指导、改变分组方式、调整器材与装备等。

第四步:在进行体育服务时,指导者做出的任何调整都应该是对于选择参与体育锻炼的个体有积极影响的,体育活动对他们来说具有一定的挑战性,能够促进积极态度的形成和接受行为的出现,因此要对这些调整的效果及合适性进行思考,所包含的内容至少有以下七个方面,如表 4-14 所示。

表 4-14　调整效果的评价

编号	内容
1	调整是否适合年龄情况
2	调整是否适合功能情况
3	调整是否能尽可能地保证参与者的独立性
4	调整是否能促进最大程度的参与
5	调整是否能够避免过分强调个体能力的高或低
6	调整是否对每个人来说都有一定程度的挑战
7	调整实施后是否能够确保每个参与者的安全

角色扩展、创新思考以及要素重构将以能力为核心的融合体育活动模式具体化为实践,可以帮助体育活动指导从业人员有效、有依、有章可循地对体育活动项目进行调适,从而协助不同的参与者真正有效地实现在融合环境下的有质量的体育活动。

必须注意的是,融合环境下的体育服务供给或体育指导关注的是所有通过参加体育锻炼进行身体活动的社区居民,对于社会体育指导员或有偿的教练员而言,不应该过分强调个体缺陷或差异。

第五章 融合理念下的残疾人竞技体育发展改革探索研究

第一节 残疾人体育竞技化发展概览

从历史上看,残疾人体育的竞技属性被社会广泛承认的时间并不长。近现代最早有记录的残疾人竞赛是在19世纪。在这一时期,美国的部分聋哑学校学生开始参加有组织的棒球竞赛;到了19世纪末,美式足球逐渐被聋哑学校学生青睐,成为流行运动。与此同时,美国的盲人学校也出现了以电报交流的方式进行学校间运动竞赛的形式。1907年,欧弗布鲁克盲校和巴尔的摩盲校间的田径比赛以电报交流的形式进行。两学校通过电报统计、对比各学校队员的竞赛成绩,从而决定比赛名次。自此以后,这种形式的比赛一直在两个学校之间进行,并且逐渐有非特殊学校的运动员参与进去。

然而,尽管有比赛性质,但是在相当长的历史时期内,残疾人体育运动仍然不被认可为竞技体育,至少不是高水平竞技。而且,由残疾人身体、心理上的差异造成的对运动能力的影响与奥林匹克运动推崇的"更快、更高、更强"精神似乎无法达成一致。

包括残疾人奥林匹克运动会在内的残疾竞技赛事、项目,从发展初期的参与型运动到今天的高水平竞技运动,并在全世界得到认同,经历了曲折、漫长的发展过程。在这一过程中,残疾人奥林匹克运动的发展对残疾人体育高水平竞技的发展起到了重要的促进作用。从某种意义上讲,残疾人奥林匹克运动会代表了残疾人的最高竞技水平,是残疾人世界中的体育竞技巅峰盛会。

一、古特曼医生的残疾人奥林匹克哲学思想的形成

残疾人奥林匹克之父古特曼的思想和其创立的残疾人奥林匹克运动不仅推动了残疾人体育的发展，而且极大地促进了整个社会对于残疾人的态度和行为的变化。其医生的身份和所处的时代决定了其早期采用的一切手段都以康复为核心思想，然而体育运动对于残疾人的影响大大超越了其最初的目的，在这一过程中，古特曼医生不断地更新、反思，最终让一个仅仅是在医院的康复性质的体育游戏平台成为残疾人体育最高竞技赛事，并且形成了具有深厚人类哲学思想的残疾人奥林匹克运动价值体系。

二战后期，大量因战争受伤的老兵发现，他们由于身体的损伤以致难以融入社会主流。在这一时期有大量的康复医院在欧美等国家和地区建立，旨在通过专门的康复性质的治疗帮助他们重新回归社会。在当时的医疗条件下，脊髓损伤被认为是治疗结果最不好控制、愈后预期最差的伤病之一，因此，脊髓损伤的病人通常被置于一个专门的机构或医院部门，在专门的监护下进行治疗。

这种机构化的形式也是当时时代的一个缩影，大量的专门机构在增加监控针对性、护理频率的同时，隔离了患者与外界的联系和交流。1944 年，古德曼医生在斯托克·曼德维尔成立的脊髓损伤康复中心就是其中的一个专门机构。

与其他传统的治疗认识不同，古特曼医生坚信摒弃传统的治疗手段（按摩在当时被认为是有效的肌肉神经康复手段），取而代之以专门设计的身体活动，脊髓损伤病人是有希望恢复功能并回归主流生活的。在这样的信念支持下，古特曼医生开始进行身体活动的实践。最初，他认为可以将工作作为病人功能康复活动的一部分，于是他在康复中心准备了一些材料和器具，让患者进行木材加工、维修等简单的体力工作。随着康复效果的逐渐体现，古特曼医生又开始设计一些合适的体育活动、比赛，让这些患者参与到游戏、竞赛中。这些体育项目最初主要包括羽毛球、乒乓球、射箭、飞镖等，而射箭则深受下肢瘫痪患者的喜爱。

在采用这些体育游戏、体育活动之初，古特曼医生认为，"相较康复性质的身体锻炼，体育运动最大的优势在于它的娱乐功能……通过运动他们可以重新获得生命的激情，实现体验快乐的愿望。体育的目的对于健全人和残疾人而言都是一样的，锻炼意志、品质，提高自信心和自我约束能力，并形成竞争精神和同志友谊。""当由于外部灾害损伤了人的脊髓，人的身体机能出现问题，同样出现问题的也包括人的心理，人的心理会因此陷入混乱。因此，我们必须帮助病人重新获得对生命、生活的渴望，而病人的合作也应该能够使他的思想和心理

得到恢复，并投入有意义的工作中去。总之，最终目的是使他尽可能的独立，重新获得其社会角色和位置。"

在这一时期，古特曼医生所关注的都是脊髓损伤病人的康复情况，以体育运动、身体活动作为康复的手段，在促进功能康复的过程中，对病人的心理健康表现出了明显的积极影响。采用这种积极的运动手段对脊髓损伤病人进行康复训练，在当时来讲已经是非常具有创造性的治疗手段，并且没有以往的治疗经验可以遵循。

随着体育运动内容的不断充实，参与人数的不断增加，古特曼医生注意到运动竞技带给脊髓损伤病人的乐趣和生机。有学者认为，脊髓损伤的治疗机构通常是一个充满压抑、让人沮丧的地方，但是在斯托克·曼德维尔却充满了希望和丰富的趣味比赛。

古特曼医生开始有目的地向社会展示这种竞技带给脊髓损伤病人的影响。1948年7月，古特曼医生设计并举行了第一届斯托克·曼德维尔医院年度体育日活动。在这届体育日活动中，共有八名来自里奇蒙多的脊髓损伤病人与来自斯托克·曼德维尔的六名脊髓损伤病人进行了击剑比赛，而体育日活动正好和当年的伦敦奥运会的开幕式是同一天。在第二届斯托克·曼德维尔运动会的筹划过程中，古特曼医生提出赛事的国际化思想，并指出："赛事应该成为等同于残疾人的奥林匹克运动会的盛会"。六年后，他回忆道："许多人不认同我的观点，但是赛事最后证明了我的信念，脊髓损伤运动员可以让这个新的体育运动获得成功。"

在第一届体育日活动举办后，古特曼医生不断以国际化和竞技性的思想来发展残疾人体育运动。在经过筹备和协调后，1960年，罗马举办的斯托克·曼德维尔运动会成为历史上公认的首届残疾人奥林匹克运动会。举办的时间、城市都是尽可能地选择与奥运会的时间、城市一致，在项目设置上也主要以奥运会设置的项目为选择。这次运动会的成功举办正式向世界传达了残疾人竞技运动性质的体育活动的意义超越了功能康复的目的。尽管竞赛成绩和竞技水平在当时还不高，但是历史意义要远远大于成绩和水平本身。时任意大利教皇约翰在闭幕式上对古特曼医生说："你是脊髓损伤世界的顾拜旦。"古特曼对于第一届残疾人奥林匹克运动会的评价为："以等同于健全世界的奥林匹克运动会的思想作为指导思想，在英国以外的国家举办国际斯托克·曼德维尔运动会是非常成功的。""绝大多数的参赛者和官员都认识到罗马运动会的真正意义，它将是一个新的使瘫痪人员重新回归社会、回归体育的模式。"

罗马残奥会的举办标志着世界性质的现代残疾人体育竞技的出现，证明了古特曼医生对于残疾人体育竞技需求、效果的判断。在此后的残疾人奥林匹克运动的发展中,古特曼坚持以竞技运动为主导方向,最终形成了当代丰富、深厚的残疾人奥林匹克价值体系。

二、残疾人竞技体育的精英化变革

现代的残疾人奥林匹克运动已经成为多种类身体残疾运动员进行高水平运动竞技的最高舞台,其核心就是高水平竞技。同奥林匹克运动会一样,只有世界顶级的精英残疾人运动员才有资格站在这一舞台上。世界聋人奥林匹克运动会也一样是高水平竞技赛事,只是参赛运动员是聋哑人。世界聋人奥林匹克运动会在赛事安排、训练、专业人员等方面都与奥林匹克运动会高度一致。除了三大主要的残疾人综合竞赛,残疾人运动员还可以参加一系列单项的竞赛,以及其他非奥运项目的比赛,如钓鱼、棒球、拳击等。

以残疾人奥林匹克运动会为代表的竞技性质的残疾人体育竞赛不断发展,而残疾人竞技体育真正意义上的高水平是在汉城(现名首尔)残奥会上出现的。在残疾人竞技体育发展历史上,汉城(现名首尔)残奥会被认为是转折点,引导着残疾人竞技体育走向了另一个发展阶段。1988年之前的残疾人奥林匹克运动会在称谓上并没有得到国际奥委会的认可,其中一个原因就是整体竞技水平偏低。虽然是竞技性质的运动会,但依然是以参与主导的思路在举办。

从1988年的韩国汉城(现名首尔)残奥会开始,残疾人奥林匹克运动会的发展确立了高水平竞技主导的思路。不但使用与奥林匹克运动会一致的场地设施,并且通过减少奖牌、金牌数量,提高奖励金额等一系列措施,增加了比赛的竞争性。汉城(现名首尔)残奥会在组织和运营上,与国际奥委会紧密合作,使得赛事的管理和运营都保持在一个较高的档次上。在比赛中取得胜利的残疾人运动员是真正的高水平运动员,他们的运动成绩是长期系统训练的结果。因此,汉城(现名首尔)残疾人奥林匹克运动会是现代残疾人奥林匹克历史上首次真正意义上的高水平竞技运动会。残疾人奥林匹克运动及其领导的肢残单项残疾人体育协会则一直贯彻着高水平竞技化发展的思路,其一系列改革、比赛设置、规则调整、训练服务等,都极大地促进了残疾人体育竞技能力、竞技成绩的提高。

残奥会、世锦赛等相关的单项竞赛中,残疾人的竞技能力不断被挖掘,竞技水平不断提升,整个世界对于残疾人高水平竞技的认同度越来越高。

残疾人竞技体育高水平竞技化发展的另一个标志是分级体系的不断完善。在健全世界,为了保证竞赛的公平,常常采用多种标准对竞赛进行分组,如根据性别、体重或年龄。对于残疾人高水平竞技而言,竞赛的公平性问题更复杂,因为残疾人的能力、水平、残疾类型表现出更复杂的情况。残疾人竞赛分级体系的建立、完善和发展从另一角度体现了残疾人竞技体育的精英化发展。残疾人奥林匹克运动会的体育竞赛分级以医学分级和技术分级相结合的方式进行。

根据比赛项目的特点和对运动员能力或功能的鉴定,结合残疾类别和程度,就各个比赛项目分别制定了相应的分级标准,如表 5-1 所示。

表 5-1　残疾人奥林匹克运动员分级范例(以田赛为例)

类型	分级
盲人	• B1 级(T11,F11):双眼无感光,或仅有光感但在任何距离、任何方向均不能辨认手的形状 • B2 级(T12,F12):视力为从能识别手的形状到 0.03 和/或视野小于 5 度 • B3 级(T13,F13):视力 0.03 以上到 0.1 和/或视野大于 5 度且小于 20 度
脑瘫	• CP1 级(T31,F31):严重的四肢瘫。四肢和躯干功能性活动范围小,活动仅靠助手或电动轮椅的帮助,自己不能驱动轮椅 • CP2 级(T32,F32):重至中度四肢瘫。运动员能抓住圆柱形或球形物体并能比较灵巧地活动和扔球;但手的伸展力差;躯干静态控制力较好而动态控制力差;一侧或双侧下肢有一定的功能。虽四肢及躯干功能性肌力差,但可自行驱动轮椅(用上肢或下肢) • CP3 级(T33,F33):中度四肢瘫或需乘坐轮椅的严重偏瘫(对称或非对称)。可在助手或辅助用具的帮助下行走,可独立驱动轮椅。驱动轮椅时躯干不能快速运动及长距离行进,手也不能快速松握;如果只能用一侧上肢驱动轮椅,虽可长距离行进,健侧的手也能快速地松握,那么仍定位在CP3 级 • CP4 级(T34,F34):中到重度两肢瘫。上肢和躯干肌力好。其活动范围和控制能力有很小的问题,中到重度的双下肢受累,因而不用辅助器具就不能长距离行走,运动时通常使用轮椅 • CP5 级(T35,F35):对称或不对称的中度双肢瘫。步行时需要用辅助器具,但站立或投掷时则不需要。如重心轻微改变,则会失去平衡。运动员具有充分的跑的功能。上肢和手的功能障碍较轻 • CP6 级(T36,F36):中度手足徐动或运动失调,所有四肢运动功能受累。和 5 级相比,6 级运动员上肢控制力较差。但其下肢的功能一般都较好,特别是跑步的时候。动态和静态平衡功能良好,能独立步行 • CP7 级(T37,F37):该级别为能独立步行的偏瘫运动员。走路不用辅助工具。但由于下肢痉挛而呈跛行状态,健侧功能良好 • CP8 级(T38,F38):功能障碍小的偏瘫和双肢瘫或轻微的手足徐动。可自由地跑跳,没有跛行,亦不需用矫形鞋。通常由于手部动作不协调可能有很小的功能丧失,下肢也可能有轻度功能障碍和协调问题,或轻度的跟腱短缩

续表

类型	分级
脊髓损伤	• F51级运动功能:投掷手无法抓握器械(需要使用树脂或胶状物来抓握器械)。铁饼:由于手指无法运动而几乎不能控制铁饼;投掷的轨道是扁平的。木棍:可以越过头顶向前或向后投掷;使用大拇指和食指,或食指和中指,或中指和无名指投掷;当运动员向后投掷木棍时,肘伸肌力较强。医学功能:肘可伸直、腕可背屈;腕无掌屈功能;肩关节无力;坐位平衡差 • F52级运动功能:投掷手抓握器械有困难。铅球:由于手无法握拳,故当出手时手指不能用力在球上;无法将手指分开。铁饼:手指无屈曲的功能,即手无法握拳,手指抓握铁饼的边缘有困难,但是可以通过挛缩来完成此动作。标枪:食指和中指夹握器械,也可以置于大拇指和食指之间或中指和无名指之间;有些运动员的手指有些许功能。医学功能:有肘的屈伸和腕的背屈及掌屈功能;肩的功能好;个别手指可以伸屈,但功能不全 • F53级运动功能:投掷手正常。铅球:通常能够握拳;手指能够分开但力量弱;投掷时手指能够握住器械,手指能分开。铁饼:手指能够很好地抓握器械;出手时能够对铁饼施加旋转力;手指能够分开也能够合拢,但力量不佳。标枪:通常将器械握在大拇指和食指之间;手的肌力好,能握住器械。手指可分开或并拢。医学功能:肘和腕的功能正常;手指屈伸力量正常或接近正常;手的内在肌力正常 • F54级运动功能:上肢功能正常;无躯干运动时,坐位平衡差;投掷时,非投掷手需握住轮椅。医学功能:等同于上一级的情况 • F55级运动功能:躯干能够做以下三种运动,离开轮椅的靠背(向上运动),向前和向后的运动,旋转运动。医学功能:上肢力量正常;腹肌和背伸肌功能存在;无屈髋功能;无髋内收功能 • F56级运动功能:躯干可以进行前屈和后伸的运动,平衡好;躯干旋转的功能好;能抬起大腿离开轮椅;能双膝并拢;膝能伸直;膝有屈曲功能。医学功能:如果下肢肌群为一级或二级,那么他一般应被分在F56级 • F57级运动功能:坐位平衡好;躯干可向前后、侧方运动,髋有外展功能;髋可后伸,大腿可产生对椅子面的压力;一侧踝可屈曲,脚可放在脚踏板上;在评估运动员的功能时,以功能好的一侧为依据鉴定级别。医学功能:如果下肢肌群为二级或三级,那么他一般应被分在F57级 • F58级运动功能:最低残疾标准,下肢肌力得分不得高于70分;截瘫及小儿麻痹有一条腿好或髋部有两侧外展、内收功能则属于本级别;下肢肌力为三级或四级,一般应被分在F58级;一侧膝以上截肢或两侧膝以下截肢定为F58级。注意:F58级是参加坐式比赛。如果选择站立比赛则应依据其他规则。一旦运动员选择站立比赛,如果不是因为医学方面的原因,那么他将不能再选择坐式比赛

　　如根据盲人运动员的视力情况设定了B1、B2和B3三个等级,运动员应根据分级结果在不同的等级进行竞赛。而对于患有脊髓灰质炎的运动员则采用了8点量表,1表示完全没有运动能力,必须依靠电子轮椅进行移动,8表示具有最高级别的运动能力。

第二节 残疾人竞技体育训练的系统化与现代化发展

同健全运动员竞技水平长期发展规划一样,残疾人运动员竞技能力发展也是一个需要长期规划、系统培养的过程。如上文所述,残疾人体育竞技运动的整体水平近年来不断提高,竞技能力不断提升,残疾人运动、竞技的潜能不断地被挖掘,残疾人竞技体育训练在理论和实践方面也得到了飞速发展。

全世界残疾人竞技体育的教练员数量不断增加,对于残疾人竞技体育训练过程、规律、原则的理解也在不断加深。全世界的学者在结合实践对现代残疾人训练科学化进行研究的过程中,普遍认为残疾人的运动训练与健全人的运动训练在本质上更多的是相似而不是差异。因此,很多一般训练理论的原则和规律在残疾人竞技训练中也应该遵循,很多一般训练的手段和方法经过调适,有的甚至不需要经过调适就可直接应用于残疾人运动员的训练中。

一、体育科研引导下的训练科学化发展

残疾人竞技体育训练的科学化程度要求非常高,因为残疾人在生理、心理上与健全人之间存在一定程度的差异,残疾人竞技体育在发展初期就非常重视相关的医学、医疗基础。从历史上看,专门的残疾人竞技体育训练科学发展是比较缓慢的,更多的是对于残疾人身体机能、心理认知的康复性锻炼的研究。

20 世纪 60 年代,相关研究主要关注存在智力障碍、运动功能发展障碍的人的身体素质和指标。到了 20 世纪 70 年代,逐渐出现了锻炼生理学和运动生物力学方面的内容。锻炼相关的生理学研究促进了对于残疾人体能和体适能水平的理解,以及对于残疾人训练的生理生化反应的认识,运动生物力学研究则更多地推动了轮椅竞速的发展。

从 20 世纪 80 年代末开始,运动表现、运动训练、运动装备及器材成了残疾人竞技体育研究的热点,包括社会心理学、量化研究手段在内的科学研究方法也开始大量应用于残疾人竞技体育研究中。描述性和质化的研究方法与数学统计分析相结合,使人们对于残疾人体育竞技的理解也越来越准确。

1985 年,美国奥林匹克委员会与残疾人体育委员会共同建立了专门的残疾人竞技体育研究分会。该分会在世界范围内对教练员、残疾人运动员、相关的

适应体育教育业从业人员、体育娱乐休闲业从业人员进行了访问,拟定了以下七个残疾人体育的重要研究方向。

第一,训练竞赛的影响。

第二,教练员、志愿者、裁判员的选择和训练。

第三,体育的技术发展。

第四,体育社会学及心理学。

第五,残疾人运动员和健全运动员的异同。

第六,残疾人竞技体育的人类学。

第七,残疾人体育的法律、哲学、历史基础。

在以上研究的基础上,又延伸出了 70 个不同的主题,成为后续研究的主要内容,供学者进行研究。

1993 年,国际残疾人奥林匹克委员会建立了专门的科研委员会,从而有目的地对残疾人竞技体育研究进行指导和引领。1994 年,德国柏林举办了残疾人体育科学研讨会,参与会议的学者是国际残疾人奥林匹克委员会体育科学委员会会员以及国际适应体育协会的代表。本次研讨会确定了残疾人奥林匹克运动科研委员会的任务、目标、工作,制定了残疾人奥林匹克运动会与残疾人世界锦标赛的科研指导方案,提出残疾人奥林匹克大会和国际研讨会的指导方案设想,对残疾人奥林匹克研究日程做出了规划和准备。在国际残疾人奥林匹克委员会的扶持下,一系列与残疾人竞技体育相关的科研成果不断涌现,引导着残疾人竞技体育训练的科学化发展,如表 5-2 所示。

表 5-2　残疾人竞技体育科学研究部分成果

研究领域	部分成果
运动心理学与社会学	• 对于残疾人运动心理学与社会学方面的研究,一直是西方学者关注的热点之一。就心理学领域的研究而言,大多数残疾人运动员表现出的心理相关状况和健全运动员相似。运动员情绪的冰山状现象(在平均以下表现出紧张、压抑、愤怒、疲劳和思维混乱;在平均以上表现出活跃)最先印证在健全运动员身上,后来,在针对轮椅、视觉损伤的运动员的研究中也得到了验证(Sherrill,1996);有研究发现,残疾人运动员对于成功和失败的反应以及焦虑情况与健全运动员相似;在认知行为、心理因素方面,残疾人运动员表现出了与健全运动员相同的情况 • 而在关于体育社会学领域问题的研究中,残疾人运动员与健全运动员之间的表现存在差异。如在引导残疾人运动员参加体育竞技的社会因素中,脑瘫运动员和盲人运动员的家庭影响不是最重要的。对于盲人运动员而言,体育教师对于他们参加体育竞技的影响是最重要的,而对于轮椅运动员而言,自我动机、残疾朋友以及体育教师是三个影响他们参加体育竞技的最重要因素(Gavron,1989)

续表

研究领域	部分成果
运动生理学	• 有学者在对残疾人运动生理学研究应用进行评述时指出,残疾人奥林匹克运动的发展与残疾人运动生理学的发展不平衡,许多教练员用健全运动员的运动生理学理论来指导残疾人运动员训练,缺乏对残疾人女性运动员运动生理学的研究。研究设计、工具、测试过程、样本数量还需要严格控制 • 有学者指出,残疾人运动员和健全运动员在许多运动生理反应上的表现是相似的。一般来说,差异主要出现在不同残疾类型,如偏瘫、截肢、肢体损伤等肌肉功能方面。参加轮椅竞赛和游泳的残疾人运动员表现出比那些参加力量项目的运动员更大的摄氧量。进行一般的轮椅运动项目可以提高运动员的每搏输出量 • 大量的研究显示,残疾人在运动训练中的生理学反应与健全人相似。尽管由于残疾类型、程度的影响,训练在强度、量、频率方面会表现出不同。通过训练刺激产生的生理学反应也可以出现在残疾人运动员身上
运动生物力学	• 科技的进步极大地提高了残疾人的参赛水平。将自行车领域的科技研究成果应用于轮椅运动中,使轮椅变得更加轻质和高效。根据运动的不同,设计了不同的轮子尺寸、不同类型的手驱设备以及可调节的轮子角度、椅子尺寸 • 很多学者从手驱轮的半径、推动频率、座椅高度、推动技术、损伤程度以及项目特点的角度对轮椅移动驱动效率进行研究。整个轮椅的体积减小,结合椅子高度、轮子拱度、手驱轮尺寸的个性化设计促进了运动表现的提升。轮椅的移动速率更多的是与推动的频率有关,而与推动的长度关系不明显 • 优秀残疾人运动员的跑步速度研究涉及假肢设计的影响、视觉损伤运动员跑步的速度,以及发展性残疾和脑瘫运动员的跑步模式形态影响等方面。专门的假肢科技水平提高,不仅在设计和功能方面,而且在重量和美学方面极大地提高了残疾人的奔跑速度 • 运动生物力学领域的研究既能在实验室也能在场地环境下进行。生物力学的研究成果已经在包括运动器械在内的轮椅设计、坐式滑雪雪橇等领域,以及运动模式技术的领域中得到转化
分级	• 运动员的分级一直以来是长期争论的焦点。一方面,分级的目的是促进能力近似的运动员的竞赛公平,而不论其残疾程度和类型;另一方面,竞技体育的特点会导致更多地重视竞技能力,那些严重损伤的运动员则会由于竞技水平整体不高而趋向于被取消。有学者认为,后期的分级更多的是出于项目管理的考虑,即使从运动员的角度来看,分级依然是个困难的问题 • 篮球、游泳和田径的分级体系一直是争论的焦点。关于医学分级和功能分级的争论从 1979 年出现,一直延续到了今天
教练员与指导	• 残疾人竞技体育中,教练员的缺乏一直是影响残疾人竞技体育发展的重要因素。德波的研究发现,当时残疾人运动员大多数时间的训练都是自行安排,并没有教练员指导。其在调研中发现:在从事残疾人竞技体育训练指导的教练员中,仅有 16% 的教练员是残疾人,且许多教练员大部分时间在指导健全运动员;75% 的教练员参加过专门的训练学习,然而只有 56% 的教练员学习过针对残疾人运动员的训练知识 • 2001 年的一项研究发现,残疾人运动员自行安排训练,缺少专业指导的情况依然存在

二、残疾人运动训练规律与特征

残疾人运动员的竞技训练在本质上与健全运动员训练是一致的。这样的观点也得到了许多学者及一线教练员的认可。根据当前我国对于运动训练的定义,运动训练是指在教练员的指导下,为提高运动员的竞技能力和运动成绩而进行的专门的、系统的、科学的体育活动。运动训练是竞技体育的核心部分,是实现竞技体育目标的重要途径。从实质上讲,该运动训练的定义是同样适合残疾人运动员的。

(一)残疾人运动员训练过程

竞技能力提升、竞技表现的优化发展是一个循序渐进的过程。对于优秀的运动员而言,是通过对每一个训练阶段的最优设计、科学监控、组织、执行与安排,在常年不间断的训练中,最终达到个人竞技表现的巅峰,这一过程对于所有高水平竞技运动员而言都是相似的。

从世界范围来看,不同国家运动员的培养体制差异非常大,而残疾人运动员培养体制则更具个性化。虽然各国对于残疾人运动员高水平竞技能力培养过程的长期性、系统性达成了一致,然而在实施过程中依然缺少科学的模式和客观条件的支持。

加拿大作为残疾人竞技体育发展水平较高的国家之一,其在残疾人运动员培养的体制机制建设方面做出了一系列改革,这些改革措施反映了对残疾人运动员训练过程的深刻理解。在加拿大政府资助下,加拿大体育中心制定了残疾人运动员长期发展规划,该规划把残疾人运动员的竞技能力发展过程分成了十个阶段,每个对应的阶段需要完成一定的任务,具体如图 5-1 所示。

残疾人运动员的训练过程基本和健全运动员的训练过程一致,因为运动训练的本质是一样的。但是残疾的特征、差异还是会造成其训练的特异性。这些原因包括:一是有些患有先天性残疾的运动员可能在后期会患获得性残疾;二是患有先天性残疾的少年儿童可能很少有机会参与体育活动,获得必要的运动技能,这可能是由于不定期地在医院接受治疗和缺少合适的体育教育,但更多的是因为家长和监护人的过分保护;三是许多项目的训练需要调适运动设备,使其符合残疾人运动员的特征,同时减少残疾对于运动表现的影响;四是有些训练项目需要专门的翻译、医学监护或专业人员。

基础	男6~9岁 女6~8岁	学习基本的运动，以及运用基本运动技能，形成一般运动能力
学习训练	男9~12岁 女8~11岁	学习一般体育技能
一般训练	男12~16岁 男11~15岁	培养有氧能力基础，发展速度力量，发展相关的专项技能技术
专项提高	男16~23岁 女15~21岁	优化体能准备，实现竞技能力表现最大化发展
参赛获胜	男19+/-岁 女18+/-岁	在比赛中取胜
积极生活	任何年龄	顺利地从运动竞技生涯转化为终身体育参与

图 5-1　残疾人运动员训练过程[①]

注:某些特定的残疾类型会提前或减缓运动竞技能力发展年龄。

上述情况会对残疾人运动员的训练过程发展产生不同的影响。对于残疾人运动员的训练过程而言,在最初的两个阶段要非常重视意识的培养。残疾少年儿童首先要知道有哪些运动、哪些项目是可以参与的,而事实上大多数残疾少年儿童不清楚他们有参与哪些运动的机会,因此,在第一阶段要帮助残疾人获得相关信息。在第二阶段要注意提升残疾人对运动项目的接纳程度和意愿。对于他们而言,第一次参与运动的体验非常重要,只有在愉悦、成功的体验下才能激发他们今后参与体育的兴趣。

(二)残疾人运动员训练指导要求

澳大利亚教练协会指出,对残疾人运动员进行训练指导需要的许多技能和对健全人进行训练指导时需要的技能一样。教练员应该因材施教,根据不同运动员的特点和能力安排训练,从而挖掘运动员的运动潜力。

残疾人由于其身体特征有时会在某些身体活动、协调能力和体能水平上受到影响,但是影响青少年残疾人运动员技能发展的最主要问题是他们在青少年时期缺少机会去掌握基本的运动模式和获得足够的运动经历(Gavron,1989)。他们的自信水平、兴趣和动机会由于缺少参与机会而受到影响。从具体运动训练过程的监控、执行、实践方面理解,运动员竞技能力提升的基本原则大部分是相似的。有学者从生理特点和训练需求的层面对残疾人运动训练区别于健全

①No Accidental Champions. (2014-12-05)[2015-06-07]. http://www.paralympic.ca/.

运动员训练的要求进行了归纳，如表 5-3 所示。

表 5-3　残疾人运动员运动训练的特性要求

主观层面	客观层面
· 理解残疾人运动员身份为先，残疾人为次 · 具有对残疾程度和残疾类型特点的知识 · 根据掌握的知识和残疾人的个体特点，设立残疾人运动员合理的目标和任务 · 掌握运动员能力信息，并能够共同商讨对哪些活动进行调适 · 设计合理的技能提高过程 · 当运动员有需求的时候提供必要的帮助，但不要让他们有太大压力。教练员应该对提供帮助的时机有预判 · 必要时对规则进行调整，但是不要改变运动的本质 · 提供持续、可靠、及时的反馈 · 保持耐心的交流。通过反复的指导、练习，判断他们是否能够理解 · 让运动员体验困难、成功与失败，而不要过分保护他们 · 关注运动员的能力，而不要低估他们的能力 · 采用数量少的组群进行训练，增加训练的个性化 · 主动采取措施满足运动员的能力和个性要求 · 不要主观预测、低估运动员的运动表现	· 声音：有些时候，在训练中，声音会干扰运动员的注意力，影响运动的效果和质量。有些时候，声音则可以在训练中用来表明运动的方向、物体的位置，或者给运动员情绪带来积极影响 · 灯光：在训练场地或体育馆里保持一定的亮度有利于运动员更好地定位和选取目标。但是有些残疾人运动员会因受到过分的灯光刺激造成他们过分活跃，以致不能集中注意力训练。在这种情况下，应该通过降低灯光强度，改变灯光投射位置，从而创造一个平和的环境 · 温度：室内室外的气温控制对于残疾人运动员而言更加重要。对于某些对热和湿度高的环境有过敏反应的残疾人运动员而言，这样的环境会造成更高的体液流失率 · 组织：训练环境必须以实现最优化的运动训练效果为目的而设置，因此装备、器材的尺寸和颜色都是非常重要的。颜色的调整可以让标志物变得更明显或者更不明显，结合尺寸的调整可以影响运动表现。在组织训练前，无障碍环境的情况也是必须考虑的

　　通过笔者大量的文献搜集和分析研究发现，受到运动项目竞技本质的影响，大部分健全人竞技体育项目在经过调试转化为残疾人竞技体育项目后，依然存在着非常高的相似度。特别是在竞赛本质、训练源理论方面，都保持着较高的一致性。国外许多研究发现，对残疾人运动员和健全运动员进行训练的生理学基础是相同的，如超量恢复、过度疲劳、板块训练理论、周期训练理论等。

　　而就专项训练而言，类似的项目在训练目的的共性特征下决定了训练方法、训练手段、训练科研等的交叉性和融合性。因此，北美加拿大地区、欧洲一些国家在残健融合共享训练方面做出了有意义的尝试。而在这一过程中，不仅促进了残疾人与健全运动员、教练员、科研人员的交流，还提高了对残疾人的社会接纳程度。

第三节 我国残健竞技体育融合发展的探索与思考

目前,关于我国残疾人竞技体育的发展、现状方面已经有较多的研究,为避免重复研究,本部分在借鉴相关研究的基础上,结合专门的问卷调查,紧紧把握融合的主题,对我国残健竞技体育发展融合的道路进行探索和思考。

在国家体育总局将与残疾人体育相关的工作归口移交至中国残联后,中国残联成立了宣文部体育处,负责协调各方面关系,指导残疾人群众性体育活动以及大型比赛的组织和外联。从这一时期开始,包括残疾人运动员选才、训练、竞赛在内的一系列工作都归口于中国残联,而体育系统主要是扮演协助、支持的角色。

中国残联是包括竞技体育在内的残疾人体育事业的负责单位。就残疾人竞技体育而言,中国残联和体育系统的协作相对还是比较密切的。并且从发展思路上看,我国的残疾人竞技体育同样受到计划经济时代和金牌战略思路的影响,长期以来以夺金、冲冠作为主要发展方向。残疾人竞技体育成绩也扶摇直上,从雅典残奥会到伦敦残奥会连续三届残奥会保持金牌榜首位。北京残奥会的举办则深刻地影响了我国残疾人事业的发展。以举办残奥会为契机,我国许多地区的无障碍设施得到普及与提升,在公共场馆等人口密集地方进一步推广了无障碍设备。

奥运竞赛让国人在更多地注意到残疾人的竞技能力和竞赛成绩本身的同时,也让国人开始关注残疾人事业,理解如何更好地尊重并关爱残疾人。残疾人奥林匹克"超越、融合、共享"的理念也随之被社会接纳。

残奥会的举办无论在硬件还是人文精神方面,对于我国残疾人事业发展而言都是意义重大的。越来越多的人意识到残疾人事业应该置于融合的社会环境中发展,残疾人的权利也只有在包容、融合的社会中才能真正得到保障。

就残疾人竞技体育本身而言,当前在我国开展较为普遍的竞技项目主要有:田径类的跑步、跳高、跳远、掷铅球、掷铁饼、掷标枪和轮椅竞速等七个大项;球类的轮椅篮球、轮椅网球、坐式排球、羽毛球、乒乓球、门球、硬地滚球等七大项;还有游泳、举重、轮椅击剑、柔道、射击与射箭等项目。而残奥项目绝大多数是由奥运项目转化而来的,或者是衍生于健全人的竞技体育项目。本书针对近似项目的教练员,以及这些项目与健全项目训练共享、融合的可行性进行调研,从而对我国当前体制下残健竞技体育融合共享发展提出针对性的建议。

一、问卷的内容设计与发放

(一)问卷的设计

本部分研究选择的问卷是由课题组制作的教练员自编问卷,主要收集以下几个方面的信息:第一部分是样本的基本生物学信息及社会信息;第二部分是样本对于当前残疾人竞技体育训练情况的满意度;第三部分是样本对于同类项目残疾人与健全人融合的可行性调查。

第二部分为教练员以自身经历和执教情况为准对当前残疾人竞技体育训练情况满意度的反馈。有四个不同的满意度级别:一是非常满意;二是满意;三是不满意;四是非常不满意。主要从以下几个方面进行反馈:训练场地;体能训练设施、设备;专项训练设施、设备;医疗保障;训练手段、方法研发;队员训练态度;训练次数保障情况;教练员专业培训效果;指导训练待遇;队员训练待遇;集训形式;领导支持情况;社会关注情况;专项资金情况;训练过程科研监控;运动员选材科学分析服务;训练效果科学检验服务;训练器材、硬件开发;训练、比赛电子计算机分析;运动员选拔机制;运动员生活后勤保障情况;社会保障机制;运动竞赛奖励机制。以此来了解当前国内残疾人竞技体育训练发展现状及主要存在的问题。

第三部分为教练员对同类项目残疾人与健全人竞技体育融合训练及资源共享可行性看法的反馈,有四个不同的可行性认知级别:一是非常不可行;二是不可行;三是可行;四是非常可行。主要对以下几个方面进行反馈:专用训练场地共享;体能训练设施、设备共享;专项训练设施、设备共享;医疗保障共享;社会保障共享;训练手段、研发成果共享;现有训练手段、方法共享;教练员专业培训共享;队员训练待遇共享;集训形式共享;政策支持共享;社会关注共享;体育专项资金共享;训练过程科研监控共享;运动员选材科学分析服务共享;训练效果科学检验服务共享;训练器材、硬件开发共享;训练、比赛电子计算机分析共享;运动员选拔机制共享;运动员生活后勤保障共享;比赛成绩奖励政策共享。以此来了解教练员对残疾人与健全人竞技体育融合训练和资源共享可行性的认同度。

(二)问卷发放与信度和效度检验

本次问卷调查总计发放 100 份问卷,最终回收 88 份,回收率为 88%。其中,有效问卷为 88 份,回收问卷的有效率为 100%。问卷的调查对象为浙江省与福建省部分残疾人竞技体育教练员,借助 2015 年全国第九届残疾人运动会的契机,将问卷发放给尽可能多的残疾人竞技体育教练员。

残疾人竞技体育教练员由于直接参与了残疾人竞技体育训练,因此对于国内残疾人竞技体育的现状及问题有着切身的体会。且参与问卷调查的残疾人竞技体育教练员从事着不同竞技体育项目的训练,故其反馈结果相对真实有效。

信度检验采用重测信度法,对浙江省 30 名残疾运动队教练进行问卷发放,并在一个月后进行再次发放,经过两次实验量表前后对比得出其具有外在一致性,Alpha 一致性系数为 0.81,说明该问卷信度较高。

设计好的问卷电子版以电子邮件的形式发给国内相关领域的十名学者进行专家效度检验,有效性评价结果如表 5-4 所示。

表 5-4 专家效度检验

	内容评价	量度设计评价	选项反映调查内容的评价
非常合理	6	8	8
合理	4	2	2
不合理	0	0	0
非常不合理	0	0	0

(三)调查结果分析与讨论

1.教练员的基本情况分析

被调查的教练员中具有国家级职称的教练员人数为 20 人,占比为 22.7%;具有高级职称的教练员人数为 19 人,占比为 21.6%;具有中级职称的教练员人数为 17 人,占比为 19.3%;具有初级职称的教练员人数为 5 人,占比为 5.7%;暂时未取得任何职称的教练员人数为 27 人,占比为 30.7%。教练员的职称情况如表 5-5 所示。

表 5-5 教练员的职称情况

	国家级职称	高级职称	中级职称	初级职称	无职称
人数/人	20	19	17	5	27
占比/%	22.7	21.6	19.3	5.7	30.7

在所调查的教练员中,执教轮椅篮球的教练员所占比例最大,为 26.1%;执教羽毛球的教练员所占比例次之,为 20.4%。教练员的体育运动项目执教情况如表 5-6 所示。

表 5-6　教练员的执教项目情况

项目	人数/人	占比/%	项目	人数/人	占比/%
坐式排球	7	8.0	游泳	5	5.7
轮椅篮球	23	26.1	聋人篮球	5	5.7
田径(投掷)	7	8.0	盲人足球	6	6.8
田径(短中长跑)	6	6.8	乒乓球	3	3.4
飞镖	3	3.4	羽毛球	18	20.4
射箭	5	5.7			

这种结果在一定程度上受到了所在地方代表队组队情况的影响。

对于残疾人竞技体育运动项目来讲,按照运动项目的来源,可以分为衍变项目和非衍变项目。对于衍变项目而言,其是由健全人体育运动项目衍变而来的,具有更多的可以借鉴的健全人运动训练经验。对于非衍变项目而言,其是单独为某些残疾类型设计的专属运动项目,其在训练科学化和系统化上相对来说缺乏可借鉴的经验。教练员执教项目分类情况如表 5-7 所示。

表 5-7　教练员执教项目分类情况

	衍变项目	非衍变项目
人数/人	83	5
占比/%	94.3	5.7

所调查的教练员所执教的项目绝大部分是衍变项目,其占比高达 94.3%,而非衍变项目所占比例非常低,仅为 5.7%。通过访谈了解到,不论是残疾人竞技体育运动员还是教练员,他们都更加倾向于参与到衍变项目中。

最高有过国家队执教经历的教练员人数为 36 人,占比为 40.9%;最高有过省队执教经历的教练员人数为 47 人,占比为 53.4%;最高有过市队执教经历的教练员人数为 5 人,占比为 5.7%。教练员最高执教经历情况统计如表 5-8 所示。

表 5-8　教练员最高执教经历情况统计

	国家队	省队	市队
人数/人	36	47	5
占比/%	40.9	53.4	5.7

由此可见,被调查的教练员有过高级别运动队执教经历的占比较高,因为他们对于残疾人运动训练的认知和体验较为深刻与丰富,所以本次问卷调查的结果将更能反映实际问题。

2.教练员对训练条件的满意度

教练员对训练、竞赛条件的满意度反映的是教练员对于其训练环境、基础设施、保障条件等诸多方面的认同情况。满意度高低会影响其工作的主观能动性和训练效率、效果。研究从场地设施满意度、训练的方法和形式、训练支持情况、训练科学性四个维度进行调查分析,从而更好地了解教练员对训练、竞赛条件的满意度。

(1)场地设施满意度情况

场地设施主要包括训练的场地情况、体能训练设施情况、专项训练设施情况、训练场地的医疗保障设施情况。训练场地、体能训练和专项训练的设施是进行各种训练的基础,如果没有这些设施或者这些设施存在老旧等问题,那么在客观上会影响体育训练的正常开展。医疗保障设施是在运动训练现场出现任何急性伤病的紧急处理的重要保障,当运动员在训练过程中出现问题时,及时地得到治疗有助于减少伤病的影响。针对场地设施满意度的问卷调查结果如表 5-9 所示。

表 5-9 场地设施满意度情况

	最小值	最大值	平均值	标准差
训练场地	1	3	1.93	0.58
体能训练设施	1	3	2.18	0.62
专项训练设施	1	4	2.30	0.63
医疗保障设施	1	4	2.50	0.69

注:数值越高表示满意度越低。

由表 5-9 可见,教练员对训练场地的满意度平均值为 1.93,其平均值比较低,可见教练员对训练场地的满意度相对比较高。在访谈的过程中了解到残疾人竞技体育训练往往都是在比较好的训练场地上开展,绝大部分的残疾人竞技体育训练都具有独立的训练场地,由于残疾人竞技体育在我国的发展起步比较晚,其场地的建设也相对较晚,场馆、场地损耗较少,因此场地建设质量相对较好;教练员对于体能训练设施的满意度平均值为 2.18,其平均值比较高,可见教练员对体能训练设施的满意度相对比较低。通过访谈了解到导致教练员对体能训练设施满意度比较低的原因主要是残疾人运动员的差异化运动需求使得其对体能训练设施的要求也存在很大的不同,而当前针对残疾人运动员的体能训练设施缺少个性化的设计,针对性的产品缺乏,教练员因此对残疾人体能训练设施整体上表现出较低的满意度。教练员对于专项训练设施的满意度平均值为 2.30,其平均值比较高,满意度相对也比较低。尽管当前我国的残疾人竞技体育训练受到了一定的关注,但是针对残疾人专项训练的设施研发水平依旧处于初级水平,研发的专项设施不能很好地满足大部分残疾人的专项训练需求,因此其满意度比较低。教练员对于医疗保障设施的满意度平均值为 2.50,其平均值比较高,可见教练员对于医疗保障设施的满意度总体比较低。医疗保障对残疾人运动员而言,其作用要比健全运动员更大,一方面要承担运动训练造成的一般性损伤的及时处理,另一方面还要承担由于残疾造成的其他病理性关联的伤害治疗。这些往往需要不同的、专业性的医疗保障设施,而在实际训练的过程中这种专业性的医疗保障设施往往比较缺乏,教练员对于此方面的顾虑也比较大。

（2）训练方法和形式

训练方法和形式主要包括科学化训练、训练的手段、运动员训练的态度、训练的频数以及集训的形式五个方面的内容。训练的科研水平体现了训练的科学性,如果训练的科学化水平较高,那么残疾人运动员的训练效果及竞技水平就会相对较好。训练的手段是指在训练时候所采取的措施,只有科学、有效的训练手段才能保证训练达到要求,避免残疾人在训练过程中受到伤害。运动员训练的态度体现了运动员在训练中的积极性和主动性,其训练态度将直接影响训练行为和训练效果。训练的频数直接影响了训练的效果,合理地安排每周、每个阶段的训练次数,才能保障运动员竞技能力的稳定提升。残疾人运动员基本上都是业余运动员,其备战方式基本上以集训为主,集训形式、情况的好坏将直接影响训练质量和备战情况。

教练员对科学化训练的满意度平均值为 2.33,分值比较高,这说明教练员对于科学化训练的满意度比较低,具体如表 5-10 所示。

表 5-10　教练员对训练方法和形式的满意度情况

	最小值	最大值	平均值	标准差
科学化训练	1	4	2.33	0.56
训练手段	1	4	2.17	0.57
训练态度	1	4	2.13	0.60
训练频数	1	4	2.31	0.68
集训形式	1	4	2.45	0.68

注:数值越高表示满意度越低。

当前对于残疾人竞技体育训练科学化的研究并没有引起重视,这使得残疾人在进行竞技体育训练时缺乏科学性、系统性的指导。教练员对于训练手段的满意度平均值为 2.17,分值比较高,可见教练员对于残疾人竞技体育训练的手段并不满意。对于不同的残疾人运动员而言,由于其身体差异,在训练手段的选择上,往往需要结合不同的身体特点,而针对残疾人运动员的训练手段在专属化和个性化发展上相对滞后,特别是在明显区别于健全运动员的竞技项目方面,相对匮乏的训练手段直接影响了训练效果。教练员对运动员的训练态度满意度平均值为 2.13,分值比较高,可见教练员对运动员表现出来的训练态度满意度较低。残疾人运动员中绝大部分是业余运动员,其社会角色复杂,面临的各方面问题较多,运动训练对于主体认同的贡献体量而言相对较低,未来的不确定性较大,在一定程度上影响了他们参与运动训练的积极性。教练员对训练频数的满意度平均值为 2.31,分值比较高,反映出教练员对当前残疾人竞技体育训练频数的满意度较低。残疾人日常训练次数少,不稳定性大,集中训练的时间相对较短,不利于运动员竞技状态的稳定与长期保持。教练员对于集训形式的满意度平均值为 2.45,分值比较高,可见其对于当前残疾人运动员的集训形式并不满意。集训形式是客观原因造成的,但是从运动员竞技水平的发展持续性的角度来看,短期的集中训练应该与长期的日常训练相结合,才能保证运动员的竞技状态。

(3)训练支持情况

针对训练支持情况的满意度从教练员的培训经费、训练待遇、队员的待遇、领导的支持力度、社会的关注度以及专项资金六个方面进行调查,调查结果如表 5-11 所示。

表 5-11　训练支持满意度情况

	最小值	最大值	平均值	标准差
教练员培训经费	1	4	2.67	0.71
训练待遇	1	4	2.66	0.68
队员待遇	1	4	2.62	0.65
领导支持	1	4	2.47	0.74
社会关注	1	4	2.63	0.73
专项资金	1	4	2.67	0.74

注:数值越高表示满意度越低。

教练员对于其培训经费支持的满意度平均值为 2.67,数值很高,反映了其对于接受培训经费支持的满意度很低。一方面,针对残疾人运动训练的培训较少,也没有相关的财政预算,因此岗位培训、专业培训的系统性不强;另一方面,当前在培训上的资金支持力度不够,对于教练员参加培训的补贴支持标准不一,而培训的形式也比较单一,教练员通过培训所获得的知识不够丰富。

教练员对于训练待遇的满意度平均值为 2.66,反映了教练员对于待遇的满意度比较低。原因是当前的训练费用以及相关补助比较少,而开展残疾人运动训练的付出较大,在付出和回报比例的合理性上教练员的认同度不高。教练员对于队员待遇的满意度平均值为2.62,说明教练员对于队员待遇的满意度相对较低。残疾人运动员的训练补助和训练经费支持、奖励等要比健全运动员少,而残疾人运动员社会角色的复杂性和社会地位又给他们带来了较大的经济负担,因此教练员对于残疾人运动员的待遇情况表现出的不满仅次于对自身待遇的不满。教练员对于领导支持的满意度平均值为2.47,反映了教练员对于领导支持情况的满意度比较低。领导的支持表现在政策、经费落实、制度建设和人员保障情况等方面,上级领导的重视将直接关系到各项工作的完成情况。教练员对于社会关注的满意度平均值为2.63,这在很大程度上反映了当前教练员对于社会对残疾人运动的舆论关注情况不满意。尽管当前国民生活水平的提升使得国民的健康意识增强,我国健全人竞技运动的社会影响力不断扩大,但是对于残疾人的竞技体育认知和关注依然相对较少。教练员对于专项资金的满意度平均值为2.67,分值比较高,可见其对于专项资金在资金总量、使用情况上的满意度相对较低。专项经费有没有完全到位?使用情况如何?是否存在专项经费挪用的情况?这些问题都没有一个明确的答案,进而导致教练员的满意度偏低。

(4)训练科学性分析

训练的科学性主要体现在对于训练过程的监控,对于残疾人运动员选材的科学分析,对于训练效果的科学性的检测,训练器材的开发,比赛与训练的电子计算机分析,运动员的选拔机制,运动员的生活后勤保障机制,社会保障机制以及运动竞赛奖励机制九个方面。训练科学性满意度情况如表5-12所示。

表5-12 训练科学性满意度情况

	最小值	最大值	平均值	标准差
训练过程监控	1	4	2.68	0.72
运动员选材分析	1	4	2.73	0.76
训练效果的检测	1	4	2.69	0.70
训练器材开发	1	4	2.70	0.68
比赛与训练的电子计算机分析	1	4	2.74	0.70
运动员选拔机制	1	4	2.53	0.64
运动员生活后勤保障	1	4	2.41	0.64
社会保障机制	1	4	2.58	0.71
运动竞赛奖励机制	1	4	2.50	0.64

注:数值越高表示满意度越低。

教练员对训练过程监控的满意度平均值为 2.68,分值较高,可见教练员对残疾人训练过程监控的满意度比较低,主要体现在当前针对残疾人运动员进行的竞技体育训练更多的是关注训练的结果,而缺少对于训练过程的监控机制,导致在训练过程中存在许多不科学的地方。教练员对于残疾人运动员选材满意度的平均值为 2.73,分值较高,可见教练员对当前残疾人运动员的选材机制的满意度比较低,其主要体现在当前的运动员选材缺乏科学性和合理性,残疾人运动员的选材受到残疾类型的影响,很难有序、合理地展开。教练员对残疾人运动员训练效果检测满意度的平均值为 2.69,分值比较高,可见教练员对残疾人运动员的训练检测现状并不满意,当前的训练检测缺少科学的工具和科学的评价体系,其检测的结果具有很大的随机性和盲目性。教练员对于训练器材开发的满意度为 2.70,分值比较高,可见教练员对训练器材开发的满意度非常低,当前我国缺少针对残疾人的个性化的训练器材开发,不同类型的残疾人在使用训练器材的过程中通常没有专门设计的运动器材,而符合健全运动员训练的器械又不具有调适性,不能满足残疾人运动员专项训练的需要。教练员对残疾人比赛与训练的电子计算机分析的满意度为 2.74,分值比较高,可见教练员对残疾人比赛与训练的电子计算机分析的满意度比较低,这在很大程度上反映了当前我国针对残疾人竞技体育训练的电子计算机分析尚处于起步的阶段,同时其并没有很好地被应用于残疾人的比赛与训练分析中。教练员对残疾人运动员选拔机制的满意度平均值为 2.53,分值比较高,可见教练员对残疾人运动员的选拔机制并不满意,当前对残疾人运动员的选拔缺少客观的评价标准,其往往是根据残疾人运动员表现出的成绩进行选拔,具有很大的不确定性。教练员对于残疾人运动员竞技体育训练的生活后勤保障机制的满意度为 2.41,分值比较高,可见当前教练员对运动员竞技体育训练的后勤保障机制的满意度比较低,尽管当前残疾人运动员竞技体育训练的后勤保障受到了关注,但是由于不同残疾人运动员的需求存在较大的差别,同时后勤保障缺少具有针对性的分析,所以后勤保障机制还有很大的改善空间。教练员对于残疾人运动员竞技体育训练的社会保障机制的满意度为 2.58,分值比较高,可见教练员对当前的社会保障机制的满意度比较低,主要体现在当前的社会保障机制不完善使得较多的残疾人运动员在进行竞技体育训练时有诸多顾虑,直接影响其训练的开展。教练员对残疾人运动员竞技体育训练的运动奖励机制的满意度平均值为 2.50,分值比较高,可见教练员对当前的运动奖励机制并不满意,主要体现在教练员认为当前的运动竞赛奖励机制没有很好地激发残疾人运动员的训练积极性和主动性等方面。

3.教练员对残健融合共享的可行性认知情况

(1)场地设施共享

教练员对于残健场地共享的可行性认知得分的平均值为3.00,其平均值比较高,可见教练员更加倾向于残疾人和健全人能够共享训练的场地,这样可以节省大量的开支,大部分健全人运动项目的场地要求与残疾人运动场地要求相差不多,并且健全运动员的场地供给相对充分,只要稍加调适,残疾人就可以在同样的场地进行训练。教练员对于残健体能训练设施共享的可行性认知得分的平均值为3.06,分值比较高,可见教练员对于体能训练设施的残健共享具有更加强烈的认同,健全运动员的体能训练设施、设备科技更新快,供给相对充分,供给的主体也比较多元,根据残疾人的特征进行部分调适即可共享应用于残疾人运动员的体能训练。教练员对于残健专项训练设备共享的可行性认知得分的平均值为2.92,分值比较高,可见教练员对于专项训练设备共享可行性认同度高,大部分残疾人运动项目来源于健全人运动项目,很多专项训练的设备可以应用于残疾人运动员的专项训练。教练员对于残健医疗保障共享的可行性认知得分的平均值为2.91,分值比较高,说明教练员对于残疾人运动员享受与健全运动员同样的医疗保障的可行性认同度较高,虽然残疾人运动员在损伤、康复方面受到残疾特征的影响会表现出差异,但是大多数运动损伤的共性使得残健运动医疗保障共享存在较高的可行性。教练员对于残健社会保障共享的可行性认知得分的平均值为2.91,分值比较高,可见教练员期望残疾人竞技体育训练可以得到更多的社会保障支持,这对于促进残疾人竞技体育训练的快速发展具有十分重要的作用。场地设施共享可行性情况如表5-13所示。

表 5-13　场地设施共享可行性情况

	最小值	最大值	平均值	标准差
场地共享	1	4	3.00	0.64
体能设施共享	2	4	3.06	0.57
专项设备共享	1	4	2.92	0.70
医疗保障共享	2	4	2.91	0.67
社会保障共享	2	4	2.91	0.67

(2)训练方法和形式共享

教练员对于方法和手段研发共享的可行性认知得分的平均值为2.84,得分比较高,这说明教练员希望得到更多的科研支持。健全人竞技体育训练的方法和手段研发起步较早,而残疾人竞技体育训练的方法和手段研发起步较晚且投入的人力、物力与财力较少,现代科学的训练方法和手段研发应用于残疾人运动员对于运动员竞技水平的提高有着重要的意义。运动训练的本质也决定了很多科研手段方法研发是可以应用于残疾人运动员的运动训练中的。教练员对于训练方法共享的可行性得分的平均值为2.85,认同度较高,相对于类似的体育运动项目,健全人竞技体育训练已经具有比较完善和成熟的训练方法体系,并且残疾人的许多体育项目是由健全人的竞技体育训练项目衍变而来的,因此其也可以在残疾人的竞技体育训练中更好地发挥作用。教练员对于训练形式共享的可行性得分的平均值为2.89,得分比较高,这说明教练员期望残疾人运动员的训练形式与健全运动员训练形式融合。残疾人和健全人的融合式集训一方面可以使残疾人在训练的过程中体验现代的训练手段、设备、方法与监控,另一方面残疾人的竞技体育训练也将获得更多的社会关注与健全人的接纳,这有利于促进残健运动员的交流。训练方法和形式共享可行性情况如表5-14所示。

表 5-14　训练方法和形式共享可行性情况

	最小值	最大值	平均值	标准差
方法和手段研发共享	1	4	2.84	0.68
训练方法共享	1	4	2.85	0.69
训练形式共享	2	4	2.89	0.63

（3）训练支持的共享

教练员对培训共享的可行性认知得分的平均值为2.94,分值比较高,可见残疾人竞技体育训练教练员期望和健全人竞技体育训练教练员一起接受培训。由于运动训练本质的相通性,很多新的训练理论知识体系都可以在经过适当的调适之后应用于残疾人体育训练中。教练员待遇共享的可行性认知得分的平均值为2.86,分值比较高。教练员认为残疾人训练的补贴、劳务报酬、奖励应该受到与健全人同样的对待,而不应该有太大的差异。教练员对于训练待遇共享的可行性认知得分的平均值为2.81,分值比较高,可见残疾人竞技体育训练的教练员期望对于残疾人运动员的训练待遇能有所提升,这样可以使他们有更多的时间和精力参与到训练中来,从而提升其训练的积极性。教练员对于领导支持共享的可行性认知得分的平均值为2.91,分值比较高。教练员对于社会关注共享的可行性认知得分的平均值为2.92,分值比较高,这在很大程度上反映了残疾人竞技体育教练员渴望和健全人竞技体育教练员一样得到社会的关注和尊重。由于当前社会对于残疾人竞技体育训练的关注比较少,这使得残疾人竞技体育训练的教练员往往不被社会所关注和尊重,这也对残疾人竞技体育教练员的工作积极性和主动性产生了十分不利的影响。教练员对于体育专项资金共享的可行性认知得分的平均值为 2.92,分值比较高,这反映了当前残疾人竞技体育训练所获得的专项资金与健全人竞技体育训练所获得的专项资金相差较大,残疾人竞技体育训练教练员渴望得到更多的专项资金支持。训练支持共享可行性情况如表 5-15 所示。

表 5-15　训练支持共享可行性情况

	最小值	最大值	平均值	标准差
培训共享	1	4	2.94	0.68
指导待遇共享	1	4	2.86	0.71
训练待遇共享	1	4	2.81	0.69
领导支持共享	2	4	2.91	0.67
社会关注共享	2	4	2.92	0.67
专项资金共享	1	4	2.92	0.69

（4）训练科学化发展共享

教练员对于训练监控共享的可行性认知得分的平均值为 2.97,分值比较高,对于残疾人竞技体育教练员而言,其渴望和健全人竞技体育训练一样具有科学的监控共享平台,这样才能更好地实现科学的训练。教练员对于选材分析共享的可行性认知得分的平均值为 2.93,分值比较高,这说明在残疾人运动员的选材上缺乏科学的机制和保障措施,通过和健全人竞技体育运动训练之间建立共享的服务平台,可以使其更好地为残疾人运动员的选材提供更为科学的服务。教练员对于训练效果检验共享的可行性认知得分的平均值为 2.92,分值比较高,反映了残疾人竞技体育训练教练员认为共享训练效果检验的技术、服务可让残疾人运动员更好地借助健全运动员的训练效果检验平台来检验自身的训练效果。教练员对于器材和硬件开发共享的可行性认知得分的平均值为 2.83,反映了当前残疾人竞技体育训练对于运动器材和硬件与健全人共享的可行性认同度较高,借助健全人竞技体育运动器材和硬件,可以更好地服务于残疾人竞技体育训练的健康发展。教练员对智能分析共享的可行性认知得分的平均值为 2.92,分值比较高,反映了残疾人竞技体育训练的教练员认为共享现代运动智能分析的可行性较高,这对于促进残疾人运动员的科学训练具有十分重要的意义。教练员对于选拔机制共享的可行性认知得分的平均值为 2.88,说明残疾人竞技体育训练教练员期望建立和不断完善针对残疾人运动员的选拔机制,这样才能更好地选拔出优秀的残疾人运动员。教练员对于后勤保障共享的可行性认知得分的平均值为 3.00,分值非常高,这说明相较健全人竞技体育训练而言,残疾人竞技体育训练在后勤保障上还存在很多的问题,教练员认为健全运动员的后勤保障体系与残疾人运动员的共享可行性很高。训练科学化发展的共享可行性情况如表5-16所示。

表5-16　训练科学化发展的共享可行性情况

	最小值	最大值	平均值	标准差
训练监控共享	1	4	2.97	0.69
选材分析共享	1	4	2.93	0.69
训练效果检验共享	1	4	2.92	0.65
器材和硬件开发共享	1	4	2.83	0.71
智能分析共享	1	4	2.92	0.66
选拔机制共享	1	4	2.88	0.67
后勤保障共享	1	4	3.00	0.69

（5）不同职称教练员对训练条件满意度与融合共享可行性的分析

对于不同职称的教练员而言,其对于残疾人训练满意度与融合共享可行性的认同度之间存在差别。这一方面是个体的差异导致其在认识上的不同,另一方面是经历的不同也导致其对于训练条件的满意度和融合共享可行性认同度的差别较大。

高级职称教练员对于训练条件的满意度比中初级职称教练员的满意度低（高级职称教练员的得分为60.69,中初级职称教练员的得分为58.13）;而高级职称教练员对于融合可行性评价的得分要高于中初级职称教练员的得分,即高级职称教练员对于融合可行性的认可度要高于中初级职称教练员（高级职称教练员的得分为69.12,中初级职称教练员的得分为61.35）,具体如表5-17所示。

表5-17　不同职称教练员对训练条件满意度和融合共享可行性评价得分的比较

	高级职称教练员	中初职称教练员	差异
训练条件满意度**	60.69	58.13	2.56
融合共享可行性评价*	69.12	61.35	7.77

注:** 表示 $p<0.01$,* 表示 $p<0.05$。高级职称包括国家级、高级教练员,中初级职称包括中级、初级与无职称教练员。

出现此结果的主要原因是,高级职称教练员的执教时间更长,执教的运动队水平更高,对于所存在的问题的体会和分析更深刻,特别是在高水平运动队的训练中,对于训练各方面要求比较高,因此暴露出的不能满足各方需求的问题也就更多。所以他们就更迫切希望通过各种方式解决当前存在于残疾人运动员训练中的问题。而共享健全人训练的设施、设备、支撑服务、科研和训练手段是解决当前残疾人运动员运动训练中所遇到的问题的可行策略。特别是对于大部分衍生于健全人运动的项目而言,竞技训练的本质决定了在很多健全人竞技训练方面的应用只需稍加调适,有的甚至不需要调适就可以应用到残疾人竞技训练中。

(6)不同学历教练员对训练条件满意度与融合共享可行性的分析

对于不同学历的教练员而言,其理论、训练和相关学科知识体系掌握基础存在差异,这就使得他们对于训练条件的满意度以及融合共享的可行性认识存在一定的区别。

不同学历教练员对于训练条件满意度和融合共享可行性评价得分的比较(高学历指本科及以上学历,中低学历指高中及以下学历)如表 5-18 所示。

表 5-18　不同学历教练员对训练条件满意度和融合共享可行性评价得分的比较

	高学历教练员	中低学历教练员	差异
训练条件满意度**	59.81	59.25	0.56
融合共享可行性评价*	66.98	64.13	2.85

注:** 表示 $p < 0.01$,* 表示 $p < 0.05$。高学历是指本科及以上学历,中低学历是指高中及以下学历。

表 5-18 中的数据显示,在训练条件满意度的得分上,两者表现出来的差异较小(高学历教练员的得分为 59.81,中低学历教练员的得分为 59.25);但在融合共享可行性评价的得分上,高学历教练员的得分要高于中低学历教练员的得分(高学历教练员的得分为 66.98,中低学历教练员的得分为 64.13)。出现这种结果的主要原因可能是高学历教练员受教育程度较高、相关知识储备较为丰富,对于残疾人训练的未来发展有着较为深刻的理解、认知与探索,对于融合共享的可行性也有更深入的见解,因此对于残健训练融合发展的可行性认同度也较高。

(7)不同运动项目类型教练对训练条件满意度与融合共享可行性的分析

残疾人竞技体育项目具有许多不同的类别,特别是对于残疾人体育项目来说,按照其项目来源可以分为健全人运动衍生项目和残疾人体育特有项目,对应的教练员对竞技训练的条件和融合共享的可行性认同度也可能存在较大的差别。

在训练条件满意度上,残疾人体育特有项目的得分远高于健全人运动衍生项目(残疾人体育特有项目的得分为 66.20,健全人运动衍生项目的得分为 59.16),表明残疾人特有项目的教练员的满意度要低于健全人运动衍生项目的教练员。而在融合共享可行性评价的得分上,健全人运动衍生项目的得分远高于残疾人体育特有项目(健全人运动衍生项目的得分为 66.13,残疾人体育特有项目的得分为 58.20），这表明健全人运动衍生项目的教练员对残健训练融合共享可行性评价均值要高于残疾人体育特有项目的教练员，具体如表 5-19 所示。

表 5-19　不同运动项目类型对训练条件满意度和融合共享可行性评价得分的比较

	健全人运动衍生项目	残疾人体育特有项目	差异
训练条件满意度	59.16	66.20	−7.04
融合共享可行性评价	66.13	58.20	7.93

其原因可能是针对残疾人特有的运动项目与健全人运动项目没有对比性；同时，相关的训练设施、保障体系、训练体系也无法参考与借鉴健全人运动项目，而相关研究较为欠缺，对于其他健全人运动项目的依赖度极低，所以对运动训练的满意度较低，对融合共享可行性的评价也较低。衍生于健全人运动项目的残疾人竞技运动在技术及训练等许多方面与健全人运动项目有较高的相似性，借鉴和参考的可行性较高，所以对于融合发展的认同度也较高。

4.讨论

（1）残疾人运动的本质决定融合的可能性

残疾人的许多竞技体育运动项目是由健全人的竞技体育运动项目衍生而来的，这使得残疾人竞技体育和健全人竞技体育之间有很多的相似性。尽管残疾人竞技体育运动项目在发展的过程中逐渐和健全人竞技体育运动项目区分开来，同时也融入了越来越多的残疾人的特质，但是从残疾人自身的角度和残疾人竞技体育训练教练员的角度来看，他们仍然渴望与健全人体育运动相融合，共享竞技训练发展科学化的成果。

运动训练的本质决定了残健融合发展的可能性，这主要体现在三个方面：第一，绝大部分的残疾人竞技体育运动项目是由健全人竞技体育运动项目衍生而来的，两者之间的相似性决定了其在训练手段、训练器材、训练方法等许多方面具有一致性，因此为融合提供了可能；第二，无论对残疾人还是残疾人竞技体育训练教练员来讲，都更加愿意将两者进行融合，通过融合可以更好地实现资源的共享，这对于促进残疾人竞技体育运动的发展具有十分重要的意义；第三，残疾人竞技体育运动和健全人竞技体育运动的融合可以起到相互促进的作用，健全人和残疾人之间相互鼓励和学习不仅有助于残疾人竞技体育训练的有序开展，还增加了残健之间的互相交流，并提高了社会的接纳程度。

（2）残疾人运动的发展决定了融合的必要性

我国残疾人竞技体育的精英化发展越来越显著，但是国内当前的残疾人竞技训练发展现状却显得无法跟上竞技水平的提升速度，本次调查中教练员对我国残疾人训练发展现状的不满值得我们思考。第一,资金和技术支持的力度不够使得当前的发展缺少科学的指引;第二,残疾人运动员作为残疾人对于社会融入的渴求也没有得到满足,绝大多数的残疾人竞技训练都与健全人竞技训练孤立开来,使得残疾人运动员缺乏融入健全人社会的环境条件。无论从残疾人运动员的社会身份还是运动员身份来说,这样阻断式的发展不利于残疾人回归主流。

残疾人由于其身体的特征,有时会在某些身体活动、协调能力和体能水平上受到影响,但是影响青少年残疾人运动员技能发展的最主要问题是他们在青少年时期缺少机会去掌握基本的运动模式和获得足够的运动经历。他们的自信心、兴趣和运动机会都会由于缺少参与机会而受到影响。而从具体的运动训练过程监控、执行、实践方面来理解,运动员竞技能力提升的基本原则大部分是相似的,对于残疾人运动员而言,更多的是在某些特定方面的补充和关注。

通过本次调查的反馈结果不难发现,我国残疾人体育训练教练员对于残疾人与健全人在体育训练上融合共享的可行性的认可是十分明显的,尤其在关于训练场地、训练设备、训练方法的融合共享上表现出十分积极的态度,这在一定程度上反映了残疾人竞技运动融合发展的方向和必要性。

（3）多种途径促进残健竞技体育融合与共享

可以从案例研究和试点开始,尝试促进残疾人运动员与健全运动员在训练方法、训练手段、训练场地等方面的共享,促进彼此之间在训练环境中的交流和了解,以求更好地融合共享训练;同时,也可以提高闲置场地、器材、设备等的利用率,为残疾人与健全人参加体育训练创造更好的基础条件。

欧美发达国家的相关研究显示,融合共享发展有利于促进残疾人与健全运动员、教练员、科研人员的交流,提高残疾人的社会接纳程度。相关实践也表明,在竞训融合共享的实施中,健全运动员的竞技水平并没有受到残疾人运动员的影响或者因为竞训融合共享而导致竞技水平下降。

因此,加强竞训融合发展作用和观念上的宣传与引导,有助于从思想上消除对竞训融合共享带来的不利影响的陈旧认知,树立竞训融合共享的积极价值取向。长期以来,残疾人竞技运动的训练一直被孤立于健全人运动训练之外,而残疾人教练员与健全人教练员之间的交流也十分欠缺。

可以尝试在师范类院校中开设残健融合训练的相关课程,使学生能够在在校期间获得专业的特殊教育、融合教育及残疾人竞技的理念和方法的培养。同时,对当前在职的残疾人教练员和健全人教练员进行定期的相关知识和技能培训,创造更多的机会促进残疾人教练员和健全人教练员之间的交流、了解。

　　残疾人与健全人无论在心理上还是生理上都存在着一定的差异,在两者融合共享训练的情况下也会出现许多心理上或是生理上的问题。这就需要在训练开展过程中加入负责心理指导及生理诊断评估等工作的专业人员。

　　竞训融合共享作为一个正在发展中的理念,需要一定的发展过程和营造相对健康的发展环境,更需要得到相应的政府和体育部门的支持,以及体育媒体和社会公益组织的舆论引导,如此才能促进竞训融合共享理念向实践发展。在这一过程中,顶层设计的合理性尤为重要。如何加强中国残联和体育部门的联系与合作? 如何在体制机制上进行创新,推动残健体育共享的实现? 这些问题都是残健融合训练共享实践中亟待解决的问题。

第六章 融合发展下的我国残疾人体育服务人才培养路径探索

第一节 美国残疾人体育服务人才培养

欧美国家的社会背景、文化习俗与我国有明显的不同,在对待残疾人的理解、认知以及社会问题处理方式上,也与我国有着巨大的差异。随着全球化、一体化程度的不断加深,东西方社会在经济、文化、政治各个方面的互动、交往愈加频繁,西方社会在残疾人事业、人权保障方面的许多理论和实践也不断被不同国家和地区所接纳、消化、调和,逐渐与国家和地区的特征需求相融汇。

在一系列国内外专家访谈中,当涉及残疾人体育人才培养问题探讨时,都无一例外地把美国适应体育人才培养体系作为典范,并给予非常高的评价。美国的残疾人体育人才培养将学校培养与校外资质培训两个不同的体系紧密结合起来,政府引导与专业协会精诚合作,共同形成了较为完整的残疾人体育服务人才培养建设系统。在这一系统内,既包括学历、学位教育,也包括权威规范下的专业资格认定和行业协会内相关针对性职务的资质授予。

美国教育部 2008 年发布的第二十八次残疾人教育法案实施年度报告指出,融合残疾学生于一般教育在美国已经非常普遍。而这一教育模式也逐渐在其他国家成为残疾人教育的重要模式。欧美发达国家都意识到了有很多问题会影响教育、体育领域的残疾人融合,特别是缺少专业教师、专业培养培训、专业能力等会严重阻碍残疾人的社会融合。即使是处于发达国家的残疾人体育师资、服务人员培养体系,在不断融合的社会环境和残疾人对回归主流的诉求不断加深的情况下,也会面临着挑战。

在美国,除了适应体育的学历教育专业培养,还有许多社会组织相关的非学历残疾人体育服务人员培养。美国残疾人体育服务专业人员可以通过在校学习获得基础性的知识和专业学历学位,也可以通过参加专业资格、认证考试,从而得到权威行业协会认证的资质。在美国,这种行业协会导向的专业资质认定培养非常丰富,有效地解决了学历教育的时效性问题。

一、适应体育教育的提出与发展

美国的适应体育教育专业发展起步较早,也是世界上首先采用"适应体育教育"一词来替代残疾人体育或纠正康复体育教育的国家。二战结束后,随着人类交通环境的改善,人们可以有更多的机会和选择去进行休闲、娱乐、旅行活动,这些活动都丰富了体育活动理论。二战中受伤的老兵在康复中心锻炼获得的运动能力和技能会在他们康复回家之后继续发挥作用,人们对于残疾人的态度开始发生改变,全民体育运动也逐渐兴起。

这种体育观的发展影响着以残疾人体育医学为导向的体育锻炼向休闲、竞技体育的方向发展。1952 年,在经过六年的讨论、对话后,美国率先采用适应体育教育取代以往学校矫正体育的项目。适应体育教育被定义为由一系列发展性的身体运动、游戏、竞技和韵律活动组成的体育项目。这些体育项目适合那些由于其特定的身体限制而无法在完全开放的环境下参加一般体育教育项目中的具有一定强度的体育活动的个体。该定义主要指向学校环境下的适应体育活动,并且一直沿用至今。美国适应体育教育的国家标准中将适应体育教育定义为是调整或改变的体育教育,它适合于残疾人就如同一般体育教育适合于健全人一样。[1] 适应体育教育概念的涵盖范围非常广泛,并且一直是美国的主流,广泛涵盖了其他相关领域的残疾人体育运动,这与在欧洲广泛流行的适应体育活动的流行程度相当。虽然适应体育教育更多指向学校教育,但是事实上从美国适应体育教育专业人才培养来看,它其实包含了对专业学生多方面服务能力的培养要求。

1967 年,美国在高校首次开设了适应体育教育专业,招收全日制本科生。1969 年,在政策指导下,一些大学设立了适应体育教育博士研究生的培养机构。到 2011 年,美国共有 33 所高校开设适应体育本科专业,42 所高校设立了适应体育硕士专业,以及八个适应体育博士研究生培养机构。

在美国适应体育专业人才培养发展过程中,专业性国家标准的制定对于适

---

①What is Adapted Physical Education. (2014-09-12)[2015-10-21]. http://www.apens.org/whatis-ape.html.

应体育的发展起到了非常重要的作用。美国的适应体育教育(适应体育活动)高等教育专业培养体系在国内很多学者的论文中都有较为详细的分析,其课程设置、师资水平、评价考核、教学实践安排等方面都具有较好的规范性和系统性,是很多国家进行残疾人体育专业师资、服务人员学校培养的重要参考模式。为避免同层次的重复研究,本书不对这方面内容进行着重分析。

根据美国联邦法案规定,所有儿童都应该接受免费和适合的公共教育服务,这些服务应该由专业人员来指导。联邦法案对于特殊教育的定义就包含了体育教育学科。

尽管在联邦法案中有专门对残疾儿童进行体育教育的强调,但是州政府仍有权对专业资格进行解释,从而发展或调整其州政府管辖范围内的专业证书。与其他特殊教育领域不同的是,截至1994年,大多数州并没有专门的适应体育教育教师的资质和证书授予(14个州有专门的适应体育教育证书,36个州和9个地区没有对能够为残疾学生提供适应体育教育服务的教师资质作出定义)。1991年春天,在美国残疾人体育教育及运动休闲协会的召集下,国家特殊教育指导委员会以及国际特殊奥林匹克委员会共同发起了适应体育教育的行动研讨会。本次会议的举行主要有两大目标:一是分析影响残疾人接受体育教育服务的障碍;二是建立一个行动计划,从而有步骤地解决这些问题。在这次会议上,与会专家学者在众多影响残疾人接受体育教育服务的障碍中找出亟待解决的问题,分别是:第一,如何能让残疾人通过合适的体育教育项目设计获得利益;第二,教师需要具备哪些能力才能对残疾人提供合适的体育教育服务。在研讨会结束后,美国残疾人体育教育及运动休闲协会决定正式开始进行国家标准的制定工作。

1992年,凯丽博士召集了来自美国适应体育运动休闲协会、国家特殊教育指导委员会以及国际特殊奥林匹克委员会的专家,成立了适应体育教育专业标准研究小组,在《适应体育教育国家标准》的制定过程中,主要围绕着确定的三个任务进行,分别是收集其他专业标准相关资质认定的过程;对适应体育教育师资规范和责任进行划分;对师资完成教学应掌握的相关知识体系、内容进行确定。并且强调了该标准必须保持更新,从而保证标准的时代性。该标准是适应体育人才培养的首个专业性国家标准,该标准也是其他国家、地区制定专业培养标准的重要参考。标准的制定意味着美国适应体育培养体系培养的教师有了最低的准入需求,只有满足这一标准的专业人才才有资格为残疾青少年儿童提供体育服务。至此,美国残疾人体育人才学校教育确立了在全球的领导位置,引领着世界残疾人体育人才培养的发展。

二、美国适应体育教育国家标准及资格

(一)美国适应体育教育国家标准基本情况

美国适应体育教育国家标准的制定是基于两个目的：第一，发展、建立适应体育国家标准；第二，建立一个国家资格考试，从而能够有效地评价学生的专业标准知识掌握情况。因此，标准制定的头两年主要是国家标准内容制定，这些标准内容是第三年和第四年进行专业能力测试、考核标准制定的基础。

基于这两项任务，研究组成立了四个委员会，分别是执行委员会(6名成员)、筹划指导委员会(7名成员)、标准委员会(72名成员)、评价和检查委员会(300名以上成员)。美国适应体育教育国家标准工作委员会构成如表6-1所示。

表 6-1   美国适应体育教育国家标准工作委员会构成

名称	任务	主要人员构成
执行委员会	该委员会负责确保项目按照其设计初衷执行；负责所有政策的制定；负责不同委员会的成果审定；负责选举筹划指导委员会的成员	由大学教授、残疾人体育运动休闲协会代表、国家特殊教育指导委员会代表以及国际特殊奥林匹克委员会的代表共6人组成
筹划指导委员会	该委员会职责主要在于制定出严格的标准和过程选举标准委员会与评价和检查委员会成员，对标准的制定进行监控，其成员个体同时也是标准委员会的主席，对执行委员会进行工作汇报	大学教授7人
标准委员会	筹划指导委员会的成员担任标准委员会的主席，其对应的成员由筹划指导委员会选取，并根据成员的研究领域、经历安排岗位进行工作。具体任务包括确定相关标准的内容范围和选择步骤，根据评价和检查委员会的反馈对内容进行修改，制定适于标准测试的项目	来自 K-12 学校的人数占45%，来自大学高校的人数占55%，总共72名成员
评价和检查委员会	筹划指导委员会根据需求选取志愿加入评价和检查委员会的人员，并且指派相关工作。他们具体的工作是对草拟的标准进行评价	90%的评价和检查委员会的成员来自 K-12 学校，总共超过300名成员共同组成了评价和检查委员会

从 1992 年开始,美国适应体育教育国家标准制定小组就进行了一系列工作。第一年主要是完成了对于适应体育教育教师需求的调研,即适应体育教育教师应该承担哪些责任,扮演哪些角色;第二年主要确定了根据这些责任和角色所对应的有效内容;第三年建立了包括对 2000 组测试题目的数据库评价,以及根据评价结果制定了资质考试;第四年在全国范围内进行了测试项目的有效性检验;第五年实施并监控了第一次涉及全国 46 个城市的资质考试。

通过适应体育教育国家标准考试的个体将会被授予由残疾人体育运动休闲协会颁发的有效期为七年的证书,并且他们的名字将会被录入注册认证适应体育教育教师的数据库,同时他们也自动具备一年的残疾人体育运动休闲协会成员资格。

截至 2006 年,适应体育教育国家标准考试和资格已经被许多组织所认可,包括美国健康、体育教育、娱乐和舞蹈联盟,美国健康生活方式和体适能组织,适应体育委员会,美国经济与体育教育组织,美国学校管理协会,特殊体育教育地区领导协会。

(二)美国适应体育教育国家标准的内容及资质考试

美国联邦法律规定为残疾人提供的体育教育应该促进以下方面的发展:身体与运动技能、基本运动能力和行为(投掷、接球、行走、跑步)、水中技术、游泳以及个人和集体游戏或竞赛(包括在校期间的终身体育运动)。

根据 Sherrill(1996)的研究,适应体育教育教师应该能够提供以下服务:计划服务,个体测量与评价,运动处方与安置,教学、指导与训练,服务评价,资源整合及咨询和宣传。适应体育教育教师是服务的直接提供者,因为美国教育立法中强调了体育教育是残疾儿童教育的重要部分。这就意味着体育教育是残疾儿童特殊教育的一部分,而不是物理康复或是职业康复。因此,适应体育教育国家标准在严格考虑了教师工作需求、学生特点后,制定了 15 条专门领域知识的标准,如表 6-2 所示。

表 6-2 适应体育教育标准

序号	内容	解释
标准一	人类发展规律	残疾个体的活动以及预定目标的基础是对于人类发展规律及对于不同需求应用的理解。对于适应体育教育教师而言,人类发展规律紧密地与运动的实践和理论相连。该条标准的重点在于提供有质量的适应体育教育项目的知识和技能

续表

序号	内容	解释
标准二	运动行为	对残疾人进行教学需要具有个体发展的知识。就适应体育教育教师而言,这意味着具有一般身体和运动行为发展知识以及对生长迟缓身体与运动发展影响的理解。这还包括对残疾人设计、执行体育教育中对于个体学习运动技能的理解以及对应用人类技能掌握规律的理解
标准三	锻炼科学	作为一名适应体育教育教师,必须理解通过对于科学锻炼原则的调适、改变以及对这些原则的应用从而确保对残疾人进行体育教育时,能够帮助所有残疾儿童获得体育锻炼的价值。这个标准的侧重点在于当对不同情况人群进行教学、指导时要应用相关的生理、生物力学原则
标准四	测量与评价	该标准是一个基础性的标准,是每一个适应体育教育教师为了能够满足学生的需求和法律的要求所必须掌握的基础性知识。理解测量运动表现要以其他标准中对运动发展和运动能力知识掌握为基础
标准五	历史和哲学	该项标准是根据当今适应体育教育实践中涉及的法律和哲学因素制定的,强调体育教育对人的改变的影响相关信息,以及关于教育和体育活动的法律内容。对于特殊教育与一般教育的历史和哲学内容也在这一部分体现
标准六	残疾学生的特征	该标准是针对残疾人教育法案中指出的相关残疾领域的学校教育应该进行系统安排,也就是说这部分的内容不应该仅仅指向残疾学生,而是强调每个学生都应该根据其个体情况进行测评以确定他们的需求
标准七	课程理论和发展	当进行体育教育计划设定时,适应体育教育教师必须掌握一定的课程理论和发展知识,例如根据相关和合适的测量确定教学目标。当教师全面掌握课程理论和发展知识后,才可以有步骤地进行课程单元计划、课程教学安排等工作,也才能更加合理地设计学生的体育教育项目
标准八	测量	该标准强调评价过程,是体育教育学位课程体系中重要的基础评价与测量课。为了更好地对残疾个体提供特殊服务和调适各个元素,必须通过测量进行相关的数据采集
标准九	指导设计和计划	在适应体育教育教师能够提供服务从而满足法律法规要求,达到教育目标,满足残疾个体需求之前,指导设计与计划能力必须得到培养。为了能够有效地对体育教育项目进行设计和计划,许多强调人类发展、运动行为、锻炼科学以及课程理论的内容都在这一标准中体现
标准十	教学	教学是适应体育教育教师的核心工作。在这一部分中,很多相关领域的内容,如人类生长发展、运动行为、锻炼科学等都有体现。目的是通过应用这一标准能够更有效地向残疾个体提供有质量的体育教育

续表

序号	内容	解释
标准十一	咨询与人员培训	随着越来越多的残疾学生融合于一般体育教育项目中,适应体育教育教师应该为学校相关人员提供更多咨询和人员培训的活动。这就需要优秀的交流技能。咨询过程中的多学科动态合作要求许多不同的咨询模式的知识。该标准涉及适应体育教育教师的关键能力应该紧密地联系咨询人员培养工作
标准十二	学生和项目评价	在对体育教育项目的评价中不仅包含对学生的评价,而且包含对于整个教育服务体系的评价。任何项目的评价都应该根据学校或区域特征,以及选取有效的评价指标对学生身体素质等情况进行评价
标准十三	继续教育	这个标准制定的目的在于帮助适应体育教育教师在该领域保持先进。现在有许多专业发展的机会是可以获取的,如地方院校的课程工作就是一个途径。适应体育教育教师可以通过参加专业会议中的工作、讲座、报告来进行服务训练。远程学习机会现在也变得非常丰富
标准十四	道德	适应体育教育国家标准的一个基本的期望就是为那些能够满足标准的教师提供专业适应体育教育教师的认证,从而确保他们能够全身心地、高道德标准地为残疾儿童、青少年提供服务
标准十五	交流	适应体育教育的专业人员不仅要直接提供服务,而且为了更好地提高残疾个体教育项目质量,他们还需要与家庭以及其他专业人员保持沟通

　　根据 Luke(2005)对于标准设置的基本思路的解释,表 6-2 中的十五条标准有五个层次。其中,前三个层次是所有体育教育工作者所必须掌握的内容,而第四个层次是适应体育教育教师所需要额外掌握的知识内容,第五个层次则是对于第四个层次具体实践的应用,这也是适应体育教育教师所应该能够用于实践的。

　　美国的适应体育教育国家标准通过这种形式,紧密地结合于美国的国家体育教育教师标准。对于进行融合环境和分隔环境的残疾人体育教育教师而言,国家标准是他们必须达到的。层次一到层次三是从事体育教师的基础性要求,层次四和层次五则是在原有的体育教师标准基础上的延伸,如表 6-3 所示。

表 6-3　体育教育国家高阶标准与适应体育教育国家标准的比较

体育教育国家标准	适应体育教育国家标准
·内容知识:硕士学位的体育教育者具有进行体育教育,以及促进终身体育运动所需要的相关知识	①人类发展;②运动行为;③锻炼科学;④评价;⑤历史与哲学;⑥课程理论和发展;⑦测量;⑧指导设计与计划;⑨教学

续表

体育教育国家标准	适应体育教育国家标准
· 课程知识:硕士学位的体育教育者能够清晰地表达、选择、计划、评价他们的课程以适应学生的需求	④评价;⑦课程理论和发展;⑨指导设计与计划;⑫体育教育项目评价
· 平等/公平/多样:硕士学位的体育教育者能够通过对所有来自不同社区的成员表现出尊重以及价值认同,以及对所有成员相互公平、尊重地对待,从而促进合理行为的出现	③锻炼科学;⑥学习者特性;⑪咨询与人员培训;⑭道德;⑮交流
· 教学能力:硕士学位的体育教育者能够完全理解体育教育的基本目的,具备将相关教学实践原则应用于复杂的体育教育环境中的能力	⑨指导设计与计划;⑩教学
· 测量:硕士学位的体育教育者能够应用多种可靠的测量手段,并符合当地、国家的标准,以及学校的相关教学要求。能够应用测量的学生结果反馈教学情况,形成学生发展报告,调整、改善课程、指导等	④评价;⑧测量;⑫体育教育项目评价
· 对于终身体育的高期望:硕士学位的体育教育者应该设定一个具有激励性、导向性的学习环境,在这样的环境中,促进学生对终身体育的高诉求	⑦课程理论和发展;⑩教学;⑮交流
· 研究方法:硕士学位的体育教育者应该理解、掌握,并持续地通过科学研究来提高教学实践	⑧测量;⑫体育教育项目评价;⑬继续教育;⑭道德
· 合作、反思、领导力、专业化:硕士学位的体育教育者应该是一个终身学习者,他应该不断提高能力,从而更好地使学校体育教育适合所有学生,并推进这一领域专业文化的发展	⑪咨询与人员培训;⑬继续教育;⑭道德;⑮交流
· 监控:硕士学位的体育教育者能够促进专业发展,并且能够支持其他现有的和未来的教育者的发展	⑪咨询与人员培训;⑮交流

参加美国适应体育教育国家标准资格考试的人必须具备以下条件:一是具有体育教育或相关学科本科学历;二是修满适应体育教育12学分的课程;三是200小时的在专业指导教师监控下的残疾学生教学经历;四是具有体育教育或相关领域的教师资格。资格考试在每年6月的第一个周末进行,要求考生在三个小时内完成100个多项选择题。这些题目全部都是从第四层次的内容中选取的,与适应体育教育国家标准紧密相关。

三、认证融合体能训练师

（一）认证融合体能训练师项目基本情况

美国运动医学学院成立于 1954 年，致力于通过应用运动科学、体育教育和医学领域的最新科学成果来促进人类健康。该学院设立了多种专业资质认证，资格证书授予项目如表 6-4 所示。

表 6-4　美国运动医学学院资质证书授予类别[①]

类别	项目	能力
健康体能类证书	个人体能训练师	认证的个人体能训练师可以通过制定、实施安全的专业锻炼项目，有效地促进个体实现健康目标
	健康体能专家	健康体能专家在专业性质上要略微高于个人体能训练师，更多的是对医疗控制疾病的个体进行健康指导
	群体锻炼指导师	群体锻炼指导师则是对群体开设有效、愉悦的群体锻炼班，并根据群体需要、特点调整锻炼
医学类证书	医疗锻炼专家	医疗锻炼专家主要是指导那些具有发展性慢性病的患者的体育锻炼，主要涉及心血管、呼吸系统及循环系统慢性疾病的患者
	注册医学锻炼生理学家	具有注册医学锻炼生理学家资质的人主要是帮助那些正在接受医生治疗的客户，这些客户通常患有心血管、呼吸系统、循环系统、神经肌肉系统、免疫系统的疾病
特别专项证书	癌症患者训练师	主要是依靠其对癌症诊断、治疗、副作用等相关知识的理解，应用于对癌症患者的体育锻炼指导上
	融合体能训练师	主要是帮助那些生理、感觉、认知方面存在问题的残疾人进行健康调适的体育锻炼
	公共健康体育活动专家	主要在国家、地区层面倡导通过锻炼提高公共健康

美国运动医学学院通过和不同组织进行合作，分别开设了三类八个项目的专业资格认定和颁发，涉及社会体育服务的大部分层面。

根据相关研究表明，绝大部分美国残疾人不能达到美国体育活动标准的要求，完成每天 30 分钟中等强度并且每周五次或五次以上的体育锻炼。具有慢性病和相关亚健康问题的残疾人的情况则更为复杂，例如肥胖、痤疮性溃疡、高

[①]Certification. (2014-10-26)[2015-07-02]. http://www.acsm.org/certification.

血压、癫痫等。合适的身体锻炼和体育活动有利于他们减轻亚健康的影响，提高生命质量。然而，对于残疾人而言，他们参加体育锻炼的阻碍要比健全人多，主要集中在健身中心会员购买的花费大，缺少交通工具，缺乏有效的适合残疾人的器材和锻炼项目，缺少家用的残疾人体育健身设施，体育健身俱乐部的环境不友善等方面。基于这种情况，美国运动医学学院与美国国家健康、体育与疾病中心共同设立了融合体能训练师专业资格认证。成为认证的融合体能训练师可以为那些具有身体、感官、认知残疾的客户提供服务，促进他们形成健康的生活方式。获得该认证资格的训练师能够通过增加进入性、参与性系统的调整，减少残疾人进行体育锻炼活动的障碍。当某个具体的健身单位具有认证的融合体能训练师时，该健身单位可服务于更多具有不同身体差异和需求的客户。残疾人则可以享受到更多体育锻炼、休闲体育活动参与的机会，从而提高身体锻炼的水平以及健康程度。

对于从事健康和体能产业的专业人员而言，必须意识到残疾人普遍存在的低体育活动情况，并应该采取一系列手段和措施来解决这一问题。必须重视在安全环境下对残疾人客户进行有效的体能指导，而这一任务需要接受过专业训练的体能训练师具有实际工作经验。参加该资格考试的人需要具备美国运动医学学院授予的其他相关资质或具有锻炼科学、康复医疗或适应体育教育的本科学历。考试是由100到120个多项选择题组成的，内容涉及八个方面，包括：运动生理学和相关锻炼科学，健康、体能与锻炼医疗测试，锻炼计划与运动处方，安全、伤病预防与急救，人类行为与协商，医疗与医学，美国残疾人法案和设备、器材设计，残疾认知和意识。

获得认证的融合体能训练师可以就业于主流和非主流的体育健身环境。特别是对于一些为不同身体情况的个体提供体育锻炼活动的场所而言，具有认证的融合体能训练师更受欢迎。这些场所包括：医学体能中心，其是将医用性质的健康和体能器械、设备融合于一起，对不同需求的个体进行体育指导服务的机构，目前在美国已经有超过950个医学体能中心；社会服务关怀中心，这样的环境包括退休社区、个人关怀服务中心、养老机构等，这些场所通常会安排和设置特定的健康、锻炼项目等。

(二)认证融合体能训练师的知识体系及资质考试

根据该协会的解释，认证的融合体能训练师应该具有的知识、技术、能力如表6-5所示。

表 6-5　美国运动医学学院认证融合体能训练师的知识技能体系

项目	主要内容
运动生理学和相关锻炼科学	①特别注意不同残疾类型的特点；②残疾人区别于健全人的运动生物力学、运动行为、运动模式；③残疾人慢性病和急性并发症对于有氧、抗阻训练的反应；④残疾人在进行体育锻炼时区别于健全人的血流动力学特点；⑤调整运动模式从而促进残疾人生理的积极反应等
健康测定和体能、医学锻炼测量	①了解不同残疾类型对进行体能测定和体育活动的禁忌；②掌握一般体检证明对检测残疾人进行体育锻炼可行性评估的局限性；③调整交流形式从而适应残疾人的需求；④能够调整相关的测试工具、项目从而对残疾人进行相关检测；⑤掌握影响残疾人相关体能、健康测量准确性的残疾人生理特征；⑥明确在何种情况下必须终止测试等
运动处方和计划	①根据功能和认知能力水平调整训练计划；②在锻炼计划制定和实施过程中考虑并应用残疾人的辅助设备；③在抗阻和有氧训练中，采取调适锻炼方式进行指导和示范；④对因残疾而影响的关节运动范围进行合适的被动拉伸；⑤了解体能俱乐部中可以调试的、专门针对残疾人的体育健身设备和器械；⑥了解上肢进行有氧训练和下肢进行有氧训练造成的生理反应的区别与联系；⑦认识与掌握在进行轮椅运动时相关的肌肉群及运动方式；⑧具备调适现有的体育锻炼设施以适应残疾人需要的能力等
安全、损伤预防和急救	①了解相关物理环境对于残疾人体育运动的影响，如气温、湿度和污染；②掌握神经缺陷和并发症在锻炼中的影响，以及对这些反应应该采取的措施；③了解常见的过度疲劳损伤知识，以及预防；④掌握对客户进行监控的等级判断知识；⑤具备将客户安全地安置在训练器材和垫子上的能力等
人类行为和咨询	①掌握行为管理知识；②在进行指导沟通时应用行为管理原则；③采用有效的方法促进技术动作的掌握和学习；④掌握因认知、心理问题导致的理解、交流、学习能力的缺失问题的解决方法；⑤掌握由于听力和视力残疾导致的理解、交流、学习能力缺失问题的解决方法；⑥掌握由于智力残疾导致的理解、交流、学习能力缺失问题的解决方法；⑦根据不同残疾类型调整交流指导方式等
医学、医疗理论	①了解残疾患者目前服药的情况及其副作用；②具有疼痛管理的知识，能够分辨出慢性和急性疼痛的区别；③了解特定残疾的相关疲劳特征；④了解残疾人辅助器械知识；⑤了解残疾人常用药物基本知识等
美国残疾人法案和设备、器材设计	①美国残疾人法案的目的、内容；②美国残疾人法案相关与体育健身环境下的客户服务法案标准；③应用残疾人法案指导进入体育锻炼场所；④对相关残疾人权利保护法律的应用和了解；⑤全纳设计的知识及应用等
残疾认知和意识	①与美国残疾人法案精神一致的残疾定义；②常见残疾病理学知识；③理解残疾标签对于消极态度和错误认知形成的影响；④掌握合适的与残疾人相处、交流的行为和语言；⑤理解残疾对个体在生理、心理及社会方面的影响；⑥理解医疗分级和功能分级的差异；⑦对影响残疾人在体育健身环境下被接纳融合的障碍认知等

从知识体系设置来看,认证融合体能训练师首先要以接纳、融合的现代残疾人观为理念,通过系统的学习在体育俱乐部、体育社团环境下,为残疾人开展体能训练、体育运动指导,掌握合适的指导、交往、咨询技巧,具备根据残疾人特点调适器材、器械的能力,从而能够胜任为残疾个体或具有特殊身体情况的个体提供安全、有效的身体锻炼指导、服务工作。

申请参加美国运动医学学院认证的融合体能训练师资质认定的学员必须满足以下条件:具有美国运动医学学院颁发的相关健康(体能)类的资质或具有训练科学、休闲康复或适应体育教育的学士学历,并具有心肺复苏技能证明。①

四、小结

美国的残疾人体育服务人才培养以扎实的高等教育为基础,以社会组织、行业组织共同设置的专业资质、资格认定为专业导向,在学校教育、职业教育、职后教育的协调发展下,形成了具有现代残疾观指导下的残疾人体育专业服务人才培养结构。扎实的高等学校教育以及完善的学位授予体系为适应体育人才的教学、科研奠定了良好的基础,在为社会源源不断输送残疾人体育服务专业人才的同时,也促进了学科的不断发展。而丰富的、成熟的行业组织则在政府相关部门的引导下,进行了严谨、科学的论证研究,开设了相关的残疾人体育服务、教育的资格考试和证书授予系统。这些证书或行业资格设置严谨程度高、测量评价科学、前期论证研究缜密,因此证书的社会认可程度高,并在某些地区、学校成为上岗所必须具备的条件。

美国的残疾人体育服务人才培养,特别是职后培养、资格认定等是美国成熟的行业协会自治体制下的表现。权威、高质量的行业协会不仅能够有效承担其培训、认证的组织工作,而且通过与政府部门协作,更能发挥其行业专业指导的影响力,从而有效地对相关证书、资质授予进行论证,组织有效的科学研究。我国政府转型正在进行时,政府职能向服务型转变要求更多地放权于行业协会自治,从而扩大行业协会、非营利组织在社会功能实现中的作用。因此,美国的残疾人体育服务人才培养体系中的行业资质认定以及专业证书授予都是我们今后残疾人体育事业发展可以借鉴的经验。

---

①ACSM Inclusive Fitness Trainer. (2014-10-26)[2017-03-23]. http://certification. acsm. org/acsm-inclusive-fitness-trainer.

第二节　融合环境下我国体育专业学生对残疾人体育指导的自我效能调查

　　同许多国家一样,我国的残疾人体育运动无论在体育教育、群众体育服务还是竞技体育领域,都存在着两种环境下的处置方式,即隔离环境下的特殊体育运动和融合环境下的调适体育运动。无论在哪种环境下进行体育运动,都需要接受专业体育指导,在专门的教学、训练设计下进行科学的体育活动。

　　伴随着残疾人概念的演变和发展,残疾越来越多地被认为是社会和生物共同影响下的特定环境的失能。而残疾人人权运动的发展又促进了残疾人社会融合、社会权利诉求程度的加深。在我国,残疾人保障体系和服务体系的建设不断深化,残疾人体育权利的保障,残疾人体育服务的需求程度提高,越来越多的残疾人渴望并不断地从隔离的机构化环境中走出来,与健全人共享社会文化发展的成果。

　　包括体育在内的残疾人事业发展,在全球范围内出现了明显的社会融合趋势。在体育教育领域,融合环境下的体育技能学习已经成为当前特殊体育教育领域最流行的、研究最深入的教育形式;在群众体育领域,残疾人参与体育的社会功能诉求和健身娱乐功能诉求逐渐被重视,一系列残健融合的体育活动内容和形式被不断挖掘、探索;而在体育竞技领域,很多国家已经在相近项目中做到了残健资源共享,以及近似项目的训练理论、实践共享等。即使由于当前科技和社会环境的发展制约,某些类型或某些程度的残疾人依然更适合在分隔的环境下进行体育运动或接受康复服务,然而融合已然成为世界范围内实现残疾人权利保障、服务送达的首选。

　　无论是公共事业发展水平较高的西方发达国家,还是处于政府转型期和公共事业服务改革中的中国,在残疾人事业发展导向从医学模式向"生物—心理—社会"模式转变的过程中,残疾人服务、保障体系出现的人力资源缺口越来越明显。在体育领域,以往的医用体育或康复体育活动基本上是残疾人体育的全部,而在转向社会融合环境下的多种体育运动需要的过程中却逐渐暴露了传统体育工作者培养系统的内容缺失。一方面,整个世界对于残疾人通过体育活动促进回归主流,加强残健交流的要求越来越明显;另一方面,能够驾驭融合环境下的专业体育人员却暴露出明显的匮乏。

　　笔者在前期的研究中,对于某高校体育教育专业学生对融合残疾学生于一般体育课的意愿和态度进行了问卷调查,并提出以体育教育专业学生为主体,加强以融合体育教育为导向的特殊体育教育课程建设。然而,该研究存在着一定的局限性。第一,问卷设计缺少针对不同类别残疾设置的问题;第二,调查样本较少,仅仅是国内一所著名体育院校体育教育专业的学生。

一、问卷的设计、发放与回收

(一)体育教育专业学生对融合残疾学生于体育课的自我效能量表

国际著名的适应体育、融合体育教育专家马丁·布洛克团队在 2013 年设计了 self-efficacy instrument for physical education teacher education majors toward inclusion(简称 SE-PETE-D)量表,该量表以自我效能的理论为依据,以融合体育教育的特点为标准,针对体育教育专业学生对于融合不同类别、情况的残疾人的一般体育教育的自信程度和水平进行测量。

马丁·布洛克的团队根据班杜拉于 2006 年提出的设计测量自我效能量表的建议,针对体育专业学生融合智力残疾、身体残疾和视力残疾的学生进行体育教学、游戏竞赛、体能活动练习的自我效能量表编制。编制过程包括了初始问卷编制和内容效度检验,采用编制问卷发放进行结构效度检验以及信度检验。在设计该量表的第一个阶段包括四个步骤,分别是:第一步,内容思考;第二步,选项汇总;第三步,格式选定;第四步,专家效度检验。在第二阶段选取了 486 名参与者(170 名女性,316 名男性),对前一阶段设计好的量表进行回答。其中,关于智力残疾的题目有 11 个,身体残疾的题目有 12 个,视力残疾的题目有 10 个。参与问卷回答的学生有 31 名是新生,50 名是二年级生,181 名是三年级生,190 名是四年级生,34 名是五年级及以上学生。对收集的数据进行了因素分析和信度检验,结果发现,量表的可靠性系数较高,克朗巴哈系数分别是:智力残疾为 0.86,身体残疾为 0.90,视力残疾为 0.92。该研究的结果发现,三个子量表对于测量体育教育专业学生对待融合上述三种类别的残疾学生于一般体育教育的自我效能水平是有效并且可信的。

(二)本部分研究所用的量表的设计

马丁·布洛克研究团队 SE-PETE-D 量表的制定严格以班杜拉的自我效能理论及自我效能量表制定原则为依据,按照科学的量表编制步骤对量表的信度、效度进行了检验。这个量表为本书的问卷设计提供了可借鉴的思路以及可借鉴的问题设置。

本研究对马丁·布洛克团队设计的 SE-PETE-D 量表进行了翻译,翻译依然采用笔者前期相关研究使用的标准回译法。根据我国当前随班就读政策,残疾儿童少年随班就读的对象主要是指视力(包括盲和低视力)、听力语言(包括聋和重听)、智力(轻度,有条件的学校可以包括中度)等类别的残疾儿童少年。随着我国特殊教育分隔教育的比例降低,绝大部分残疾学生都可以在融合的环境下接受教育,因此,体育教师在今后面对的班级中有可能包含多种轻度残疾类别的学生。对于社会体育指导专业和休闲体育专业的学生而言,我国当前的社区环境下除了专门的相关残疾人体育健身项目,其他有偿提供给残疾人的体育锻炼选项并不多。残疾人对于体育内容的诉求逐渐丰富,在残疾人保障体系不断完善以及残疾人社区康复支持程度不断加深的情况下,残疾人对于健康、休闲性质的体育活动指导的需求会越来越高。我国的残疾人服务体系中,体育公共服务的重要性逐渐提高,社会体育和休闲行业也会逐渐面对如何接纳残疾人于体育、休闲活动中的问题。

在采用 SE-PETE-D 翻译版量表的基础上,研究团队经过头脑风暴以及批判思考,结合我国体育教育专业培养情况以及社会、休闲体育专业培养情况,设计了本研究中针对体育教育专业和社会、休闲体育专业高年级学生的两类问卷。问卷包含四个部分:第一部分是针对融合智力残疾人的自我效能测定,第二部分是针对融合肢体残疾人的自我效能测定,第三部分是针对融合视力残疾人的自我效能测定,第四部分是针对问卷回答者基本情况的调查。设计好的问卷电子版以电子邮件的形式发给国内适应体育的十名学者进行评价,反馈显示问卷对于测量相关体育专业学生对融合体育的自我效能的有效性评价较高,如表 6-6 所示。

表 6-6　专家效度检验

	内容评价	量表设计评价	选项反映调查内容的评价
非常合理	8	7	8
合理	2	3	2
不合理	0	0	0
非常不合理	0	0	0

根据专家提出的意见,研究团队对问卷进行了修改,特别是对残疾人状态能力的表述进行了缩减,削减特别专业的病理描述,而改为更多地贴合运动情况及运动能力相关的语言表达。

1.体育教育专业学生对融合残疾学生于一般体育教育的问卷

问卷前三部分都是针对融合某一特定类型残疾学生,进行某一特定内容,以及特定时段的融合体育教育自我效能测量。以第一部分为例,第一部分是对融合某智力残疾初中男同学于一般体育教育的测量。首先是对该学生相关的运动能力进行简单描述。

　　小明是一个初中生,他患有智力残疾,因此他不能像其他同学一样很快地学习。因为智力残疾,他也不能表达得非常清晰,他的语言理解能力也很差,但是他能用身体动作表达他想做的事情。他对语言的指导理解困难,特别是当指导有些复杂的时候。小明和其他同学一样喜欢参与体育运动,但是他运动能力和水平不如其他同学。虽然他可以跑步,但是他跑动的速度要比同伴慢并且很快就会疲劳。他能够完成投掷动作,但是扔不远,并且他能够接住向他投掷的球。他喜欢足球,但是踢不远,在比赛中记不住该往哪边进攻。他喜欢篮球,但是他无法保持运球不失误,并且他的动作不协调,无法投中篮。

接下来,问卷给了对于自己融合该学生进行活动的能力的五点评价。

1.您多大程度上相信自己能够完成以下事情,选择相应的数字:				
1	2	3	4	5
完全没自信	比较没自信	一般自信	比较自信	完全自信

自信程度(1—5)

　　下面就是对具体进行某个片段内容教学的自我效能水平测量。

　　问题 2-4:假设您正在对您初一班级的 30 个学生进行集体性体育运动(例如排球、篮球、足球)指导教学。目前,您正处于第一周的新项目教学,内容是学习基本技术(例如垫球、运球等),小明要融入该内容的教学活动中。您多大程度上相信自己在教授体育技术时,有能力调整教学指导帮助小明理解学习内容?＿＿＿＿＿

　　问卷以同样的形式,在第二部分和第三部分对融合肢体残疾、视力残疾的学生于一般体育教育的自我效能进行了测量。第四部分是对于体育教育专业学生一些基本信息的提问及关于残疾人经历和残疾人体育课程学习的问题。

　　2.社会(休闲)体育专业学生对融合残疾人于体育指导的自我效能问卷

　　同样,问卷前三部分都是针对融合某一特定类型、一定年龄段的残疾人进行某一特定内容、特定时段的融合体育活动指导的自我效能测量。以第二部分为例,第二部分是对融合某身体残疾的高中男性于一般体育活动指导的自我效能水平测量。首先是对该男性相关的运动能力进行简单描述。

小轩是一名患有脊髓损伤的高中生。他不能行走,因此他需要用轮椅来移动。他喜欢体育运动,但是他运动水平很低。尽管他能够移动轮椅,但是他移动起来比健全学生慢,并且1~2分钟后就会感到疲劳。他能够传排球、发球,但是传不过网,发球也不过网。他能够接到向他扔来的球,但是他上肢力量不够,无法投中正常高度的篮筐。因为他下肢没有功能,无法踢球,但是他能够使用轮椅将球向前移动。

下面就是对具体进行某个片段体育指导的自我效能水平测量。

1.您多大程度上相信自己能够完成以下事情,选择相应的数字:				
1	2	3	4	5
完全没自信	比较没自信	一般自信	比较自信	完全自信

自信程度(1—5)

问题 5-6:假设您正在对您指导的 20 个锻炼者进行集体性体育运动(例如排球、篮球、足球)指导学习。目前,您正处于该项目指导的最后一个阶段,锻炼者要进行游戏、比赛,小轩要融入该部分教学活动中。您多大程度上相信自己能够帮助小轩融入该活动?_____

第四部分是对学生一些基本信息的提问及与残疾人经历和残疾人体育课程学习相关的问题,这些问题都是根据研究的需要,为了做深入的比较分析而设计的。采用重测信度测量法,对两个设计好的问卷六个子量表的信度进行重测检验。对杭州师范大学体育与健康学院 2010 级的体育教育和休闲体育专业学生于 2013 年 9 月发放对应的问卷,然后于 2013 年 12 月再次发放相对应的问卷。经过统计学比较,两个问卷六个子量表的前后回答一致性较高,皮尔逊相关系数均在 0.8 以上,说明该问卷可信程度较高。

(三)问卷的发放与回收

研究团队根据我国专业体育学院排名及招生地域分布,分别选取天津体育学院、武汉体育学院、上海体育学院、广州体育学院、西安体育学院、成都体育学院的 2011 级体育教育、休闲体育(社会体育)专业的学生进行问卷调查。这些学校的招生基本涵盖了我国大部分省市和地区,并且这些学校均是我国发展水平较高、办学历史较为悠久的体育学院。大三最后一学期基本上已经完成了学校的课程学习,因此,在此时期接受调查,学生能够较客观地根据高等教育学习的情况对其从事融合环境下的体育相关工作的自我效能做出较为准确的回答。课题组根据前期调研,按照该年度招生人数,采用问卷邮寄、现场发放的形式于 2014 年 2 月到 7 月间进行问卷发放与回收工作。具体收发信息情况如表 6-7、

表 6-8 所示。

表 6-7 体育教育专业学生问卷发放回收情况

学校	发放/份	回收/份	回收率/%
天津体育学院	105	94	89.5
武汉体育学院	233	214	91.8
上海体育学院	130	122	93.8
广州体育学院	230	218	94.8
西安体育学院	230	212	92.2
成都体育学院	270	264	97.8
总计	1198	1124	93.8

表 6-8 社会(休闲)体育专业学生问卷发放收回情况

学校	发放/份	回收/份	回收率/%
天津体育学院	60	42	70.0
武汉体育学院	90	70	77.8
上海体育学院	60	54	90.0
广州体育学院	60	40	66.7
西安体育学院	60	53	88.3
总计	330	259	78.5

(四)数据的处理与比较

将收集的问卷按照项目录入 SPSS 系统,对三种类别残疾的体育指导、体育教学自信程度数据录入,并计算出每个残疾类别自信程度的总分。然后根据研究需要,对各个总分进行描述性检验,采用单因素方差比较或独立样本 T 检验等统计学比较方法进行分析。

二、调查结果与分析

(一)体育教育专业学生对融合残疾学生于体育教学的自我效能情况

体育教育专业学生对融合残疾学生于一般体育教学的自我效能总分为84.81,对于智力残疾、肢体残疾以及视力残疾的学生在融合环境下进行体育教育的自我效能得分分别为 20.48、34.09 和 30.25,换算成相对分来看,得分均在67~69 分的范围内。具体情况如表 6-9 所示。

表 6-9 体育教育专业学生对融合不同类别残疾学生的自我效能情况

残疾类型	最小值	最大值	平均值	相对分	标准差
智力残疾	6.00	30.00	20.48	68.3	3.34
肢体残疾	13.00	48.00	34.09	68.0	5.44
视力残疾	10.00	61.00	30.25	67.2	5.34

注:智力残疾的分数区间为 0 到 30;肢体残疾的分数区间为 0 到 50;视力残疾的分数区间为 0 到 45。

　　总体上看,所调查的体育教育专业学生对融合残疾学生于一般体育教育的自我效能水平不高,并且对于不同残疾类别的学生融合,从相对分上看并没有表现出明显的差异。这与国外的部分相关研究结果不同,在国外的相关研究中,涉及体育专业学生对融合残疾人的态度时,表现出了明显的对于不同残疾类别学生的态度差异。特别是对接纳智力残疾学生于一般体育教学表现出明显更消极的态度趋向。

　　对有不同残疾人体育课程学习经历的学生的自我效能进行比较的结果如表 6-10 所示。

表 6-10 有不同残疾人相关体育课程经历的体育教育学生的自我效能比较

自我效能项目	修过残疾人体育课程的学生	没有修过残疾人体育课程的学生	差异
总体自我效能	85.44	84.43	1.01
对智力残疾的自我效能	20.58	20.41	0.17
题目 2:教授体育技术时,有能力调整教学指导帮助小明理解学习内容*	3.36	3.33	0.03
题目 4:教授体育技术时,有能力指导其他同学帮助小明*	3.47	3.41	0.06
对肢体残疾的自我效能	34.27	33.98	0.29
对视力残疾的自我效能*	30.58	30.05	0.53

注:* 表示 $p < 0.05$。

　　在所有完成问卷调查的学生中,仅仅有 398 人在其大学前三年的学习中涉及相关课程的学习,占所调查对象的 35.4%。而这部分学生在对融合残疾学生于一般体育教育的总体自我效能和不同类别残疾融合的自我效能得分均值都高于从未接受相关课程学习的学生。虽然仅仅在对视力残疾学生的融合自我效能子量表的得分差异中表现出了统计学上的显著性,在智力残疾学生融合的题目 2 和题目 4 的得分差异中表现出了统计学上的显著性,并且平均值的差异不是很大,但是在三个子量表的所有题目中,修过残疾人体育相关课程的学生得分的平均值都高于未修过残疾人体育相关课程的学生得分的平均值。这说明有过残疾人体育相关课程学习经历的学生对待融合体育教育的自我效能水平有高于其他同学的趋势。笔者前期针对态度的研究中也发现了相关残疾人体育知识的学习与否会影响体育教育专业学生对于融合体育教育的意愿和态度。班杜拉的自我效能理论指出，相同能力个体的不同自我效能水平会最终影响对完成某任务的态度，而态度则会影响行为。

不同性别学生对于融合体育教育的自我效能差异的比较如表 6-11 所示。

表 6-11   不同性别的体育教育专业学生的自我效能比较

自我效能项目	男性	女性	差异
总体自我效能	84.69	85.28	−0.59
对智力残疾的自我效能	20.50	20.42	0.08
题目 1：在身体素质测试过程中能够指导其他学生帮助小明**	3.48	3.44	0.04
对肢体残疾的自我效能	34.06	34.19	−0.13
题目 6：多大程度上相信自己有能力在技术教学过程中确保小轩的安全*	3.52	3.54	−0.02
对视力残疾的自我效能*	30.13	30.71	−0.58

注：**表示 $p<0.01$，*表示 $p<0.05$。

从结果上看，所调查的体育教育专业女同学对融合残疾学生于一般体育教育的自我效能在总体水平上要高于男同学，其中，对视力残疾融合的自我效能差异在统计学上表现出显著性。但在智力残疾的自我效能水平方面，女同学则略低于男同学，在该部分的分量表题目 1 中，自我效能差异表现出统计学上的显著性。笔者前期的研究发现，体育教师对融合残疾学生于一般体育教育的态度在性别上存在明显的差异，其中，女性表现出的对于融合残疾学生的态度更为积极。根据自我效能理论，不同的两个人在能力近似的情况下会由于自我效能水平的影响，对某一任务的完成表现出截然不同的态度（Bandura,2001），具有对融合体育教育较高自我效能水平的体育教师会表现出较为积极的态度，而对融合体育教育具有低自我效能水平的体育教师则会表现出相对消极的态度。本研究发现的女同学在总体自我效能水平上的优势在一定程度上解释了笔者前期研究的结果。

不同实习经历的体育教育专业学生在自我效能方面的差异对比如表 6-12 所示。

表 6-12 不同实习经历体育教育专业学生的自我效能比较

自我效能项目	有实习经历	无实习经历	差异
总体自我效能	85.62	83.86	1.76
对智力残疾的自我效能	20.71	20.22	0.49
题目 2:教授体育技术时,有能力调整教学指导帮助小明理解学习内容*	3.42	3.25	0.17
题目 4:教授体育技术时,有能力指导其他同学帮助小明*	3.47	3.38	0.09
对肢体残疾的自我效能	34.38	33.75	0.62
题目 1:多大程度上相信自己有能力给小轩设置个体身体素质测试目标**	3.38	3.30	0.08
题目 6:多大程度上相信自己有能力在技术教学过程中确保小轩的安全*	3.47	3.43	0.04
题目 9:在比赛时,您在多大程度上相信自己有能力保证小轩的安全**	3.45	3.44	0.01
对视力残疾的自我效能*	30.55	29.89	0.66

注:** 表示 $p<0.01$,* 表示 $p<0.05$。

在所调查的学生中,有教学实习、实践经历的学生为 608 人,占所调查学生总数的 54.1%。这部分学生在总体自我效能,和对智力残疾、肢体残疾以及视力残疾的自我效能水平得分平均值方面均高于未经历实习的学生。在融合视力残疾学生于一般体育教育的自我效能差异上表现出了统计学上的显著性。

特别值得注意的是,有过实习经历的学生在许多具体题目的回答得分方面会高于没有实习经历的学生,并且这些差异在统计学上具有显著性。根据 Block 等(2013)在制定专业学生融合残疾学生于体育教育自我效能量表时的理念,题目的设计都是依据自我效能理论,设定具体的场景、环境、教学内容,安排具体的具有某一特点的残疾人。有过实习、实践经历的学生对于教学实践内容有更为具体、丰富的体验,所以在一些具体情况的教学或实践中,能够结合残疾学生的特点思考融合的可能性,并对自己在这种情况下的体育教学进行较为现实的自我评定。反之,没有实习、实践经历的学生虽然在大学前三个学年的学习中进行了较为系统的训练和知识的学习,但是对于教学中的情况认知还不够具体,这会影响他们对于组织、进行体育教学能力的自信程度,再加上对残疾人问题认知的匮乏,导致他们对融合残疾学生的自我效能低于平均水平。

表 6-13 是具有与残疾人接触的不同经历的体育教育专业学生对融合残疾

学生的自我效能水平的比较。

表 6-13　与残疾人接触的不同经历体育教育专业学生的自我效能比较

类别	与智力残疾人的接触情况			与视力残疾人的接触情况			与肢体残疾人的接触情况		
	无	有	差异	无	有	差异	无	有	差异
总体	84.47	85.07	−0.60	84.09	85.38	−1.29	83.61	85.44	−1.84
对应残疾	20.35	20.57	−0.22	29.85	30.56	−0.72	33.67	34.31	−0.64

在所调查的体育教育专业学生中,绝大多数学生都有过与残疾人接触的经历,与那些没有残疾人接触经历的学生相比,他们的总体自我效能水平和对于相应的残疾学生接纳融合的自我效能水平都相对较高。虽然平均值在统计学上不具有显著差异,但是依然表现出了相对较高的趋势。与残疾人接触经历不同的是,有与残疾人共同参加过体育活动经历的人数相对较少。无论是体育教育、社区体育活动还是其他类型的体育活动,共同参与体育活动首先要求的是残疾人的体育可进入性。我国当前残疾人体育康复服务居多,而健康、教育活动偏少,这影响了残健共同参与体育活动的可能性。

在所调查的体育教育专业学生中,有过和肢体残疾人、智力残疾人以及视力残疾人共同进行体育活动经历的学生分别是 300 人、322 人和 266 人,分别占总人数比例的 26.7%、28.6%和 23.7%,具体情况如表 6-14 所示。

表 6-14　与残疾人共同参加体育活动的不同经历体育教育专业学生的自我效能比较

类别	与肢体残疾人共同参加体育活动			与智力残疾人共同参加体育活动			与视力残疾人共同参加体育活动		
	无	有	差异	无	有	差异	无	有	差异
总体	84.25	86.37	−2.12	84.35	85.96	−1.61	84.40	86.14	−1.74
对应残疾	33.86	34.73	−0.87	20.40	20.66	−0.22	30.06	30.86	−0.80

这部分学生对融合残疾学生于一般体育教育的自我效能水平在平均值上要高于没有和残疾人共同参加体育活动经历的学生。虽然差异在统计学上不具有显著性,但依然可以反映出共同的体育活动对体育教育专业学生在相关自我效能影响上的意义。

(二)社会(休闲)体育专业学生对融合残疾学生于体育教学的自我效能情况

社会(休闲)体育专业学生对于在融合的环境下对残疾人进行体育活动指导的自我效能情况如表 6-15 所示。

表 6-15　社会(休闲)体育专业学生对融合不同类别残疾人于体育活动指导的自我效能情况

残疾类型	最小值	最大值	平均值	相对分	标准差
智力残疾	7.00	29.00	19.26	64.2	3.32
肢体残疾	15.00	56.00	32.36	64.7	5.20
视力残疾	10.00	39.00	28.81	64.0	4.70

注:智力残疾的分数区间为 0~30 分;肢体残疾的分数区间为 0~50 分;视力残疾的分数区间为 0~45 分。

在完成调查的 259 名学生中,对智力残疾、肢体残疾、视力残疾在一般体育环境中进行体育指导的自我效能得分平均值分别是 19.26、32.36 和 28.81,总分平均值为 80.43,其相对得分均介于 64~65。这表明社会(休闲)体育专业学生对于在一般健身、休闲体育环境中接纳、指导残疾人进行体育活动的自信程度相对较低。从相对分数来看,没有表现出对某一特定类别的残疾人的体育指导自信程度过高或过低。社会(休闲)体育专业学生在进行相关体育指导工作时,对自己能够有效、安全地在体育环境下融合残疾人的能力认知水平低。

不同课程学习经历的社会(休闲)体育专业学生的自我效能水平的比较如表 6-16 所示。

表 6-16　不同残疾人相关体育课程学习经历的社会(休闲)体育专业学生的自我效能比较

自我效能项目	修过残疾人体育课程的学生	没有修过残疾人体育课程的学生	差异
总体自我效能	81.11	80.25	0.86
对智力残疾的自我效能	19.29	19.26	0.03
对肢体残疾的自我效能	32.80	32.23	0.57
对视力残疾的自我效能	29.02	28.76	0.26

在所调查的学生中,仅有 56 名学生曾经有过关于残疾人体育内容、课程的学习,占总数的 21.6%。这部分学生在总体自我效能得分平均值上都略高于从未学习过相关内容的学生,然而,平均值差异并不大,并且在统计学上不具有显著意义。这样的结果仅能说明,有残疾人体育专业课程学习经历的学生在融合残疾人于一般社会、休闲体育指导的自我效能上有高于其他学生的趋势。社会(休闲)体育专业作为非师范类,指向社会体育、休闲体育方向的应用型人才培养专业,其培养方案在不同的院校表现出了明显的差异性,在课程设置、学分安排、实践安排等方面也各具特点。这门紧扣社会发展,具有时代性和现代性的专业对于涉及残疾人指导方面的内容在很大程度上是忽视的。即使有相关的课程,也仅仅是介绍性质的,并没有结合实际情况的操作和指导。

不同性别的社会(休闲)体育专业学生对于融合环境下的体育指导的自我效能比较如表 6-17 所示。

表 6-17　不同性别的社会(休闲)体育专业学生的自我效能比较

自我效能项目	男性	女性	差异
总体自我效能	80.90	78.67	2.23
对智力残疾的自我效能	19.42	18.67	0.75
在身体素质测试过程中能够指导其他学生帮助小明*	3.38	3.18	0.20
对肢体残疾的自我效能	32.55	31.64	0.91
对视力残疾的自我效能	28.94	28.36	0.58
在教授技术的过程中,您在多大程度上相信自己有能力指导其他锻炼者帮助赵丽**	3.21	3.22	0.02
在比赛中,您在多大程度上相信自己有能力调整规则使其适合赵丽的特点**	3.02	3.27	−0.25

注:** 表示 $p < 0.01$,* 表示 $p < 0.05$。

在所调查的学生中,有 55 名是女性,占学生总数的 21.2%。与国内外体育教师的融合态度、意愿、自信相关研究不同的是,在本书中,社会(休闲)体育专业的女性学生对融合环境下的体育指导工作的自我效能无论在总体上,还是在不同类型的残疾人方面,其得分的平均值都低于男性学生。虽然不具有统计学意义,但还是在一定程度上反映了女性学生自我效能偏低的趋势。在涉及某些具体问题时,女性学生的自我效能得分差异具有统计学意义。在智力残疾的分量表和视力残疾的分量表中,差异具有显著性的三个问题中有两个问题都涉及指导其他锻炼者协助完成特定的某个动作。这反映了所调查的女同学对于如何在公共体育环境下发挥锻炼同伴作用,协调帮助残疾人完成体育活动这一问题的自我效能水平低。

不同实习经历的社会(休闲)体育专业学生对在融合环境下指导残疾人进行体育活动的自我效能比较如表 6-18 所示。

表 6-18　不同实习经历的社会(休闲)体育专业学生的自我效能比较

自我效能项目	有实习经历	无实习经历	差异
总体自我效能**	83.11	78.16	4.95
对智力残疾的自我效能*	20.02	18.62	1.40
对肢体残疾的自我效能**	33.35	31.51	1.84
在进行体育技术教学时,如果小轩无法和其他锻炼者一样学会体育技术时,您在多大程度上相信自己有能力对体育技术进行调整*	3.36	2.97	0.39
对视力残疾的自我效能*	29.74	28.03	1.71

注:** 表示 $p < 0.01$,* 表示 $p < 0.05$。

在所调查的学生中,有 119 名学生有过专业实习、见习经历,占总人数的
45.9%,这部分学生对接纳残疾人于体育健身、休闲活动的环境下进行指导、管
理的自我效能水平明显高于没有实习经历的学生。三个分量表和总分的差异
均在统计学上具有显著性。对于非师范的体育专业而言,社会性质的体育指导
工作是其就业的主要方向。无论是休闲体育还是社会体育专业,其操作性和社
会需求性都需要与专业紧密结合。没有实习经历的学生普遍对于从事具体的
社会体育、休闲体育指导工作缺乏认识,没有具体的概念。因此,当面对在具体
体育环境中接纳某一特定类型的残疾人问题时,他们的自信程度就会相对
较低。

表 6-19 是对与残疾人接触的不同经历的社会(休闲)体育专业学生的自我
效能比较。

表 6-19　与残疾人接触的不同经历的社会(休闲)体育专业学生的自我效能比较

类别	与智力残疾人的接触情况			与视力残疾人的接触情况			与肢体残疾人的接触情况		
	无	有	差异	无	有	差异	无	有	差异
总体	79.90	80.72	−0.82	79.39	81.11	−1.72	80.48	80.41	0.07
对应残疾	18.95	19.43	−0.48	28.90	28.76	0.14	32.19	32.44	−0.64

从中可以发现,调查对象中绝大多数学生有过和残疾人接触的经历,除有
和肢体残疾人接触经历的社会(休闲)体育专业学生对融合残疾人于一般体育
指导的自我效能的得分平均值略低于没有和残疾人接触的学生外,在其他的得
分平均值中,有和残疾人接触经历的学生的自我效能得分平均值均高。虽然这
些得分平均值的差异在统计学上没有显著性意义,但还是能够在一定程度上说
明,有和残疾人接触经历的学生在接纳残疾人于一般体育环境中进行体育指导
的自我效能有高于其他学生的趋势。

所调查的 259 名学生中,和肢体残疾人、智力残疾人以及视力残疾人有过
共同的体育活动经历的学生分别是 48 人、54 人和 53 人,分别占总人数的
18.5%、20.8% 和 20.5%。具体情况如表 6-20 所示。

表 6-20　与残疾人共同参加体育活动的不同经历的社会(休闲)体育专业学生的自我效能比较

类别	与肢体残疾人共同参加体育活动			与智力残疾人共同参加体育活动			与视力残疾人共同参加体育活动		
	无	有	差异	无	有	差异	无	有	差异
总体	80.20	81.44	−1.24	80.45	80.35	0.10	80.00	82.11	−2.11
对应残疾	32.25	32.83	−0.48	19.31	19.09	0.22	28.74	29.11	−0.37

在对比不同的与残疾人共同参加体育活动的经历时发现,与肢体残疾人和视力残疾人有过共同参加体育活动经历的学生在融合残疾人于一般体育指导及对融合对应残疾人于一般体育指导的自我效能的得分平均值都高于没有相关经历的学生。同样,虽然差异不具有统计学意义,但是能表现出自我效能高的趋势。然而,不同于其他研究结果,与智力残疾人有过共同参加体育活动经历的学生在总体自我效能和对融合对应残疾人于一般体育指导的自我效能的得分平均值都低于没有与智力残疾人有过共同参加体育活动经历的学生。这样的结果与国外对于不同残疾人的融合体育态度的相关研究有类似的地方,即对于智力残疾人的融合态度会比融合其他类型残疾人参加体育活动的态度要消极。

第三节　融合发展下的我国残疾人体育专业人才培养改革探索

随着残疾人保障、服务体系的不断完善,残疾人对于参加体育活动、体育锻炼的诉求越来越高。而无论是在学校体育、群众体育,还是资源较丰富的竞技体育方面,残疾人体育专业人才的缺乏都影响着残疾人体育事业的发展。与巨大的残疾人体育专业人才需求缺口相矛盾的是残疾人体育人才高等教育培养中存在的问题和困难。相关研究发现,我国体育院校特殊教育专业的问题表现在师资队伍力量不强、实践教学不足、培养目标不明确、课程设计不合理、配套教材不足以及生源类型选择窄等方面,这事实上涵盖了专业评价的各个层面。特殊体育教育专业设置所面临的窘境一方面反映了整个社会在残疾人意识和观念上的陈旧,另一方面也反映了当前对残疾人体育人才培养的认知、导向以及知识能力结构认识还没有达到统一,因此造成了培养质量的下降。

当前,整个世界的残疾人事业正在向更融合、更接纳的方向发展,孤立、分隔的保障成了残疾人权益维护的选项,而不是全部。越来越多的国家、社会都尝试在融合的环境下实现残疾人事业的发展。笔者根据对我国体育专业(体育教育、社会体育、休闲体育)学生进行的调查,结合欧美国家应对残疾人体育服务社会融合化发展的处理,对我国残疾人体育专业人才培养改革进行探索。

一、以一般体育专业能力培养为基础,对应延伸残健融合体育指导能力培养内容

根据《国家中长期教育改革和发展规划纲要(2010—2020 年)》精神,各级各类学

校要积极创造条件接收残疾人入学,不断扩大随班就读和普通学校特教班规模。我国的随班就读尽管在安置形式上与融合体育教育达到了基本的一致,即强调将残疾学生融合于一般体育教育环境,但是在实质内容上,残疾学生的身份认同程度不高。

在上文对我国部分体育专业院校的体育教育专业学生的问卷调查中发现,高年级学生在一般环境下对当前随班就读政策规定的有可能进入普通教学环境就读的残疾学生进行体育教育的自我效能水平并不高,对于自身能力的认同程度偏低。在残健融合的环境下进行体育教育、教学活动,虽然学生能力的复杂程度高,但是教师在应对这样的班级时,既不能过分照顾融合的残疾学生,也不能对残疾学生置之不理。相对较低的自我效能则会影响未来体育教师在融合环境下主动协调工作,思考解决各种问题的意愿和行为。同时,当前我国的体育教育专业培养并不能满足体育教师在融合环境下进行体育教育所需要掌握的知识和应具备的能力需求。

国内有部分学者对融合环境下的体育教育对体育教育专业学生能力的要求提出了建议。如陈曙等(2014)的研究中对体育教育专业学生在全纳环境下开展体育教育教学工作的能力要求进行了归纳,他们认为,其专业构成还要包括良好的职业情感素养、特殊教育理论、特殊体育知识、特殊体育教研能力。在此基础上,他们结合美国适应体育教育学校的培养模式,提出了适合我国的课程体系设置,如图6-1所示。

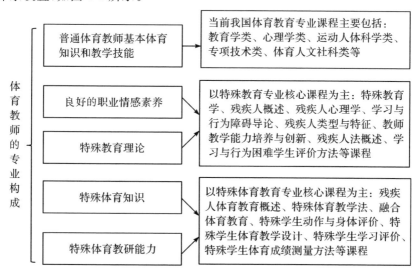

图6-1　全纳教育理论下体育教师的专业构成

资料来源:根据陈曙等(2014)的论文《基于全纳教育理论下体育教师培养模式研究》修改而得。

　　吴雪萍(2011)在其研究中明确指出,在融合环境下进行体育教育的能力要求,即体育教师在组织教育时,既需要具有普通体育教师的教学能力,也应该具备特殊体育教育的能力。基于这样的理念,吴雪萍教授认为融合体育教师(体育资源教师)应该具备以下能力,包括:第一,诊断有特殊需要学生身体障碍程度的能力;第二,机智、果断地运用各种方法解决各种特殊情况的能力;第三,设计个别化教育计划方案,并运用特别的教学方法和行为指导策略进行个别训练和指导的能力;第四,动态观察和评估有特殊需要学生接受体育资源教学发展状况,修改个别化教育计划的能力;第五,对体育锻炼过程中有特殊需要学生的心理、情绪问题进行辅导的能力;第六,掌握有特殊需要学生心理、情绪变化,处理各种突发事情的能力;第七,与有特殊需要学生沟通以及和非体育资源教师、家长共同协作的能力;第八,与专业机构联系,及时解决资源教学实施中的疑难问题的能力。

　　吴雪萍(2011)和陈曙等(2014)都对融合环境下的体育教师能力提出了明确的要求,并且在他们的一些相关研究中,对课程设置提出了非常具体的安排。从能力需求来看,普通的体育教师专业学生除具有一般专业能力素养外,还需要一定的特殊体育教育能力以及相关的残疾人、健全人沟通处理能力。能力的培养要落实于理论学习与实践操作中,强调、重视随班就读学生(融合的残疾学生)的体育教学质量固然是非常必要的,但是在课程设置中,想要在原有的体育教育培养方式的基础上,进行如特殊体育教育专业一样的专业课程内容设置,无论从时间安排、教师水平还是从办学能力上看,都困难重重。

　　国外的相关文献中指出了残健融合环境下的体育教育关注的是全体学生。在一个班级的组成中,融合的残疾学生毕竟是少数,更多的是要考虑如何在保证体育教育质量的基础上,有质量地融合残疾学生于教学中。已有研究表明,过多地因残疾学生介入而调整、改变体育教学,改变体育项目器材、规则、场地,会导致健全学生对残疾学生融合于体育教育的消极态度。

　　我国的随班就读政策规定了三类轻度残疾的学生应当进入普通学校接受教育。并且体育教育专业的学生将面对的学生大部分是健全学生,随班就读的残疾学生是少数,因此,在体育教育专业学生的培养过程中依然要把一般体育教学能力的培养作为重点,而在针对残疾学生随班就读的专业能力培养时,可根据当前的随班就读政策,依据随班就读学生的特点、残疾类型、程度,进行精准定位式的培养。在课程设置方面,更多地偏向于应用型的内容,特别要强调在融合环境下,如何通过健全同伴的支持、协助或固定的教学助手协助,以及如何调整教学目标、难度、教学方法和手段,调适体育设施、用品,从而在残健平等交流的环境下,完成体育教学工作。

当前,我国的体育教育专业培养体系显然忽视了随班就读学生或残疾学生存在于普通学校的情况,涉及残疾人的知识、能力培养几乎没有或少之又少,与当前融合教育成为残疾学生接受教育的重要安置形式发展相矛盾,不能满足体育教师在融合环境下进行体育教育所需要掌握的知识和应具备的能力需求。问卷调查的结果反映了这一现象,仅有三分之一的调查对象学习过残疾人体育相关的课程,这部分学生对在融合环境下进行体育指导的自我效能水平表现整体上要优于其他学生。因此,在高等教育阶段,体育教育专业学生学习相关的残疾人体育知识,掌握操作性的技术,培养一定的融合体育教育指导能力则显得尤为必要。

对更倾向于社会服务应用型人才培养的社会(休闲)体育专业的学生进行问卷调查后发现,社会(休闲)体育专业高年级学生在经过前三年的学习后,面对将不同年龄、性别、残疾类型的残疾人接纳于一般体育环境下进行体育指导服务的自我效能水平不高。这种相对较低的自我效能水平会在一定程度上导致他们在今后的体育服务指导中,面临有残疾人的情况时会出现回避、消极的态度,不会主动地应对融合环境的挑战并做出调整。与体育教育专业不同,对于社会(休闲)体育专业的学生而言,由于他们就业范围更广,更多的是从事与体育服务相关的工作,他们在提供体育服务时面对的必然是不同人群、不同性别、不同能力的个体。从国家决策层到具体执行层来看,《全民健身计划》《全民健身条例》都是当前体育工作的重点,而群众体育工作的落实紧密地结合于我国当前进行的公共体育服务体系的建设。体育领域的各层级领导部门都把公共体育服务的发展、建设作为其重要的工作任务,在规划、设计、执行方面不断探索适合的路径。在这一背景下,以体育服务应用型人才培养的社会(休闲)体育专业将会承担更多的面向公民的体育活动指导、服务供给工作。社会(休闲)体育专业培养的学生在职业服务对象上将会面对更为复杂的群体,包括不同年龄、不同健康水平、不同运动能力的人以及部分残疾人。受到工作性质差异的影响,某些体育服务是一对一进行的,例如健身私教、一些个体的拓展、户外活动;而另外一些可能是一对多的,如一些健身会所的体育舞蹈课程、瑜伽、水上项目等。这就要求社会(休闲)体育专业的学生掌握更多关于健康、体育锻炼、身体活动方面的知识,并且需要他们具备因地、因人制宜的体育指导能力和面对不同群体的服务意识。

随着我国社区服务的规范化,一些社区锻炼、活动场所会有老年人、病弱人群、残疾人参与体育活动,如社区推行的"福乐健身站"。因此,对于未来从事社会体育指导、休闲体育服务的体育专业学生而言,需要具备更多的面向不同人群的锻炼服务供给能力,并且要重视残健在同一环境中如何有效利用锻炼者的相互支持、协助,从而促进残健沟通,有效地完成个体的体育健身、休闲活动。

因此,在社会(休闲)体育专业学生的课程设置中,要适当地增加体弱、体能水平低、有慢性病和轻度残疾的人的体力活动与休闲体育指导的内容。这些内容可以穿插到具体的技能课程中,例如太极、健身运动、高尔夫球,也可以单独地设置为专业必修或选修课,采用多种手段,使学生能够在残健融合的环境下提供体育服务。

二、通过有效实践促进体育专业学生的融合体育指导的自我效能水平

从调查结果来看,无论是体育教育专业学生还是社会(休闲)体育专业学生,有过实习、实践经历的学生对于在融合环境下进行体育教育或体育指导工作的自我效能水平都明显高于没有实习经历的学生。这种情况完全符合班杜拉自我效能理论的解释,具有一定的技术和技能去完成相对应的任务完全不同于具有信心去应用一些技术在不同的情境中解决问题和应对挑战。

根据班杜拉的自我效能理论,自我效能与其他的一般个性特点不同,其指向的是对应行为的出现。自我效能会影响个体在面对可能出现的困难时对完成任务的选择、坚持。自我效能是当人类以现有的能力去处理具有挑战性的环境所表现出来的共性的认知机制,其主要受以往的直接经历、间接经验、语言劝导和感觉状况所影响。研究者已经证明成功的表现、经历是改变自我效能最重要的手段。因此,提高完成某一任务自我效能的最佳途径是提供完成该任务的成功经历。另一种提高自我效能水平的方法是通过完成近似任务来获得成功体验,从中获得的自我效能可以转移到相似任务中。Brody 等(1988)的研究发现,完成高危险运动绳索速降获得的该项目的自我效能转移到了完成其他类似高危险的运动(如攀岩、高山速降滑雪、摩托车竞赛)以及社会交往活动(如公开演讲、结识新同伴)中。

作为培养应用型人才的专业,体育专业对实践能力有着较高的要求,而将知识转化为实践应用能力是实习与见习人才培养过程中的重要组成部分,无论在哪个学校都是必不可少的教育环节。在有效的控制和指导下,专业学生通过实践能够将学习到的专业知识转变为专业技能。然而实习的时间安排、质量、内容在不同的院校则表现出个性化的特点。特别是对于社会(休闲)体育专业的学生,不同学校的安排差异更大。学生通过实践能够将学习到的专业知识转变为专业能力,而这一过程需要有效的指导和控制。对融合残疾人或残疾学生于一般的体育教学和指导而言,研究中虽然大多数学生没有和残疾人共同进行

体育活动的经历,但是经过实习、实践的学生对体育教学、指导有更具体的认知,对自己进行相关教学、指导活动的能力有较为客观、准确的判断,并且在其实践过程中亲身经历了从课堂准备到授课再到评价的较为完整的教学过程,处理过一些在实践中遇到的实际问题,因此,他们在实践中获得及提高的自我效能会转移到面对复杂情况下的体育教学、指导中。

在当前的高等教育中,体育类专业目录内设置了特殊体育教育专业。然而,在设立特殊体育教育专业为数不多的高校中,却存在着专业人才培养定位模糊不清,专业培养方案表述宽泛,缺少侧重点,课程设置不合理,主干课程、平台课程的选择比较盲目,专业课与通识课、理论与实操课程安排上蜻蜓点水,学生毕业后很难胜任专业服务工作,专业转出率高等问题。在培养规模、培养质量上都无法满足残疾儿童、青少年学校的体育诉求。在现阶段,随着社会融合理念和思潮的全球化,在残健融合环境下进行的体育教育、公共体育服务是残疾人体育发展的重要方向。以体育为媒介,促进残疾人走向社会、融入社会的同时被社会接纳也成为当代许多特殊体育研究专家、学者的共识。

在当前的环境下,作为体育教育专业和社会(休闲)体育专业的学生,他们需要在有残疾人和健全人共同参与的环境下提供体育服务。而他们的自我效能水平在一定程度上决定了他们是否愿意并且能够通过自己的努力调适,从而适应所服务人群的需要。因此,在学校安排的教学实践阶段,可以通过有意识地安排相应活动,如安排运动能力差别明显的人参与体育活动,或对有残疾人随班就读的班级以及有慢性病病人参加的社区体育活动进行集体设计、看课和协助,从而利用实践阶段促进学生直接获得融合残健参与体育活动的成功体验,提高他们的自我效能,最终促使他们在未来的体育教育、指导服务中,在面对有残疾人参与的情况下,能够主动接纳、安排、设计,从而使所提供的服务满足每个参与者的需求。

三、更新体育专业学生的残疾认知,树立及传播现代的残疾观

调查的结果显示,有过残疾人接触经历的调查对象在融合残疾人于一般体育指导的自我效能表现整体情况都略高于其他没有残疾人接触经历的调查对象,但是这样的差异并没有在统计学上出现显著性。这样的结果基本与国外的相关研究结果一致。就残疾人接触的效果、影响而言,不同的研究表现出了不同的情况,甚至有的研究发现学生与残疾人在共同参加体育活动后出现了消极的态度变化。接触对态度的影响可以是双向的,当接触的环境是组间竞争、存

在敌意的环境,过大的压力使得群体成员有沮丧的情绪时,消极的态度则会出现。因此,在自由接触的状态下,固有的消极态度和较低的自我效能并不一定会发生积极的改变。

而在本书中,除从态度改变相关的接触理论的角度分析外,还会从烙印理论以及自我效能形成的角度入手,探讨造成这种结果的原因。社会建立了一种把人们和事物的特点归类为某一群组所有成员的共性与本质的方式。一般来说,烙印往往与由于不符合公众标准而产生的消极评价相关联。而这种消极的烙印会影响人类尝试某一事物的水平,并直接作用于个体的自我效能。社会落后的残疾人观、残疾人解释模式对于个体形成固有的烙印具有一定的影响。从残疾定义的发展来看,在长期的医学模式解释之后,逐渐出现了社会少数群体模式与社会结构模式,即从以残疾人的医学诊断作为残疾的定义过渡到从社会角度定义残疾失能。残疾不能仅仅被看作是个体身体情况的限制或者是社会的制约,而应该概念化为个体和其生存所在环境互动的结果。基于这样的理念,世界卫生组织在 2001 年提出的功能、残疾、健康分级中首次采用了"生物—心理—社会"模式对残疾进行了概念的解释和构架,并对其模式进行了详细的解释。残疾应该是一个涵盖多方面内容的概念,它包括损伤、活动限制,以及个体(具有健康问题)与个体所在环境因素(环境和个人因素)的消极关系。在这样的模式下,《世界卫生组织残疾和康复行动计划(2006—2011 年)》中将残疾的定义归纳为:"残疾是个体健康状况、个体因素和残疾人生活的外部环境因素相互影响的结果。社会在某种程度上造成了残疾人的'残疾'。社会国家组织政治政策的顽固性以及文化中的非人性化因素可能成为残疾人实现正常功能的障碍。"由此可见,整个世界对于残疾的解释随着人类社会、文明的发展,也在不断地更新、变化。不同的解释、定义则会影响社会对于残疾人的态度和接纳的行为。

我们国家目前的《残疾人保障法》等相关的一系列法律对残疾的定义依然仅仅是从医学的角度作出的,并且在定义上的用词陈旧、欠妥,不符合当前世界残疾人问题解决与发展的方向。《残疾人保障法》总则第二条中规定:"残疾人是指在心理、生理、人体结构上,某种组织、功能丧失或者不正常,全部或者部分丧失以正常方式从事某种活动能力的人。残疾人包括视力残疾、听力残疾、言语残疾、肢体残疾、智力残疾、精神残疾、多重残疾和其他残疾的人。"基于这样的定义,残疾人被贴上了"不正常"的标签,如果他们在接受体育教育、体育服务时遇到困难,就会归咎为残疾个体生理、心理不正常,而社会则没有责任。在这种残疾观下,体育专业的学生无论是否与残疾人有过接触,是否有过共同经历,他们对于接纳残疾人于一般的体育教育或社会(休闲)体育活动的认可本身就存在疑问，更不会考虑以体育为平台，通过一系列调适促进残健融合。

作为未来的体育教育者、体育服务者，体育专业的学生在提供指导的同时，也要承担相关的社会发展、文化传播的义务。当整个世界对残疾人的接纳程度有所提升，残疾人更多地回归主流，与社会发生积极互动的时候，我们的体育专业培养亟须淘汰落后的、基于医学的残疾观，更新为现代的、基于"社会—生物"的动态残疾观。观念、认知的变化会促进体育专业学生在残健融合环境下进行体育教育、指导服务时，更为积极地思考、探索改变教学、指导的方式，减少因社会环境造成的隔离和失能，促进残健的积极交流。在这一过程中，他们的言传身教会向所有体育教学对象、体育服务对象传达现代残疾观和融合、接纳的态度。事实上，很多针对残疾人教育、态度、理念的发展在体育领域是走在前列的，如：残疾人奥林匹克运动、特殊奥林匹克运动在全球的推广引领了世界对残疾人平等权利的关注；美国适应体育（残疾人体育）国家标准的制定早于美国高阶体育教师标准等。从长远的角度来看，在体育教育、社会（休闲）体育专业率先进行现代残疾观的灌输，对于促进整个社会对残疾人的融合与接纳来说是非常有意义的。

四、发展行业的融合体育或特殊体育教育资质、资格培训、考试体系，多渠道促进继续教育能力提升

从问卷调查的结果来看，普通体育教育专业学生对于融合、接纳残疾人于一般环境下的体育指导的自我效能水平低暴露了专业教育在这一方面的欠缺。这一情况也普遍出现在一些适应体育发展水平较高的国家。因为体育教育专业培养目标以及体育教育者标准普遍都是针对健全学生而设立的。因此，在培养方案、课程建设、实践组织等相关教学活动方面，体育教育专业学生都不可能受到足够的与残疾人体育教育相关的训练。

高校的残疾人体育服务人才培养在专业建设、培养目标、课程设置方面仍然较为薄弱，人才显性流失严重。当前专业性体育人才的高校培养在专业设置前期缺乏论证和需求分析，在学生能力培养方面缺乏较为科学、统一的标准及指导，因此出现了在课程设置方面的多样化与缺乏逻辑性的特点，培养出来的专业学生实际操作能力低，专业认同度不高，转行从事其他工作的学生人数较多。随着残疾人在学校内和社会环境下的体育指导、服务诉求水平不断提高，当前的职业培训、继续教育模式显然不能满足不断发展的社会需求。传统的体育专业培养在残疾人体育方面内容缺失，融合体育服务发展的速度加快，专业学生数量无法满足个体服务的需求等一系列问题要求我们必须加快职后培养

和职业认定。

美国的非营利组织、行业协会在社会功能上发挥着重要的作用。各行各业的专门的资质资格培训及考核成了欧美发达国家重要的职业技能培训手段，并在一定程度上解决了高等教育人才培养相对滞后与社会能力知识更新快速之间的矛盾。其中，有许多类型的针对融合环境下的残疾人体育资质证书授予及考核体系，具体如表 6-21 所示。

表 6-21　美国融合体育教育相关资格认证

项目	适应体育教育资质	融合体能训练师资质
参加资质认定的基本条件	①具有体育教育或相关学科本科学历②修满适应体育教育 12 学分的课程③200 小时的在专业指导教师监控下的残疾学生教学经历④具有体育教育或相关领域的教师资格	具有美国运动医学学院颁发的相关健康、体能类的资质，或具有训练科学、休闲康复、适应体育教育的学士学历，并具有心肺复苏技能证明
考试	考生要求在三个小时内完成 100 个多项选择题，内容涉及 15 条国家标准的第四层次(适应体育教育)的专门内容，包括人类发展规律、运动行为、锻炼科学、测量与评价、历史和哲学、残疾学生的特征、课程理论和发展、测量、指导设计和计划、教学、咨询与人员培训、学生和项目评价、继续教育、道德、交流	考试是由 100～120 个多项选择题组成的，内容涉及八个方面的内容，包括：运动生理学和相关锻炼科学，健康、体能与锻炼医疗测试，锻炼计划与运动处方，安全、伤病预防与急救，人类行为与协商，医疗与医学，美国残疾人法案和设备、器材设计，残疾认知和意识
资质	通过适应体育教育国家标准考试的个体将会被授予由残疾人体育教育与娱乐组织颁发的，具有七年有效期的证书，并且他们的名字将会被录入注册认证适应体育教师的数据库，同时他们也自动具备一年的残疾人体育运动休闲协会成员资格	通过考试的个体将被授予由美国运动医学学院与美国国家健康、体育与疾病中心认证的融合体能训练师证书

以美国国家残疾人体育教育与娱乐组织设立的适应体育教育资质认定和美国运动医学学院及美国国家健康、体育与疾病中心共同设立的融合体能训练师资质认定为代表，在欧美发达国家，除了在校期间的培养，行业协会的专项资质资格培训及考核体系成了重要的职业培训手段。在美国，有许多类型的针对融合或分隔环境下的残疾人体育资质证书授予及考核体系。美国国家残疾人体育教育与娱乐组织设立了专门针对残疾人体育教育的适应体育教育资质。凡是具有体育教育或相关本科学位的学生，经过残疾人体育 12 学分的课程学习，有超过 200 小时的与残疾人相关的教育实践经历，并且具有体育教育或相

关领域的教师资格就可以参加该考试。考试内容是以美国适应体育教育国家标准为依据设立的100个多项选择题。通过考试的学生就会获得由美国国家残疾人体育教育与娱乐组织授予的适应体育教育资格证,有效期为七年。承认该资格有效性的主要行业组织包括:美国健康、体育教育、娱乐和舞蹈联盟,美国健康生活方式和体适能组织,适应体育委员会,美国经济与体育教育组织,美国学校管理协会,特殊体育教育地区领导协会等。美国运动医学学院和美国国家健康、体育与疾病中心共同设立了融合体能训练师资格证授予体系。该资质是证明资质获得人有能力从事为具有身体、感官、认知系统残疾的人或有健康医疗问题的人进行设计、执行个体化的锻炼方案的工作。参加该资格考试的人需要具备美国运动医学学院授予的相关其他资质或具有锻炼科学、康复医疗、适应体育教育的本科学历。考试是由100～120个多项选择题组成,内容涉及八个方面的内容,包括:运动生理学和相关锻炼科学,健康、体能与锻炼医疗测试,锻炼计划与运动处方,安全、伤病预防与急救,人类行为与协商,医疗与医学,美国残疾人法案和设备、器材设计,残疾认知和意识。

　　与欧美丰富的行业培训、行业资质认定不同,我国目前并没有在融合环境下进行残疾人体育教育、服务方面的专门认证,并且缺乏社会认可和严格的标准化考量。对于本身在学校教育中就缺乏残疾人体育相关知识学习的体育专业学生而言,当他们在工作岗位上遇到残健融合的环境挑战时,很少有渠道获得系统的培训。国内学者也提出了通过在我国构建高校与社会多元结合的职前、职后培训来提升体育教师或体育指导人员的残疾人体育服务与指导能力。这种协同合作的形式在具体运行组织上可以借鉴上文分析的美国两项相关融合体育指导能力资格认证体系。

　　从牵头单位来看,两个资格认证单位都不是政府组织,而是行业内的非营利社会组织,并且在行业内都具有较高的威望和声誉。从资格设定及内容设置上看,二者都经历了非常认真的准备和科学的论证,特别是适应体育教育资质,其是建立在科学建构的适应体育教育标准的基础上的,因此该资格证的社会认可程度较高,符合社会的需求。从认证考试制定者来看,考试内容、培养内容体系大部分是由该领域具有较高知名度的高校教师具体制定的,在标准制定、内容选择、考试设置等方面都经过了认真的研究。

　　在我国,非营利组织、行业组织将会在社会职能发挥中扮演越来越重要的角色,政府将会逐渐转型为服务和指导的角色。因此,今后可以在中国残联、教育部的牵头下,科学设置融合(随班就读)教育资质证书授予体系。融合体育教育资质构建如图6-2所示。

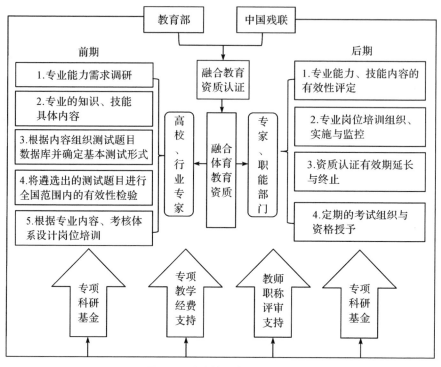

图 6-2　融合体育教育资质构建

通过组织该领域高校研究学者和行业专家进行前期论证调研、标准内容制定、申请条件要求、培训设置、考核设计、资质有效期设定、后期跟进检验等工作，采用多种现代科技手段，定期组织资格考试。逐渐推行融合体育教育资格化，设专项经费对在一线融合班级进行体育教育服务的教师给予补贴，并作为教师职称评审的加分指标。

参考文献

[1] 残疾儿童少年义务教育的发展格局.(2008-04-16)[2014-06-24].http://cl.xlgl.gov.cn/ywxg/jyjy/jy/200804/t20080416_124656.htm.

[2] 残疾人教育条例.(2020-12-26)[2021-09-17].http://www.gov.cn/zhengce/2020-12/26/content_5575055.htm.

[3] 残疾人就业保障金管理暂行规定.(2012-07-26)[2015-06-28].http://www.npc.gov.cn/zgrdw/npc/zfjc/cjrbzfzfjc/2012-07/26/content_1731039.htm.

[4] 曹烃,刘珍,曾建明,等.美国适应体育教师专业化的路径及启示.中国特殊教育,2012(7):30-35.

[5] 常乃军.实现公民体育权利法规体系研究.国家体育总局 2009 年哲学社科规划课题结题报告,2010.

[6] 陈华荣.我国体育权利概念认识:困境与发展.天津体育学院学报,2009(6):499-503.

[7] 陈曙,罗永华,黄依柱.论全纳教育视野下的融合体育教学.北京体育大学学报,2012(7):96-101.

[8] 陈曙,王健,罗永华.基于全纳教育理论下体育教师培养模式研究.北京体育大学学报,2014(5):106-111.

[9] 程卫波,周君华,于军.追寻意义:残疾人体育教育价值取向之探.成都体育学院学报,2011(1):19-22.

[10] 迟福林,方栓喜,匡贤明,等.加快推进基本公共服务均等化(12 条建议).经济研究参考,2008(3):19-25.

[11] 戴健.中国公共体育服务发展报告(2013).北京:社会科学文献出版社,2013.

[12] 戴培新.吉林省残疾人康复体育的发展现状及对策研究.现代交际,2012(2):198-199.

[13] 戴昕,王蒲,杨铁黎.我国残疾人体育发展研究.体育文化导刊,2010(10):23-26.

[14] 邓猛,朱志勇.随班就读与融合教育——中西方特殊教育模式的比较.华中师范大学学报(人文社会科学版),2007(4):125-129.

[15] 邓猛.普通小学随班就读教师对全纳教育态度的城乡比较研究.教育研究与实验,2004(1):61-66.

[16] 邓卫权.江西省特殊教育学校体育现状与发展对策研究.首都体育学院学报,2008(3):34-36.

[17] 段晓霞.兰州市残疾学生体育锻炼的现状及可行性研究.兰州:西北师范大学,2002.

[18] 关于贯彻落实《全民健身计划》推进残疾人体育健身工作的意见.(2022-03-23)[2022-04-11].https://www.cdpf.org.cn/hdjl/gjflfg1/xcwhtylzc/7ac1b0a0717c4fc6bcf42ea811d86006.htm.

[19] 关于加快推进残疾人社会保障体系和服务体系建设指导意见的通知.(2010-03-12)[2013-09-12].http://www.gov.cn/zwgk/2010-03/12/content_1554425.htm.

[20] 关于开展残疾儿童少年随班就读工作的试行办法.(1994-07-21)[2017-05-27].https://www.cdpf.org.cn//hdjl/gjflfg1/jylzc/7089554476e8470e95804879ae2028e3.htm.

[21] 关于印发《残疾人体育工作"十二五"实施方案》的通知.(2012-02-27)[2015-12-03].http://www.zgmx.org.cn/newsdetail/d-47515.html.

[22] 关于印发《自强健身示范点命名资助暂行办法》的通知.(2017-09-28)[2018-03-09].http://www.gddpf.org.cn/ywzc/xcwt/ty/content/post_566391.html.

[23] 国家中长期教育改革和发展规划纲要(2010-2020年).(2010-07-29)[2018-08-17].http://www.gov.cn/jrzg/2010-07/29/content_1667143.htm.

[24] 国务院办公厅关于转发教育部等部门特殊教育提升计划(2014—2016年)的通知.(2014-01-20)[2017-05-11].http://www.gov.cn/zwgk/2014-01/20/content_2570527.htm.

[25] 国务院办公厅转发教育部等部门关于"十五"期间进一步推进特殊教育改革和发展意见的通知.(2001-11-27)[2018-09-23].http://www.gov.cn/zhengce/content/2016-10/11/content_5117369.htm.

[26] 国务院关于印发全民健身计划(2011—2015年)的通知.(2011-02-24)[2014-01-06].http://www.gov.cn/zwgk/2011-02/24/content_18095

57. htm.

[27] 国务院机构改革和职能转变方案.(2013-03-15)[2015-11-08]. http://www. gov. cn/2013lh/content_2354443. htm.

[28] 国务院批转中国残疾人事业"十二五"发展纲要通知.(2011-06-08)[2014-01-24]. http://www. gov. cn/jrzg/2011-06/08/content_1879697. htm.

[29] 郝传萍,卢雁.随班就读学生体育教学现状研究——以北京为例.北京体育大学学报,2009(6):79-82.

[30] 郝传萍,翟海燕,郑尉.北京市培智学校体育教学现状调查研究.中国特殊教育,2012(7):36-41,79.

[31] 郝传萍.浅谈残疾学生体育教育.中国特殊教育,2000(3):57-59.

[32] 侯晓晖,万宇,慕雯雯,等.高等体育院校特殊教育专业建设的现状与对策.首都体育学院学报,2010(4):51-54.

[33] 胡锦涛在省部级主要领导干部提高构建社会主义和谐社会能力专题研讨班上的讲话.(2005-02-19)[2020-10-28]. https://news. 12371. cn/2012/07/27/ARTI1343379135709922. shtml.

[34] 胡小明,陈华.体育人类学.北京:高等教育出版社,2005.

[35] 黄匡时,嘎日达.社会融合理论研究综述.新视野,2010(6):86-88.

[36] 吉朝霞.对我国残疾人排球运动的现状及其发展对策的研究.扬州:扬州大学,2007.

[37] 江泽民在中国共产党第十六次全国代表大会上的报告.(2008-08-01)[2015-11-08]. http://www. gov. cn/test/2008-08/01/content_1061490_5. htm.

[38] 教育部 卫生部 财政部关于印发《国家学校体育卫生条件试行基本标准》的通知.(2008-06-12)[2017-08-09]. http://www. moe. gov. cn/srcsite/A17/moe_938/s3273/200806/t20080612_88635. html.

[39] 金梅,陈适晖.我国残疾人竞技体育发展现状及对策研究.天津体育学院学报,2006(5):433-435.

[40] 金宁.我国社区康复体育前景展望.中国康复医学杂志,1998(1):31-32.

[41] 景俊青,肖红香.我国残疾人高水平运动队科研服务形式的调查研究.西安体育学院学报,2009(5):538-540.

[42] 孔凡铭.山东省残疾人竞技体育的现状及对策研究.济南:山东师范大学,2008.

[43] 孔凡镕,袁锋,王美春.残疾人康复体育的发展现状及对策研究.山东师范大学学报(自然科学版),2007(2):145-146.

[44] 李超,张驰,朴哲松. 对我国运动员社会保障的研究. 北京体育大学学报,
2007(S1):43-44.

[45] 李大新,赵溢洋. 论我国运动员的社会保障. 广州体育学院学报,2006(6):
9-11.

[46] 李璟寒,董进霞. 中国残疾人事业与残疾人体育的互动发展——透视残疾
人观的嬗变. 体育科学,2011(2):19-25.

[47] 李群力,罗智波. 美国适应体育课程国家标准对我国特殊体育教育的启示.
中国特殊教育,2009(7):28-32.

[48] 李之俊,池泰棱,邵健明,等. 我国城市残疾人健身体育锻炼的现状与对策.
体育科研,2003(1):13-15.

[49] 林火旺. 伦理学入门. 上海:上海古籍出版社,2005.

[50] 刘建和,王纯,孟晓星,等. 四川省残疾人竞技体育现状及发展对策研究. 成
都体育学院学报,2011(10):32-37.

[51] 刘康. 晋西北农村中小学体育教育资源配置研究. 临汾:山西师范大
学,2013.

[52] 刘鹏:加大推动各级政府履行公共体育的力度. (2011-03-23)[2015-08-
24]. https://www.chinanews.com.cn/ty/2011/03-23/2926407.shtml.

[53] 刘鹏在2014总局系统全民健身工作会上的讲话. (2014-05-28)[2017-09-
05]. https://www.sport.gov.cn/n4/n305/c319109/content.html.

[54] 刘延东:发展公共体育事业 抓紧抓实全民健身工作. (2011-03-01)[2013-
09-30]. http://www.gov.cn/govweb/ldhd/2011-03/01/content_18140
62.htm.

[55] 刘洋,陶玉流,徐建华. 融合体育教育:"残健融合"的当代残疾人体育教育
发展理念. 山东体育学院学报,2012(2):96-102.

[56] 刘洋,陶玉流,俞林亚. "分隔向融合"——当代残疾人体育教育融合改革
(1995—2010)的文献研究. 成都体育学院学报,2012(11):84-89.

[57] 刘洋,王家宏,陶玉流,等. 融合与策略:未来体育教师对"融合体育教育"意
愿态度的研究. 北京体育大学学报,2012(8):88-94.

[58] 刘洋. 残疾人奥林匹克运动教育价值研究. 苏州:苏州大学,2010.

[59] 刘洋. 残疾人竞技体育伦理问题的审视与解读. 杭州师范大学学报(自然科
学版),2013(5):474-480.

[60] 卢德平. 中国残疾青少年特殊教育问题评估报告. 中国青年政治学院学报,
2004(5):12-19.

[61] 鲁勇在全国残疾人基本服务状况与需求专项调查工作会议上讲话(摘要).

(2014-11-22)［2016-11-24］. http://www. gddpf. org. cn/ztjj/jsnh/sfw/content/post_588295. html.

［62］陆贝.我国部分残疾人运动员参训过程研究.北京:北京体育大学,2010.

［63］美国残疾人工作考察报告.(2007-07-18)［2015-04-29］. http://www. gd-dpf. org. cn/xwzx/dfdt/content/post_573324. html.

［64］孟林盛.智力残疾者参加体育活动的现状及对策研究.太原:山西大学,2005.

［65］2013年度残疾人状况及小康进程监测报告.(2012-08-20)［2015-06-16］. http://cn. chinagate. cn/reports/2014-08/20/content_33291104_6. htm.

［66］2006年第二次全国残疾人抽样调查主要数据公报(第二号).(2021-02-20)［2021-06-27］. https://www. cdpf. org. cn/zwgk/zccx/dcsj/8875957b9f0b4fe495afa932f586ab69. htm.

［67］2012年教育统计数据——特殊教育基本情况.(2013-08-28)［2016-05-16］. http://www. moe. gov. cn/jyb_sjzl/moe_560/s7567/201308/t20130828_156428. html.

［68］2010年末全国残疾人总数及各类、不同残疾等级人数.(2021-02-20)［2021-03-25］. https://www. cdpf. org. cn/zwgk/zccx/cjrgk/15e9ac67d7124f3fb4a23b7e2ac739aa. htm.

［69］2011年全国未入学适龄残疾儿童少年情况通报.(2012-05-24)［2015-09-14］. https://www. zgmx. org. cn/newsdetail/d-48270-0. html.

［70］2001—2010年体育改革与发展纲要.(2018-12-29)［2019-03-30］. http://www. zjtjw. com/newsinfo/723442. html.

［71］2014年政府工作报告(全文实录).(2014-03-05)［2017-04-13］. http://cpc. people. com. cn/n/2014/0305/c64094-24536194-4. html.

［72］朴永馨.特殊教育学.福州:福建教育出版社,1995.

［73］切实加强新时期残疾人群众体育工作的意见.(2011-12-24)［2016-05-28］. http://www. suichuan. gov. cn/xxgk-show-602634. html.

［74］秦婕.新疆农村小学随班就读残疾学生体育教学的缺失与构建.牡丹江师范学院学报(自然科学版),2011(4):47-48.

［75］全国特殊教育工作电视电话会议召开.(2014-03-07)［2016-04-18］. ht-tp://www. gov. cn/zhuanti/2014-03/07/content_2632753. htm.

［76］全民健身计划纲要.(2015-12-07)［2016-03-27］. http://www. scio. gov. cn/xwfbh/xwbfbh/wqfbh/2015/33862/xgzc33869/Document/1458253/1458253. htm.

［77］时会佳.我国公民体育权利的法律研究.北京：中国政法大学，2005.

［78］宋玉芳.残障人体育的社会文化意义.西安体育学院学报，2003(2)：22-24.

［79］谭丽清.我国残疾人体育运动发展历程的思考.中国特殊教育，2005(12)：21-24.

［80］唐银春，李艳，谢培.和谐理念下的残疾人体育的价值定位.景德镇高专学报，2009(2)：56-57.

［81］体育事业发展"十二五"规划.(2014-04-01)［2015-02-13］.https://www.sport.gov.cn/n4/n123/c212286/content.html.

［82］特殊教育学校暂行规程.(2012-11-15)［2016-03-20］.http://www.gov.cn/bumenfuwu/2012-11/15/content_2600422.htm.

［83］田麦久.运动训练学.北京：高等教育出版社，2006.

［84］王家宏，陈华荣，刘卫东，等.欧共体体育一体化研究——《体育白皮书》及其附件编译.国家体育总局 2008 年体育哲学社会科学项目，2009.

［85］王若光，孙庆祝."自卑与超越"——对残疾人体育价值的重新审视.中国残疾人，2007(7)：54-55.

［86］王绍光.大转型：1980 年代以来中国的双向运动.中国社会科学，2008(1)：129-148，207.

［87］王文平.社区融合理念下山西省残疾人康复体育模式的构建研究.武汉：武汉体育学院，2007.

［88］王新宪出席 2010 年社会福利和社会工作联合大会.(2010-07-19)［2013-09-05］.http://www.gov.cn/govweb/fwxx/cjr/content_1658091.htm.

［89］吴雪萍，金昌龙，周李莉.我国特殊体育教师专业化内涵探析.上海体育学院学报，2005(3)：72-75，80.

［90］吴雪萍，张晓霞.我国随班就读学生参与体育活动的现状与分析.当代体育科技，2013(30)：167-168，170.

［91］吴雪萍.全纳教育背景下我国体育资源教师的专业化发展.山东体育学院学报，2011(5)：82-86.

［92］吴燕丹，李春晓，林立.民生视域下残疾人体育服务人才培养的现实困境与路径选择.体育科学，2014(3)：47-53，87.

［93］吴燕丹.融合视野下残疾人体育公共服务体系的构建与完善.第九届全国体育科学大会论文摘要汇编(1).中国体育科学学会，2011：532.

［94］习近平：在第十二届全国人民代表大会第一次会议上的讲话.(2013-03-18)［2016-01-09］.http://www.npc.gov.cn/zgrdw/npc/dbdhhy/12_1/2013-03/18/content_1789130.htm.

[95] 习近平系列重要讲话读本:让老百姓过上好日子——关于改善民生和创新社会治理.(2014-08-22)[2018-10-28]. http://opinion. people. com. cn/n/2014/0710/c1003-25264271. html.

[96] 肖丽琴.公共供求理论视域下残疾人体育公共服务体系研究——以浙江省为例.体育科学,2012(3):17-27.

[97] 肖丽琴.我国残疾人体育基本公共服务研究.成都体育学院学报,2012(2):10-13.

[98] 解缤,李靖.备战2008残奥会中国残疾人射击队赛前心理科技服务过程研究.西安体育学院学报,2010(5):635-640.

[99] 熊斗寅.参加比取胜更重要——试论残疾人体育与残奥会.体育与科学,2004(6):5-8,39.

[100] 杨柳.从隔离到全纳——美国残疾人教育研究.重庆:西南大学,2009.

[101] 姚璐璐,江琴娣.美国特殊教育教师资格认证制度述评.中国特殊教育,2009(2):59-63.

[102] 于善旭.论公民的体育权利.体育科学,1993(6):23-26,93.

[103] 于善旭.论公民体育权利的时代内涵.北京体育大学学报,1998(4):10-13.

[104] 郁建兴,高翔.中国服务型政府建设的基本经验与未来.中国行政管理,2012(8):22-27.

[105] 岳慧灵,潘洪建,金玉.中澳小学体育课程标准比较.南京体育学院学报(社会科学版),2009(3):31-34.

[106] 悦中山,杜海峰,李树苗,等.当代西方社会融合研究的概念、理论及应用.公共管理学报,2009(2):114-121,128.

[107] 张海灵.特殊学校学生课外体育活动参与现状及发展对策研究.运动,2011(9):155-156.

[108] 张军献,虞重干.残疾人观的嬗变与残疾人体育的历史回顾.体育科学,2007(3):17-21,31.

[109] 张陵,刘苏.美日韩运动员的社会保障及其启示.体育文化导刊,2009(1):155-158.

[110] 张梦娣.河北省特殊教育学校体育现状与对策研究.石家庄:河北师范大学,2007.

[111] 张敏杰.中国弱势群体研究.长春:长春出版社,2003.

[112] 张艳平,翟丰.江苏省残疾人竞技体育现状与对策研究.西安体育学院学报,2010(2):162-165.

[113] 张燕中.我国残疾人体育的发展.体育文化导刊,2009(4):20-22.

[114] 张应斌.残疾人与中国早期文化.广东社会科学,1999(1):141-146.

[115] 赵素京.近十年我国残疾人体育发展之研究.北京:北京体育大学,2015.

[116] 赵小红.近25年中国残疾儿童教育安置形式变迁——兼论随班就读政策的发展.中国特殊教育,2013(3):23-29.

[117] 赵志荣.河南省特殊教育学校体育现状调查及对策研究.开封:河南大学,2005.

[118] 郑功成.中国残疾人事业发展报告.北京:人民出版社,2011.

[119] 中共中央 关于构建社会主义和谐社会若干重大问题的决定.(2006-10-11)[2014-11-23]. http://www. gov. cn/govweb/gongbao/content/2006/content_453176. htm.

[120] 中共中央 国务院关于促进残疾人事业发展的意见.(2008-03-28)[2014-01-06]. http://www. gov. cn/gongbao/content/2008/content_987906. htm.

[121] 中国残疾人联合会.加快推进残疾人社会保障体系和服务体系建设.求是,2010(14):16-18.

[122] 中国残疾人事业"十一五"发展纲要(2006—2010年).(2008-11-14)[2017-06-17]. http://www. gov. cn/test/2008-11/14/content_1148895_6. htm.

[123] 中国残疾人体育协会.残疾人运动员医学和功能分级指导手册.北京:华夏出版社,2006.

[124] 中国残疾人体育协会.中国残疾人体育发展概览.北京:华夏出版社,2006.

[125] 中国梦,人民的梦——访省社科院邓小平理论研究所所长王彦坤研究员.(2013-03-30)[2016-03-28]. http://theory. people. com. cn/n/2013/0330/c40531-20974036. html.

[126] "中国梦"提出五周年 伟大梦想迎来新时代.(2017-11-29)[2017-12-16]. http://cpc. people. com. cn/n1/2017/1129/c64387-29673688. html.

[127] 中华人民共和国残疾人保障法.(2021-10-29)[2021-11-14]. http://www. gov. cn/guoqing/2021-10/29/content_5647618. htm.

[128] 中华人民共和国教育法.(2015-12-28)[2017-05-20]. http://www. gov. cn/xinwen/2015-12/28/content_5028401. htm.

[129] 中华人民共和国体育法.(2022-06-25)[2022-09-24]. http://www. gov. cn/xinwen/2022-06/25/content_5697693. htm.

[130] 中华人民共和国宪法.(2018-03-22)[2019-09-24]. http://www. gov. cn/

xinwen/2018-03/22/content_5276319. htm.

[131] 中华人民共和国义务教育法.（2021-10-29）[2021-12-20]. http://www. gov. cn/guoqing/2021/10/29/content_5647617. htm.

[132] 周坤,李天珍. 残疾人健身现状调查与对策研究. 中国体育科技,2006(3): 49-52.

[133] 周坤. 安徽省特殊教育学校体育现状与发展对策. 芜湖:安徽师范大学,2005.

[134] 周李莉,吴雪萍,司虎克. 上海市特殊体育教师专业化现状调查与分析. 上海体育学院学报,2006(5):102-106.

[135] 周艳茹. 京、津、沪地区盲校体育教育现状调查与分析. 北京:北京体育大学,2005.

[136] 朱建伟,蔡祥. 论残疾人体育活动的意义. 上海体育学院学报,2003(6): 26-27.

[137] 朱丽叶·罗斯曼. 残疾人社会工作. 上海:华东理工大学出版社,2008.

[138] 朱敏路. 江苏省、昆明市贯彻中央"七号文件"相关配套政策法规及实施现状研究. 北京:首都体育学院,2013.

[139] About Governance & Finance. （2014-04-15）[2016-09-12]. http:// www. specialolympics. org/Common/Governance_and_Finance. aspx.

[140] About Mission. [2016-02-06]. http://www. specialolympics. org/mission. aspx.

[141] ACSM Inclusive Fitness Trainer. （2014-10-26）[2017-03-23]. http:// certification. acsm. org/acsm-inclusive-fitness-trainer.

[142] Australian Government, Productivity Commission. (2009-03-25)[2013-09-12]. http://www. pc. gov. au/gsp/reports/rogs/2009.

[143] Auxter D. Principles and Methods of Adapted Physical Education and Recreation (11nd). McGraw Hill Higher Education,2009.

[144] Bailey S. Athlete First：A History of the Paralympic Movement. John Wiley & Sons,2008.

[145] Bandura A. Social Cognitive Theory：An Agentive Perspective. Annual Review of Psychology,2001(1):1-26.

[146] Block M E, Hutzler Y, Barak S, et al. Creation and Validation of the Self-Efficacy Instrument for Physical Education Teacher Education Majors toward Inclusion. Adapted Physical Activity Quarterly,2013(2): 184-205.

[147] Block M E, Oberweiser B, Bain M. Using Classwide Peer Tutoring to Facilitate Inclusion of Students with Disabilities in Regular Physical Education. The Physical Educator,1995(52):47-56.

[148] Block M E. A Teacher's Guide to Including Students with Disabilities in General Physical Education (3rd Edition). Paul H. Brookes Publishing Co. ,2007.

[149] Block M E. Development and Validation of the Children's Attitudes toward Integrated Physical Education-Revised (CAIPE-R) Inventory. Adapted Physical Activity Quarterly,1995(1):60-77.

[150] Brody E B, Hatfield B D, Spalding T W. Generalization of Self-Efficacy to a Continuum of Stressors upon Mastery of a High-Risk Sport Skill. Journal of Sport and Exercise Psychology,1988(10):32-44.

[151] Building Healthy Inclusive Communities. (2014-08-20)[2015-06-30]. http://www. nchpad. org/.

[152] By-Laws. (2005-04-12)[2016-10-10]. http://www. ifapa. biz/imgs/uploads/PDF/IFAPA%20By-Laws. pdf.

[153] Centers for Disease Control and Prevention (CDC). Physical Activity among Adults with A Disability—United States, 2005. Morbidity and Mortality Weekly Report,2007(39):1021-1024.

[154] Certification. (2014-10-26)[2015-07-02]. http://www. acsm. org/certification.

[155] Community-Based Rehabilitation CBR Guidelines. (2014-07-06)[2016-08-05]. http://www. who. int/disabilities/cbr/en/.

[156] Cook L, Friend M. The State of the Art of Collaboration on Behalf of Students with Disabilities. Journal of Educational and Psychological Consultation,2010(1):1-8.

[157] Davis W E, Burton A W. Ecological Task Analysis: Translating Movement Behavior Theory into Practice. Adapted Physical Activity Quarterly,1991(2):154-177.

[158] Depauw K P, Gavron S J. Disability Sport. Human Kinetics,2005.

[159] Devine M A, O'Brien M B. The Mixed Bag of Inclusion: An Examination of an Inclusive Camp Using Contact Theory. Therapeutic Recreation Journal,2007(41):201-222.

[160] Disability and Health. (2014-08-14)[2017-04-18]. http://www. cdc.

gov/ncbddd/disabilityandhealth/relatedconditions. html.

[161] FAPTA Physical Activity and Sport for People with Disabilities: Symposium and Strategic Planning. (2014-08-17)[2018-09-25]. http://incfit. org/files/Physical%20Activity%20Proceedings. pdf.

[162] Gavron S J. Early Play and Recreational Experiences of Elite Athletes with Disabilities of the VII Pan Am Games. 7th International Symposium in Adapted Physical Activity,1989.

[163] Gibson E J. How Perception Really Develops: A View from Outside the Network. Basic Processes in Reading: Perception and Comprehension. Erlbaum,1977:155-173.

[164] Goodman S. Spirit of Stoke Mandeville: The Story of Sir Ludwig Guttmann. Collins,1986.

[165] Goodwin D L, Staples K. The Meaning of Summer Camp Experiences to Youths with Disabilities. Adapted Physical Activity Quarterly,2005 (22):160-178.

[166] Goodwin D L, Watkinson E J. Inclusive Physical Education from the Perspective of Student with Physical Disabilities. Adapted Physical Activity Quarterly,2000(17):144-160.

[167] Goodwin D L. The Meaning of Help in PE: Perceptions of Students with Physical Disabilities. Adapted Physical Activity Quarterly,2010 (3):289-303.

[168] Goodwin D, Johnston K, Gustafson P, et al. It's Okay to Be a Quad: Wheelchair Rugby Players' Sense of Community. Adapted Physical Activity Quarterly,2009(2):102-117.

[169] Henschen K, Horvat M, French R. A Visual Comparison of Psychological Profiles Between Able-Bodied and Wheelchair Athletes. Adapted Physical Activity Quarterly,1984(2):118-124.

[170] Hodge S R, Ammah J O A, Casebolt K M, et al. High School General Physical Education Teachers Behaviors and Beliefs Associated with Inclusion. Sport, Education and Society,2004(3):395-419.

[171] Hodge S R, Davis R, Woodard R, et al. Comparison of Practicum Types in Changing Preservice Teachers Attitudes and Perceived Competence. Adapted Physical Activity Quarterly,2002(19):155-171.

[172] Howe P D, Parker A. Celebrating Imperfection: Sport, Disability and

Celebrity Culture. Celebrity Studies,2012(3):270-282.

[173] Hutzler Y, Levi I. Including Children with Disability in Physical Education-General and Specific Attitudes of High-School Students. EUJAPA,2008(2):21-30.

[174] Inclusive Health Young Athletes. (2013-03-12)[2016-12-23]. http://www. specialolympics. org/young_athletes. aspx.

[175] Inclusive Road Race Brochure. (2014-08-20)[2018-10-22]. http://www. nchpad. org/fppics/InclusiveRoadRacesBrochure. pdf.

[176] IPC Operational Structure. (2013-03-12)[2016-08-23]. http://www. paralympic. org/the-ipc/operational-structure.

[177] Jones C, Howe P D. The Conceptual Boundaries of Sport for the Disabled: Classification and Athletic Performance. Journal of Philosophy of Sport,2005(32):133-146.

[178] Kasser S, Lytle R. Inclusive Physical Activity: A Lifetime of Opportunities. Human Kinetics,2013.

[179] Klavina A, Block M. The Effect of Peer Tutoring on Interaction Behaviors in Inclusive Physical Education. Adapted Physical Activity Quarterly,2008(25):132-158.

[180] Luckasson R, Borthwick-Duffy S, Buntinx W H E, et al. Mental Retardation: Definition, Classification, and Systems of Supports. American Association on Mental Retardation,2002.

[181] Morley D, Bailey R, Tan J, et al. Inclusive Physical Education Teachers Views of Including Pupils with Special Educational Needs and/or Disabilities in Physical Education. European Physical Education Review,2005(1):84-107.

[182] Nafziger J A R. The Amateur Sports Act of 1978. BYU Law Review, 1983(3):47.

[183] Newell K M. Constraints on the Development of Coordination. Motor Development on Children: Aspects of Coordination and Control,1986: 341-360.

[184] No Accidental Champions. (2014-12-05)[2015-06-07]. http://www. paralympic. ca/.

[185] Physical Activity Guideline for Americans. (2014-08-13)[2019-07-26]. http://www. health. gov/paguidelines/.

[186] Rainforth B，York-Barr J. Collaborative Teams for Students with Severe Disabilities：Integrating Therapy and Educational Services (2nd ed). Paul H. Brookes Publishing Co. ,1997.

[187] 2012 Reach Report. (2013-04-11) [2016-12-23]. http://media. specialolympics. org/soi/files/resources/Communications/Annual-Report/ 2012_Special-Olympics-Reach_Report. pdf.

[188] Rimmer J H. Use of the ICF in Identifying Factors That Impact Participation in Physical Activity/Rehabilitation Among People with Disabilities. Disability & Rehabilitation,2006(17):1087-1095.

[189] Riordan J. TheInternational Politics of Sport in the Twentieth Century. Taylor & Francis,2002.

[190] Scruton J. Stoke MandevilleRoad to the Paralympics：Fifty Years of History. Peterhouse,1998.

[191] Seymour H，Reid G，Bloom G A. Friendship in Inclusive Physical Education. Adapted Physical Activity Quarterly,2009(26):201-219.

[192] Shapiro D R，Ulrich D A. Expectancies，Values，and Perceptions of Physical Competence of Children with and without Learning Disabilities. Adapted Physical Activity Quarterly,2002(19):318-333.

[193] Sherrill C. Adapted Physical Activity, Recreation and Sport. McGraw Hill Higher Education,1996.

[194] Skordilis E K，Koutsouki D，Asonitou K，et al. Sport Orientations and Goal Perspectives of Wheelchair Athletes. Adapted Physical Activity Quarterly,2001(3):304-315.

[195] Smith A，Thomas N. The Inclusion of Eleite Athletes with Disabilities in the 2002 Manchester Commonwealth Games：An Exploratory Analysis of British News Paper Coverage. Sport，Education and Society,2005 (1):49-67.

[196] Smith A. The Inclusion of Pupils with Special Educational Needs in Secondary School Physical Education. Physical Education and Sport Pedagogy,2004(9):38-53.

[197] Sorensen M，Kahes N. Integration of Disability Sport in the Norwegian Sport Organizations：Lessons Learned. Adapted Physical Activity Quarterly,2006(23):184-203.

[198] Special Olympics 2012 Reach Report. [2017-03-18]. http://media. spe-

cialolympics. org/soi/files/resources/Communications/Annual-Report/2012_Special-Olympics-Reach_Report. pdf.

[199] Stainback W, Stainback S. Support Networks for Inclusive Schooling: Interdependent Integrated Education. Paul H. Brookes Publishing Co. ,1990.

[200] Steadward R, Wheeler G D, Watkinson E J. Adapted Physical Activity. University of Alberta Press,2003.

[201] Steadword R D. Integration and Sport in the Paralympic Movement. Sport Science Review,1996(1):26-41.

[202] Taylor S J. Organisation for Economic Co-Operation and Development, 1999. Inclusive Education at Work: Students with Disabilities in Mainstream Schools,1988.

[203] The JCC Six-Step Process of Inclusive Programming Cycle. (2014-07-16)[2015-03-09]. http://www. nchpad. org/341/2007/Best~Practice~of~Inclusive~Services~~The~Value~of~Inclusion.

[204] The Sustainability Framework. (2014-08-20)[2014-12-20]. http://www. tylernorris. com/pubs/sustainability-framework. pdf.

[205] Understanding and Responding to Children's Needs in Inclusive Classrooms: A Guide for Teachers. (2012-06-15)[2017-10-23]. http://unesdoc. unesco. org/images/0012/001243/124394e. pdf.

[206] Vanlandewijck Y C, Chappel R J. Integration and Classification Issues in Competitive Sports for Athletes with Disabilities. Sport Science Review,1996(1):65-88.

[207] What is Adapted Physical Education. (2014-09-12)[2015-10-21]. http://www. apens. org/whatisape. html.

[208] WHO. The International Classification of Functioning, Disability and Health (ICF). World Health Organization,2001.

[209] Wililams T. Disability Sport Socialization and Identity Construction. Adapted Physical Activity Quarterly,1994(1):14-31.

[210] Wu S K, Williams T. Paralympic Swimming Performance, Impairment, and the Functional Classification System. Adapted Physical Activity Quarterly,1999(3):251-270.

附录　本研究发表的部分相关成果

[1] 刘洋,王家宏,Kudlacek M,等.残疾人奥林匹克学校日影响学生对待残疾人态度研究.体育科学,2010(6):59-65.

[2] 刘洋,王家宏,陶玉流,等.融合与策略:未来体育教师对"融合体育教育"意愿态度的研究.北京体育大学学报,2012(8):88-934.

[3] 刘洋,张邦翔.体育教育专业学生融合体育教育自我效能的研究.北京体育大学学报,2015(10):109-113.

[4] 刘洋,陶玉流.业态自治与自制:美国残疾人体育服务人才培养与启示.武汉体育学院学报,2015(11):11-17.

[5] 刘洋,童可嘉,朱晓峰.我国义务教育环境下"残健融合"体育教育实证研究.成都体育学院学报,2014(7):90-94.

[6] 刘洋.基于社会融合精神下的欧美残疾人体育立法特征研究.武汉体育学院学报,2014(6):56-60.

[7] 刘洋,陶玉流,徐建华.融合体育教育:"残健融合"的当代残疾人体育教育发展理念.山东体育学院学报,2012(2):96-102.

[8] 刘洋,陶玉流,Kudlacek M.期待与认同:残疾人奥林匹克运动的心理健康教育价值.天津体育学院学报,2010(5):414-417.

[9] 刘洋.变革的"残疾认知模式"影响下的世界残疾人体育教育发展与启示.杭州师范大学学报(社会科学版),2020(6):122-129.

[10] 刘洋.残疾人竞技体育伦理问题的审视与解读.杭州师范大学学报(自然科学版),2013(5):474-480.

[11] 刘洋,曾泽.国际残疾人体育组织特征分析.体育科研,2019(6):48-55.

后　记

　　"残疾"这一在历史上长期被冠以消极意义的专属词发展到今天已经超越了生物学意义，更多的是一个对由社会、生物动态相互作用造成的失能的表述。整个社会对于残疾的认知以及残疾问题的处理表现出了新的态势，不再拘泥于以往医学模式下的以康复为先的机构化处理，更多的是置于社会融合的环境中，增加残疾人与社会、时代的互动，改变残疾人所处的社会生态环境，促进残疾人回归社会。

　　从整个人类社会发展来看，20世纪初到今天，机构化、专门化的残疾人服务体系的出现和发展在人类历史上是社会文明发展的重要标志。然而，随着社会融合运动思潮的发展，人类社会愈加关注这种机构化、隔离化的发展方式给弱势群体、少数群体带来的社会影响。隔离、排斥意味着交流的阻隔，意味着边缘化，而这与世界卫生组织对于残疾定义的社会属性发展相悖。

　　就体育而言，残疾人体育的发展也深深受到对残疾的认知和社会文明进程的影响。从远古时期残疾人在宗教祭祀活动中进行巫术、舞蹈活动，到近代残疾人康复运动、康复体操的兴起，再到二战后残疾人竞技体育的规模化、科学化发展，最后到今天的残疾人体育权利多类别、多方位诉求的保障，人类社会正在以更加融合、更加和谐的环境满足残疾人体育的诉求。残疾人体育诉求实现的途径、方式也逐渐置于融合的环境下进行探索。以往的排他与机构化的体育康复、社区体育、学校体育、竞技体育运行形式在一定的历史时期内具有其不可替代的意义，其促进了世界范围内残疾人体育权利的保障和实现。在我国，特别是就康复体育领域、竞技体育领域而言，机构化的管理、运营极大地促进了我国残疾人康复医疗体育的发展和竞技体育成绩的提升。

　　然而，在整个世界的残疾人问题都以融合精神进行处理的思路下，当前我国的残疾人体育事业、残疾人的权利保障依然遇到了很大的挑战和问题。传统分隔环境下的体育模式并不能形成残疾人终身体育的习惯，反而还会加深残疾人与社会的隔离程度,不利于培育与形成良好的社会接纳环境。就学校体育而言,融合教育已经成为当代残疾人教育的重要形式,在融合环境下开展体育教育是许多国家残疾人学校体育实现的主要手段。在我国,随班就读政策的落实让大部分残疾儿童进入普通学校,融合于一般教育环境中。然而,体育教育的融合无论在实践还是理论方面都依然处于真空状态。残疾人社区体育工作更多的是关注康复性质的身体运动,群众性体育活动多以示范性项目、展示性项目为主,缺少系统的组织。作为社会功能实现的最小单位,社区以绝对分隔的形式来开展残疾人体育活动,造成的不仅仅是器械、人员服务的重复投入,更大的可能是将部分中、轻度残疾人限制在很小的活动范围内,因此难以实现残疾人回归社会、回归主流。我国残疾人竞技体育受到现有管理机制的限制,独立于健全人之外的单独运营方式促进了残疾人竞技体育成绩的提高,但是也在一定程度上造成了残健运动员在训练、比赛、服务等方面的保障不均等。很多健全人运动训练中的现代化科学训练、竞赛理论和实践即使对于残疾人的运动训练与比赛同样有意义,但是依然无法应用于残疾人的运动训练中。而从残疾人体育服务人才培养机制上看,当前学校的培养体系并不能满足丰富的、多类别的社会需求,特别是不能适应整个残疾人体育服务、体育事业发展以及社会融合方向发展的对于复合应用型人才的需求。

本书根据当前我国的残疾人体育事业发展现状,以社会融合为视角,紧扣研究内容的特点,采用多样的研究方法,对残疾人学校体育、社区体育、竞技体育和人才培养四个方面进行了调查研究。以当前国际发展的新理论和新实践为借鉴,探索我国残疾人体育事业融合发展的路径。研究从残疾人体育发展的历程切入,把握残疾人体育发展的社会融合属性,然后对我国残疾人学校体育、社区体育以及竞技体育的情况进行调研。利用横向的跨文化、跨地区调研进行比较,借鉴国外残疾人融合体育的运行经验和理念,提出残疾人体育事业发展的改革内容和方式。在此基础上,沿着融合发展的需求,对残疾人体育服务供给的核心——专业人才的培养进行了分析,指出了今后我国残疾人体育服务人才培养改革的方向与具体的一些措施、手段。

一个社会文明的程度体现在这个社会对于残疾人的接纳和关爱程度上。从历史发展来看,人类社会对残疾的认知在经过了"罪恶论""封建迷信论""医学论"等模式后,进入了"社会—生物—个体"的互动模式。残疾的定义越来越不能从单一的个体生物学的角度去解释,残疾人事业也不能仅仅从医学的角度去处理,而应该将其置于一个社会融合的条件下,进行发展思路的探索与实践的改革。

　　本书在实证调查、数据收集、专著撰写、修订完善过程中得到了适应体育、残疾人体育等领域部分专家及学者的支持,要特别感谢浙江音乐学院肖丽琴教授,福建师范大学吴燕丹教授在本书研究过程中做出的重要贡献,同时要感谢苏州大学王家宏教授为本书作序。也感谢浙江大学出版社的编辑老师们耐心、细致的编排与校对工作,保障了本书的质量,提升了本书的可读性。囿于客观条件、自身理论知识、研究视野与实际研究水平,本书可能存在一些瑕疵,若在阅读过程中发现问题与错误,希望读者能批评指正。

刘　洋

2021 年 11 月 12 日